本译著为中央高校基本科研专项资金资助项目
（YJ 201753和2019ZIYAN-WAIYU05）的阶段性成果，谨致谢忱。

MEANING IN
LINGUISTIC INTERACTION:
SEMANTICS, METASEMANTICS,
PHILOSOPHY OF LANGUAGE

语言互动中的意义
——语义学、元语义学及语言哲学视角

Kasia M.Jaszczolt 著
曾国才 译

四川大学出版社

项目策划:刘　畅
责任编辑:刘　畅
责任校对:于　俊
封面设计:墨创文化
责任印制:王　炜

图书在版编目(CIP)数据

语言互动中的意义:语义学、元语义学及语言哲学视角 /(英)卡西亚·亚希乔特(Kasia M. Jaszczolt)著;曾国才译. —成都:四川大学出版社,2019.11
ISBN 978-7-5690-3243-7

Ⅰ.①语… Ⅱ.①卡… ②曾… Ⅲ.①语义学-研究 Ⅳ.①H03

中国版本图书馆 CIP 数据核字(2019)第 265136 号

Meaning in Linguistic Interaction: Semantics, Metasemantics, Philosophy of Language (1st Edition) was originally published in English in 2016. This translation is published by arrangement with Oxford University Press. Sichuan University Press is solely responsible for this translation from the original work and Oxford University Press shall have no liability for any errors, omissions or inaccuracies or ambiguities in such translation or for any losses caused by reliance thereon.

四川省版权局著作权合同登记图进字 21-2019-612 号

书　名	语言互动中的意义:语义学、元语义学及语言哲学视角
	YUYAN HUDONG ZHONG DE YIYI: YUYIXUE, YUANYUYIXUE JI YUYAN ZHEXUE SHIJIAO

著　　者	(英)卡西亚·M. 亚希乔特(Kasia M. Jaszczolt)
译　　者	曾国才
出　　版	四川大学出版社
地　　址	成都市一环路南一段24号(610065)
发　　行	四川大学出版社
书　　号	ISBN 978-7-5690-3243-7
印前制作	四川胜翔数码印务设计有限公司
印　　刷	四川盛图彩色印刷有限公司
成品尺寸	170 mm×240 mm
印　　张	15.5
字　　数	301 千字
版　　次	2019 年 11 月第 1 版
印　　次	2019 年 11 月第 1 次印刷
定　　价	66.00 元

◆读者邮购本书,请与本社发行科联系。
电话:(028)85408408/(028)85401670/
(028)85408023　邮政编码:610065
◆本社图书如有印装质量问题,请
寄回出版社调换。
◆网址:http://press.scu.edu.cn

版权所有◆侵权必究

译者序

对意义本身的探究是语言哲学的核心议题。本书从语义学、元语义学和语言哲学的角度考察语言互动中的意义表征，极力建构语言互动的语义学（semantics of linguistic interaction），是剑桥大学 Kasia M. Jaszczolt 教授在语言哲学研究方面的力作，于 2016 年由牛津大学出版社出版。

全书由引言、正文和结尾部分组成。其中正文有五章，包括意义的误析、意义的互动组合、语境中的默认、词汇的界定和索引词的案例分析。

作者首先论及了意义研究中的不同理论范式，包括意义最小论、最大论、索引论和温和语境论等。意义"最小化（minimally）"识解方案认为语言意义与词汇和结构紧密关联。意义"最大化（maximally）"识解方案主张意义是说话人意图要表达的和/或由听话人捕获的信息。索引论（indexicalism）与温和语境论（moderate contextualism）介于意义最小论和最大论之间。作者认为，最小论并非"足够最小"，它必须掺和一些语境信息，并把之称为"认知最小论（cognitive minimalism）"。而语境论的问题在于，受所说句子的逻辑形式的限制，而不是独立于逻辑形式来表征主要的、意图表达的意义（intended meaning）。作者因而提出基于突显的语境论（salience-based contextualism），把突显作为语义表征的标准。

第一章具体讨论意义的误析。作者首先指出，一个意义理论需要能解释句子与世界的关系，以及句子与语言使用者的心智概念的关系。最小论（minimalism）是语境非敏感性的语义学（context-insensitive semantics）。现有的意义研究要么遵从形式化的意义相对最小论，要么基于"意义即使用"的原则。本书以默认语义学（default semantics）为理论来源，主张建构语言互动的语义学，对句子的语义采用并合表征（merger representation），以揭示意义建构和理解中词汇、语法、意图、情景、社会、文化、百科知识等的互动过程。造成意义误析的主要原因在于：（1）单独强调语义分析的对象具有完全语境依赖性与意图依赖性；（2）单独强调形式化的、基于真值条件的意义理解方案。语言互动的语义学则同时强调上述两种立场。关于意义研究的方法，作者主张采用理论语言学和语言哲学的研究路径，辅以经验数据支撑。

第二章旨在阐析意义的互动组合特征。关于自然语言的意义理论，其分析对象必须是由说话者首要表达的，并由听话人复原（recovered））的意图意义。作者反思了真值与真值条件在激进语境论和意义组合观中的角色。真值条件提供了组合论的基础。作者进而提出意义的语用化表征，旨在修补基于自然语言的形式语义学，以描写说话者意图表达的意义。意义分析单位不是单个句子，应是连贯的话语，如对话中的语句。作者最后讨论了时间表征中的语用普遍性和过程普遍性，并为时间的表达提出了组合性规则。跨语言的时间表达方式多样性体现了句法结构对概念结构的依赖性。

第三章考察语境中的默认。默认知识是常识性的，也是交际中受突显的首要意义成分。本章把"突显"分为话语意义的语境突显和非语境突显。前者归因于社会、文化和世界知识，后者则归因于词汇和句子结构知识。"词汇突显"有两种涵义：独立于语境的词汇突显和由语境激活的词汇突显。在会话的语词理解或复杂概念建构中，"突显"的信息成为会话中的共享知识。作者指出，意义的语用维度修正了所言说句子的逻辑形式，产生了话语的蕴含意义。作者认为，语义学中考虑心理主义的立场是必要的。逻辑分析的心理因素被称为意义理解中的"腐蚀性侵入（corrupting intrusion）"。心理主义是衡量最小论和语境论之间兼容性的标准。

第四章探讨意义解释过程中自然语言词汇所包含的信息，主要考察了词汇的灵活性和能产性。基于构式语法的观点，词汇和句子是连续统，词汇包含了能进入某个语法构式的准许信息。本章详细回答了问题：听者如何一旦听到一个句子，就知道如何处理一个词汇？作者认为，词汇包含的信息是通过语词和句子结构的关系和通过社会、文化、世界知识，以及通过有意识的语用推理获得的。我们不应该只专注一个词语的某种形式的"核心"意义或其常规用法，而主张"核心加意义转移"的词汇识解策略。作者在讨论了语境的角色和概念之后，转向讨论如何通过语境确定语义分析的单位，主要分析了语词的"流变特征（fluid character）"。本章在结束时特别强调语词与句子、有意识的语用推理，以及社会、文化和世界知识等三者之间的互动关系。

第五章是关于索引词的案例研究，主要以英语中第一人称单数"I"为研究对象，分析"I"的索引特征。在自然语言中，索引词的指称定位与下面三个因素有关：（1）语言系统的规则；（2）会话中的预设；（3）会话的具体语境。索引词分为两个阵营：传统的索引词和传统的具有索引功能的非索引词。

索引性反映了自然语言表达式的瞬变属性,是默认的,并通过自我意识体现出来的。自我指称（referring to oneself）有两种赋予"自我"的策略：（1）在最小语义学内,语符"I"通过语法自动获得指称；（2）基于默认语义学、语境论视角下的语法可捕捉到与自我指称关联的自我意识,从而赋予"自我"的意义。此外,作者还分析了（1）自我指称（self-referring）在跨语言中的差异；（2）英语中自我指称的差异；（3）这些差异的普遍性基础；（4）语言互动的语义并合表征如何解释这些差异。索引词的案例分析体现了激进语境论的立场。

作者在全书结尾部分归纳了"意义误析"的五种原因,指出意义研究需要考察句法结构、概念结构、语境、逻辑形式、说话人、场景之间的互动关系,并采用并合表征的形式化手段揭示意义的动态建构及其理解过程。

本书基于语义学、元语义学和语言哲学视角,聚焦意义的互动观、激进语境观和语义的并合表征策略,同时考察语言互动中意义的组合性和话语语境敏感性,为语言意义研究提供了新的研究视角。

（1）强调意义的互动观

作者认为,意义是一组信息来源的集合（a set）,并产生于信息源之间的互动过程,信息源与过程之间是映射关系。这些信息源可以归纳为：①世界知识；②语词和句子结构；③交际的物理情景；④人类推理系统；⑤规约化的社会和文化知识。基于信息源的互动,作者极力建构语言互动的语义学,以进一步深化默认语义学的研究思想。互动的语义理论是一种交往行为理论（Zeng, 2017）,表明意义是在会话互动中产生和被复原的。根据意义的互动观,句子是以某种方式与它在现实中所代表的事体发生联系,句子和语境之间一定也有某种互动的方式。语词与句子、有意识的语用推理,以及社会、文化和世界知识等三者之间的互动关系体现了意义建构的动态性和过程性。

（2）主张意义的激进语境观

自然语言的一个特征就是意义可因语境而变化。语境帮助意义的形成而不是破坏意义。如果把语境视作语词意义的索引,它包含的标准参数包括说话主体、时间、地点和事件。语境参数表明语境是开放的、灵活的。就语境主义传统而言,Kasia M. Jaszczolt 教授关于意义的语境论立场是当下最为激进的。综览全文,作者积极为一种语境主义辩护,这种语境主义建立在说话者要传递的首要意义（primary meaning）的基础上,并称之为基于突显的语境主义。根据激进的语境论,认知最小论不过是披上语境论面纱的最小论。

（3）采用意义的并合表征

语言互动的语义学以语义学、元语义学和语言哲学为理论视角，主张意义的"最大化"识解观，即语境与意义的组合性特征相结合，强调词汇－语法－语用在意义并合表征中的互补作用。交际中意义的各种信息源作为意义输入可通过并合表征体现出来。语言互动的语义学使用了形式化方法，但避免受其限制。在这一点上，该理论类似于 Jackendoff（2002）和 Culicover and Jackendoff（2005）阐释的概念语义学。语言互动的语义学建构在概念的、组合性的表征基础之上，是整合了认知语言学和形式语义理论的语义理论。

一言以蔽之，本书通过考察语言互动中的意义探究了更加具有哲学和元语义学特征的论题，尤其针对话语的概念结构和语法的哲学性质分析了语义表征的策略和意义的动态识解过程。本书是理论语言学、语言哲学等研究领域里重要的参考书目，值得推荐一读。

【参考文献】

Culicover, P. W. and R. Jackendoff. 2005. *Simpler Syntax* [M]. Oxford: Oxford University Press.

Jackendoff, R. 2002. *Foundations of Language: Brain, Meaning, Grammar, Evolution* [M]. Oxford: Oxford University Press.

Zeng, G. 2017. Bookreview: Meaning in Linguistic Interaction: Semantics, Metasemantics, Philosophy of Language [J]. *Interaction Studies*, 18(2): 299-302.

卡西亚·M. 亚希乔特
(KASIA M. JASZCZOLT)

序

本书从语义和元语义角度探讨语言互动中的意义表征。因而，从广义的角度来看，语义被视为表征概念结构。概念结构表征依赖于自然语言表达式和意向性意义的其他表达方式。在我迄今出版的所有专著中，我使用的分析工具和概念包括真值条件、谓词演算用的元语言，以及后格莱斯层面的意向等。我也认为，针对语义/语用界面问题，具有某种特征形式的激进语境主义者观点代表了最有前景的立场。因为它允许人们选择认知层面可信的研究对象，即意图表达的、首要的意义（primary meaning），并将其作为语义分析的一个单位，尽管该层面的意义由不同的信息源构成——有的可追溯到词汇和结构，有的必须通过各种语用过程进行还原。这些工具和主张也出现在接下来的讨论中，但属于在另一个层面为语义学辩护，此类语义研究范式基于语言社团成员试图表征的内容，对常规的语义内容进行建模，同时对语言社团中说话人根据表征的内容而获取到的信息进行建模。必然地，此类语义学超越了"所说/隐含"的区分，更依赖于语篇中意义的动态建构，并在与词汇、结构关联的概念层面进行分析。这里提及的词汇和结构被理解为是与意图表达的意义（intended meaning）对应的心智结构。这些意向意义通过各种途径以及由这些途径传递的言语行为实现为外化的表达。

我在论著《默认语义学》（*Default Semantics*）（2005a）和《时间表征》（*Representing Time*）（2009a）中提到了语境主义聚焦理解的信息源和过程的一个研究范式。我关注的是理解的信息源和过程而不是理解的准则或指导原则。相对于某些后格莱斯派学者，我认为后者不值得过多关注，因为他们关注的仅仅是关于人类理性行为的共识原则，是格莱斯学派追随者们以不同方式进行的陈述而已，这就产生了对格莱斯最初阐释过的准则进行不必要的过多解读。不管是格莱斯阐释的四个准则，还是列文森（Levinson）提出的三个指导原则，或霍恩（Horn）提出的两个原则，以及最后由斯珀波和威尔逊（Sperber and Wilson）提出的双面原则（two-sided principle），都大同小异。所有这些论述都强调一个同样的思想：经济性和信息性（informativeness）的交互作用，这是理性的会话行为的一个方面。它是有关人类的各种活动和社会科学中人类做出决策的议题。出于这个原因，我把这些辩论暂且搁置一边。

本研究旨在进一步拓展我在专著《话语、信念和意图》（*Discourse, Beliefs and Intentions*）（1999）的前三个章节已经论述过的有关语义学和语用学的思想。然而，该研究很快就演变成一个更加具有哲学和元语义学特征的探究历程，触及先前研究遗留的问题，如面向概念结构和语法哲学分析语义表征的地位，或面向模块—联通论之间的争议分析意义的处理过程。元语义学方面的分析也是恰当理解组合性、真值条件分析对象、指称的形而上学特征，以及最重要的一点，语义理论研究范围本身的基础。关于这些议题，有的源于我对默认语义学的早期阐释，有的发展了从事相同研究的我同事的研究思想，尤其是发展了其他后格莱斯语用学和形式语义学家的研究思想。有的议题则关联认知科学的研究成果。简而言之，这次探究历程就是合力关于**语言互动中的意义**的研究。

有些章节的部分内容进一步拓展了我近期论文中首次介绍的思想。关于词库/语法/语用互补特征的讨论至少可回溯到我在《默认语义学》（2005a）的分析，具体体现在我的论著《时间表征》（2009a）里对时间指称的讨论中和对"话语理解的普遍原则和时间表达的跨语言差异"的论述中（Jaszczolt，2012 a）。在此，我非常感谢约翰·本杰明出版社（John Benjamins Publishing Company）允许我使用后者论文中的某些段落，我在第2章对此有简要提及，并作为我对默认语义概述的一个部分，以表明该理论能够解释（词库/语法/语用的）互补特征。各种手册和指南也对默认语义学有概览介绍，如《牛津语言分析手册》（*The Oxford Handbook of Linguistic Analysis*）（Jaszczolt，2010）。第3章对突显的类型和角色的讨论源于我的论文《默认意义、突显意义和自动处理》（Jaszczolt，2011）。我现在基于突显的语境主义视角对此进行重新思考。在我的论文《可撤消性与首要意义/次要意义（primary/second meaning）之分》（Jaszczolt，2009b）中，可撤消性测试首先用于论证首要意义/次要意义的区分。同样在第3章，关于心理主义的讨论源起于我的论文《格莱斯语用学中的心理阐释：文化共识观》（Jaszczolt，2008）。但是，关于形式语义学中心理因素的角色，我现在得出了与之前截然不同的结论，在具体讨论中我也使用了**元心理主义**（metapschologism）这一概念。在此，我非常感谢德古意特出版社（De Gruyter Monton），允许我使用这些论文内容作为当前讨论的基点。流变特征（fluid characters）这一概念首次用于我的论文《卡普兰的语用化：灵活的推理基础和流变特征》（Jaszczolt，2012c），第4章对其做了进一步讨论。此外，第5章中的第一人称索引词个案研究与我目前正在开展的剑桥项目有关，该项目获得Leverhulme基金资助，项目名称为"表达自我：文化多样性和认知普遍性"（项目编号：RPG-2014-017）。本章也参鉴了我在论文《话语中的第一人称指称》（Jaszczolt，2013b）的一些研究思想和例证，以及论文《语境论和最小论视角下的"涉己"（de se）观念归因特征》中的哲学研究思想，但用于不同的研究主题。全书的整体讨论也得益于我在论文《语境：格莱斯意向与二维语义学》（Jaszczolt，2012b）中对语境的更深度分析。接下来的相关章节将会对其做进一步拓展。在某些情形下，我的分析方向略有变化。

本研究受益于许多人不同方式的帮助，在此，我深表感谢！首先，我要感谢Keith Allan和Eros Corazza对初稿提出的建议。其次，感谢牛津大学出版社John Davey的鼓励和对我研究课题的长期关注。我也感谢其继任者Julia Steer促成了我和出版社在两方面成功、友好的合作：我既是这本书的作者，也是《语言和思想中的时间（牛津系列研究丛书）》的总编辑。感谢Caroline McLaughlin非常细致精心的编辑工作，感谢Kim Birchall对目录的编排。感谢Yoseph Mengistu提供的阿姆哈拉语（埃塞俄比亚官方语言）数据；我和Rodanthi Christofaki讨论了日语语言，在此也一并致谢！在墨尔本举行的第11届国际语用学协会会议中，我和Keith Allan共同组织了名为"突显意义"的工作坊。本书关于突显意义的章节得益于此次工作坊与参会者的见解。我尤其感谢Keith Allan, Rachel Giora, Michael Haugh, Eleni Kapogianni和以不同方式参与此课题研究的其他同事：Istvan Kecskes, Alyson Pitts和Mikhail Kissine。关于可撤消性的论述，数位同事对我有关该议题的早期论著提出了见解，使我在本书中的相关论述不易被误解，在此深表谢意！特别鸣谢Keith Allan, Alessandro Capone, Michael Haugh, Eleni Kapogianni和Alyson Pitts的反馈意见。而正是通过Jay Atlas的各类论文，我留意到了语用理论中有争议的心理主义议题，在此一并致谢！感谢剑桥大学语用学读书会（现在叫语义、语用和哲学读书会）成员关于此课题的生动讨论。在此，我还感谢我近期毕业的博士生和在读博士生（Minyao Huang, Chi-Hé Elder, Eleni Kapogianni, Eleni Savva, Michael Keane, Luca Sbordone, Roberto Sileo和Rodanthi Christofaki）提出的反馈意见。我还感谢组织工作坊和其他活动以推动此课题研究的同事们。我对我接受过帮助的同事和朋友，唯恐没能一一提及，再次感谢 Keith Allan，Marcella Bertucelli，Tadeusz Ciecierski，Istvan Kecskes，Larry Horn，Barbara Lewandowska-Tomaszczyk，Jacob Mey，Maciej Witek，Louis de Saussure，Joanna Odrowąż-Sypniewska，Zhang Shaojie，Piotr Stalmaszczyk，Richmond Thomason。我在如下地点举行了关于默认语义学及其应用的讨论和系列讲座：剑桥、牛津、安特卫普、罗兹、华沙、什切青、长春、北京、上海、伦敦、布鲁塞尔、夏洛特、安娜堡、日内瓦、波鸿、圣安德鲁斯、纽卡斯尔、巴黎、曼彻斯特、利兹、爱丁堡、墨尔本、纳沙泰尔、贝尔格莱德、基希贝格、哥德堡。感谢到场的各位听众，其中，一如既往地感谢 Charles 和 Lidia，是你们让生活充满乐趣！

于剑桥
2015 年 3 月 20 日

缩写和符号列表

$\rightarrow_d$	default interpretation	默认理解
$\rightarrow_E$	explicitly means	明晰意指
$\rightarrow_{GCI}$	conversationally implicates via a GCI	会话中通过一个 GCI 产生隐含
$\rightarrow_I$	conversationally implicates	会话中隐含
$\rightarrow_m$	monotonic inference	单一推理
$\rightarrow_{nm}$	nonmonotonic inference	非单一推理
$\rightarrow_{PM}$	(communicates as) primary meaning	（交际中的）首要意义
$\rightarrow_{SM}$	(communicates as) secondary meaning	（交际中的）次要意义
$\gg$	semantic change	语义变化
Δ	degree of acceptability (in ACC_Δ)	（在 ACC_Δ 中）可接受的程度
Σ	merger representation	并合表征
$1Sg$	first-person singular number	第一人称单数
Acc	accusative case	宾格
ACC	acceptability operator	可接受性算子
att	attenuation (in ACC_Δ^{att})	（在 ACC_Δ^{att} 中）减弱
CD	cognitive defaults	认知默认
CM	Cognitive Minimalism	认知最小论/认知最小主义
Contr	contrastive (conjunction)	对比（连词）
CPI	conscious pragmatic inference	有意识的语用推理
$DemPart$	demonstrative particle	指示性小品词
$Dist.\,Past.\,Inf$	distant past inferential	远距的过去的推理
DPL	Dynamic Predicate Logic	动态谓词逻辑
DRS	Discourse Representation Structure	话语表征结构

DRT	Discourse Representation Theory	话语表征理论
DS	Default Semantics	默认语义学
epf	epistemic possibility future (in ACC_Δ^{epf})	（在 ACC_Δ^{epf} 中）认识层面的可能未来
Erg	ergative	作格的
F	feminine gender	女性
fp	futurate progressive (in ACC_Δ^{fp})	（在 ACC_Δ^{fp} 中）将来进行时
Fut	future tense	将来时态
GCI	Generalized Conversational Implicature	一般会话含义
Gen	genitive case	属格
ICE-GB	International Corpus of English (British component)	英语国际语料库（英国英语部分）
IEM	immunity to error through misidentification	通过错误识别形成抗错性
Inf	infinitive	不定式
Instr	instrumental case	工具格
IS	properties of human inferential system	人类推理系统的属性
KoS	conversation-oriented semantics	以会话为导向的语义学
LF	logical form	逻辑形式
M	masculine gender	男性
Neg	negative particle	否定小品词
Nom	nominative case	主格
NP	noun phrase	名词短语
OLS	organizational lexical semantics	组织词汇语义学
Past	past tense	过去时态
PCI	Particularized Conversational Implicature	特定的会话含义
Perf	perfective aspect	完成体
Pl	plural number	复数
pm	pertaining to primary meaning	与首要意义相关
Pres	present tense	现在时态
PRO	empty category 'big pro'	空范畴"大写"

PTQ	'The Proper Treatment of Quantification in Ordinary English' "日常英语中量化的恰当处理"(Montague, 1973)	
QUD	question under discussion 当下讨论的问题	
Rec.Past.Exp	recent past experiential 最近的过去经验的	
Refl	reflexive particle 反身小品词	
ReflPron	reflexive pronoun 反身代词	
rp	regular past (in ACC_Δ^{rp}) (在 ACC_Δ^{rp} 中)常规过去时	
SC	stereotypes and presumptions about society and culture 关于社会和文化的固定观念和假定	
SCWD	social, cultural, and world knowledge defaults 社会、文化和世界知识的默认	
SD	situation of discourse 话语情境	
SDRT	Segmented Discourse Representation Theory 分段话语表征理论	
Sg	singular number 单数	
SM	semantic meaning 语义意义	
sm	pertaining to secondary meaning 与次要意义相关	
Subj	subjunctive 虚拟语气	
TCL	type composition logic 关于类的组合逻辑	
TCP	truth-conditional pragmatics 真值条件语用学	
TCS	truth-conditional semantics 真值条件语义学	
tf	tenseless future (in ACC_Δ^{tf}) (在 ACC_Δ^{tf} 中)无时态的将来	
Top	topic marker 话题标记	
WK	world knowledge 世界知识	
WS	word meaning and sentence structure 语词意义和句子结构	

- 大写的单词(不是缩写)代表一个概念,而不是一个词(例如 SELF)。
- (不用于强调或指逻辑变量的)斜体代表一个单词(例如 *self*)
- 用于单词的"引号"代表词项的一种形式(例如"self")。

3

目　录

引　言 …………………………………………………………（1）

第1章　意义的误析 ……………………………………（7）
1.1　研究背景 ………………………………………………（7）
1.2　出发点：语言系统或会话互动？ ……………………（11）
1.3　"最小论者""最大论者"和"修补论者" …………（15）
1.4　字面意义：独立的议题？ ……………………………（40）
1.5　重新思考语境论者的观点 ……………………………（47）
1.6　语义学、语用学以及它们的边界：超越现状 ………（55）
1.7　结语和对"后边界之争"的反思 ……………………（59）

第2章　意义的互动组合 ………………………………（63）
2.1　组合性和它的神秘之处 ………………………………（64）
2.2　意义正解：语言互动的语言学 ………………………（77）

第3章　语境中的默认 …………………………………（101）
3.1　突显意义和默认意义 …………………………………（101）
3.2　首要意义与明晰/隐含之分 …………………………（108）
3.3　心理主义：一种"腐蚀性侵入" ……………………（119）
3.4　结语 ……………………………………………………（126）

第4章　词汇的界定 ……………………………………（127）
4.1　动态的语词 ……………………………………………（127）
4.2　流变特征 ………………………………………………（136）
4.3　指称表达式和指称施事主体 …………………………（148）

第5章　索引词的消亡：一个案例分析 ………………（155）
5.1　表达自我（SELF）：序言 …………………………（155）

5.2 第一人称视角 ……………………………………………… (157)
5.3 界定第一人称索引词 ………………………………………… (160)
5.4 默认语义学中的涉己（de se）思想和涉己报告句 ………… (180)
5.5 声明、结论和进一步展望 …………………………………… (191)

结论：消除语义的神话 …………………………………………… (195)
参考文献 …………………………………………………………… (197)
索　引 ……………………………………………………………… (219)

引 言

厘清"意义的误析"是本研究的出发点。已有的对该议题的研究含有消极（或甚至破坏性的）和积极（建设性）的成分。我将首先详述整个意义理论存在的不足之处，聚焦如下观点之间的争论：①意义最小论观点，即把意义与词汇和句子的结构紧密联系起来；②意义最大论观点，即把意义视为说话人意图表达的和/或由听话人捕获的信息，在这个过程中他们（说话人和听话人）自由地、非常不受限地获取语境的、语用层面的信息（偶因论，occasionalism），意义消除论（eliminativism）；还有③提出不同解决方案的居间观点，我在此把之称为"修补论"，如③′重新审视句法形式，视其可解释语义内容中的任何未言成分（索引论，indexicalism），或③″把语义表征和句子的逻辑形式与说话人的意图同时关联起来，从而允准语用知识对句法表征进行自由调控（温和语境论，moderate contextualism）。

有人可能会说，上述研究范式对意义的误析都在于他们认为，最小论，至多是索引论，与意义的形式化密切相关。而温和语境论（允许在句法层面自由充实命题），以及激进语境论、偶因论，则通过定义避开与形式化的关联性。但这样的阐释有过于简化之嫌。后者表明，意义有一个跨模块的信息源。句子结构或词语结构（如果有的话）没有相应的形式化结构可用作解释信息的输出结果。因此，形式化是不可取的。然而，正如我在《默认语义学》（如2005a，2009a，2010以及之后的文献）中所做的论述，情形并非如此。我在这些文献中确定了一个关于意义的信息来源集合和一个互动过程的集合，以产生所需的、符合心理现实性的对意义的理解，并阐释了这些信息源和互动过程之间的映射。同时，我提出了总体的意义识解原则。根据这些原则，以话语表征理论（如 Kamp and Reyle，1993）的元语言为基础建构一种元语言，意义就能被形式化表征，但不在语言的结构层面使用，而用于信息的并合（merger）层面，以表征来源于不同的、互动过程中的信息（即并合表征）。默认语义学没有认同"修补论"阵营提出的方案：意义不仅不是由句法结构的要素确定（如索引论），甚至根本不是总由句子的逻辑形式主导的。所以，语境论者的诉求——语义的、真值相关的内容是句子逻辑形式的拓展、充实、调变等——也被放弃了（我称之为排斥"命题表征的句法限制"）。

其次，最小论的问题在于它不是"足够最小"：它需要掺和一些语境信息，并总是依赖一个语境的最小构型。我在接下来的讨论中称之为认知最小论。语境论的问题在于，它受所说句子的逻辑形式的限制，而不是独立于逻辑形式（一种充实的逻辑形式或完全不同的结构）来表征主要的、意图表达的意义。在此，我建议不是"修补"逻辑形式，而是使用*语境驱动的突显*作为识别语义学中意义表征的主要标准，我称之为基于突显的语境论。

放弃句法限制不会必然引出一个关于组合性的问题。我们没有理由认为组合性不应该用于断言一个信息表征。而该表征把不同来源、通过不同过程获得的信息聚合一起，却没有给逻辑形式赋予特权角色。我们要做的不是"修补"逻辑形式，在*语言互动的语义学*中我们建构的是一个交际行为理论，它与说话人意图表达的（并且在对正常交际情境建模的情形下，也是被听话人捕获的）意义相关。但与此同时，原则上这是一个可被形式化的理论。这即是上面所提及议题的积极（建设性）的部分。我们拥有一个理论可解释以各种方式体现的说话人意图，因而采用意义"最大论者"的立场，但同时坚持组合性的方法论原则——该组合性断言了可反映信息并合的语义表征层次。

在20世纪90年代晚期和21世纪早期，这个理论因其特色被称为"默认语义学"。它也因其理论特色被称为是"激进语境主义者"的立场。然后，这场始于20世纪70年代关于语义和语用界面的争论转而聚焦这个新奇的思想，即把语用过程的输出结果导入真值条件语义学的研究范围。把真值条件作为分析工具，并且把这样的语用内容纳入研究范围的一个理论通常被归入语境主义者阵营，最初被贴上"激进语用学"阵营的标签，或宣称语义不确定性、语义不具体，或主张涵义普遍性（sense generality），以及其他的观点。[①] 所以，"语义学"和"（激进的）语境论"似乎为正确的标签。"默认"（default）源起于一个更温和的观点。后格莱斯语用学家[②]争论的一个重要组成部分是关于意义充实（the enrichment of meaning）的地位，如条件完美句的使用（"if and only if"用法中的"if"），以及"some but not all"用法中出现的"some"，

[①] 参见亚希乔特（Jaszczolt, 1999）的第1—3章，以及亚希乔特（Jaszczolt, 2002a）的第11章。

[②] 如斯珀波和威尔逊（Sperber and Wison, 1995）、列文森（Levinson, 2000）。

"one or the other but not both"用法中出现的"or",等等。对于该争论,一方面,我们认为存在极强的、属语言驱动的列文森(Levinson)所宣称的推定意义(presumptive meaning)(一种默认)。另一方面,我们认为,在关联理论视角下,所有的充实是语境驱动的,视需要而使用的(无任何一种默认)。接着,该争论聚焦于意识的在场与缺场,或"自动的"理解[①]。我所讨论的"默认"以期构成这次争论中的立场之一。默认语义学阐释的过程类型包括认知默认、社会与文化,或常规世界知识的默认。基于此,我要表明的是,在一个特定语境中和对特定的交际者来说(这点非常重要!),某些对意义的理解是自动的、下意识进行的,无须刻意为之。此处讨论的"默认"从根本上来讲当然不同于列文森所主张的极强的、由语言系统驱动的推定意义。把之作为我的理论名称是为了强调"最大论"语义学完全不是句法加推理;该理论还关注可触发特定涵义的认知结构,并考察交际者所处的社会与文化。反过来,我们通过交际者所处社会和文化可以毫不费力地"依靠默认"以理解人们言说的内容。

随着该理论的提出,术语"默认"和"语义学"曾引起学界诸多担忧,其副作用则是某些不严谨的读者把所有的"默认"等同于列文森提出的推定意义。由于语义和语用界面争论的局面已经发生了变化,现在似乎有必要强调默认语义学提及的互动成分,更强调它和后期维特根斯坦对场合意义(occasion-meaning)讨论的密切关系,而非突显与"修补观"的共性,如与雷卡纳帝(如Recanati,2004,2010)真值条件语用学主张的语境论的共性,以及与斯珀波和威尔逊(如Sperber and Wilson,1995)关联理论的共性。这是当前课题的理论基础,聚焦的是语言互动的原则,并分析如下问题:"突显"的不同来源;意义推理的表征方式,从而在语言互动过程中重新审视索引词/非索引词之间的差异,以及重新考察组合性分析中关于意义成分的静态与动态视角。

本书有两个研究目的。第一,向初涉足该领域的读者介绍上述提及的语义学研究议题,使读者能对后格莱斯学派研究中有关意义的真值条件根源性论题,及其探究范围的不同见解积极地阐述自己同意与否的立场。第二,本书可供将来从事这里提及的语义"最大论"新观的研究者使用,以及对如下概念有兴趣的研究者使用:突显的语境论、流变特征(fluid character)、方法论层面心理主义。同时,本书适用于对如下主张感兴趣的研究者:互动的组合观、首要意义/次要意义之分不同于明示意义/隐含意义之分。最后,本书有助于研究

---

① 如雷卡纳帝(Recanati,2004)、卡尔斯登(Carston,2007)。

者对"纯粹的索引性是哲学家虚构出来的"进行探究,至少如第 5 章讨论的第一人称指称的案例分析一样。本书在阐释过程中,沿袭了过去 20 年来我在剑桥大学教授语义学和语用学的方法,即提出一个有吸引力的问题进行讨论,因为双方观点都有很好的论据支撑。这适用于情形一:观点被支持,并通过新的论据得到强化,也适用于情形二:反方的论据促使我反对某一观点。简而言之,我认为即使对语义学和语用学相对初级的入门者而言,都应该在互动的层面考察这里提及的研究思想,基于此,则可形成原创的、独到的见解,进而深化理论问题的研究。

总之,尽管此处讨论的语言互动中的语义学提供了关于意义的"最大论"新观,但我却不能全然对采用的解决方案充满信心。该理论建立于过去几十年以来一直广为流传的思想,产生了如下研究范式:关联理论(Sperber and Wilson, 1995)、推定意义(Levinson, 2000)、默认语义学(Jaszczolt, 2005a)、真值条件语用学(Recanati, 2010),以及基于卡普兰(Kaplan, 1989a)的二维语义学阐释的语用学,或佩里(Perry)系统强调的最终在*批评语用学*中聚合一起的不同研究内容(Korta and Perry, 2011)。接下来所呈现的意义观,很大程度上要归功于这一丰富的意义研究传统和生动的关于意义的辩论,这些辩论构成了前卫的研究思想。但对某些业已认同的区分进行摈弃或再反思的过程中,下面呈现的意义观有其特有的解释力,如阐释明示与隐含内容、所说与隐含、索引与非索引、特征(charcater)与内容(content)的区分,并重新定义一些因反复误用已经偏离正解的概念,如默认理解或意义的组合性。

本书的结构如下:在引言章节(第 1 章),我陈述了围绕意义理论研究对象的争论,聚焦我称之为"最大论者"观、"修补论者"观、"最小论者"观阵营中不同研究取向之间的分歧与共识之处。本章作为讨论"意义的误析"的一个范式,我批判性地讨论了相关争论的当前形势,介绍了一些首次提出的(有关意义的)问题和困惑,如字面义和非字面义之分,不受语境制约的意义和语境驱动的意义之分,语言系统和语言使用之分。我也在本章介绍了基于突显的语境论和认知最小论等概念。第 2 章介绍意义的互动组合特征。在本章我消解了有关组合性、真值条件和逻辑形式的困惑,并重新阐释交际行为,把之视为一种真值条件分析范式需要考虑的研究对象。本章的主要部分概述了默认语义学,并通过举例分析其应用,从而刻画了意义传递过程中词汇/语法/语用的互补作用。我也简要讨论了语法的形而上学特点。第 3 章重新考察"默认理解"这一概念,以解答首要意义(primary meaning)中独立于语境的突显和语境驱动的突显问题，并描写突显的作用。部分相关证据来源于论证首要意义/次要意义与明示意义/隐含意义之分的可撤消性测试。本章结尾对一个语义理论所应遵循的心理主义的适当程度和形式进行了评述。之后，第 4 章聚焦词库的特征，强调进入组合性结构的单位的动态性。本章讨论的出发点是我所称作的"流变特征"，即语境驱动的但同时为类型属性而不是例示性个体的单元结构。这些单元结构的界定是由推理的灵活基础和默认理解的基础同时决定的。我在本章结尾时总结道，对推理的研究需要引入概念语义学方法。最后，第 5 章是跨语言学与哲学视角下的第一人称指称案例分析。其结论表明，纯粹的索引性是哲学家虚构出来的：第一人称指称的标记不止表达索引的意思；此外，这些标记似乎并不是专门对应第一人称指称，还有其他功能。其分析策略是通过弱化索引与非索引之间的区分，在语用视角下使用卡普兰的二维研究方法，研究的基点则是我提出的流变特征和概念结构的功能分析，体现为本文展示的默认语义学并合表征形式。全书的结论对"意义的误析"进行了总结，"消除了语义的神话"。同时，在本书提出的语言互动中的语义学框架下，结尾部分对真值条件的角色、组合性、索引性、以及相关的界面问题阐明了笔者的观点。

第 1 章　意义的误析

她写道："当然，自我、本我和超我，事实上，力比多本身，都必定被视为有隐喻本质。"

她删掉了"被视为"，然后写道"能被感知"。

两者都是隐喻。她写道："可以解释为一个毫无差别的身体经历中的事件。"

身体是个隐喻。……"事件"也可能是一个隐喻。

拜亚特（Byatt），《占有》
1991，伦敦，佳酿出版社（Vintage），第 430 页

1.1　研究背景

意义以及自然语言语义学中的意义理论曾经很简单。句子有意：有词库和句法的作用，同样，有语义学对两者进行解读。根据弗雷格（Frege，1982）的组合原则思想，句子的意义包括组成部分的意义和各组成部分组合而成的结构的意义。问题是组合性原则不是简单地按这个原则起作用的。如果我们想要意义单独来源于句子，那么（1）和（2）中所有语符的意义必将保持不变。

（1）那是红色的。

（2）我在这里。

如果一个意义理论不能解释句子与世界的关系，更不用说解释语言使用者头脑中的概念，该意义理论又有何用？所以，首先，我们引入世界、指称和指称语义学，并认为，意义的构成略大于由语词和结构作为一个系统的要素向我们传递的内容。这仍然是关于意义的最小论者研究范式。根据该理论的观点，最小论是一种"多数情形下（predominantly）语境非敏感的语义学"（Borg，

2012:216)①,其中,任何背离以词库和句法为基础解读意义的范式都有外在的动因。即使我们借助话语的语境,此用法定有其系统性特征,并体现在类型(type)层面,而非*用例*(token)层面:"那""我""这里",甚至(3)中的"准备好了"都为诉诸语境提供了可靠和系统的基础。

(3) 莉迪亚 (Lidia) 准备好了。

这种系统性源于如(1)和(2)中某种语词的使用或如(3)中一种句法结构的使用。在(3)中,"准备好了"进入了一种逻辑形式,该形式要求命题实现填充类似论元的结构,这是真值条件评估的必要前提。1.3.1将深入讨论最小论者提出的方案。现在,我们强调上述引自博格(Borg)论述中"多数情形下"这一提法存在方法论问题:用于表明有必要采用截然不同于基于词库和句法进行语义分析的表达式集合似乎是变动的。事实上,与卡普兰(Kaplan,1989a)在《指示词》中的原创观点相比,这样的表达式集合越来越多。为了论证最小论的新观点的合理性,人们须采用一个语词意义理论以解释漏掉的微量信息,并放宽形态句法与语义的界面之分,其策略是增加指称关系——不管是自然世界中还是概念域中②,指称外在于语言的一个客体。毫无疑问,一个人最终可以得出一个内部健全的理论,但该理论的基本原理仍然值得怀疑。为了证明这一点,我们必须相信,最小命题对应于大脑中一些具体认知现实性的单位,而拯救这种最小论观点的语词意义理论和语法理论本身就足够了,而不是与一种本身可疑的观点结盟。如果没有这样的假定,就很难证明混合的任何语用成分的合理性。

对语境信息的进一步识别是坚持认为意义依赖于句子的句法形式,但是允准该句法形式有语境敏感性。这样做可一石二鸟:至少在一定程度上解释了对意义的直觉判断,命题作为意义理论的研究对象,是从词汇-句法信息中解读出来的。这类研究范式被称为索引论。作为诸多范式之一,斯坦利(Stanley,2002)和斯坦利和萨博(Stanley and Szabó,2000)对此有专门讨论,认为语境敏感性可由一个隐性的变量得以解释:句子的逻辑形式包含变量,这些变量需要被填充以获得符合直觉的真值条件。还有一些相关的观点,如拉森和卢德洛(Larson and Ludlow,1993)的被解释的逻辑形式,或主张,当结构式的语义属性(如单一性)允准的情形下,是语法产生了某些一般的会话含义〔如

---

① 此处斜体由原书作者标注,以示强调。
② 参见卡珀朗和莱波雷(Cappelen and Lepore,2005a,b)和博格(Borg,2004,尤其是2012)。

第1章 意义的误析

从"some"中可还原"some but not all"之意,参见格莱斯(Grice,1975)]。再进一步的分析就导致语境论:不认为词库和句法足以提供意义,而允许存在不受句子语法形式管控的、所谓的"自由填充"或"调变"(Sperber and Wilson,1995;Carston,1988,2002;Recanati,1989,2004,2010)。

文献中使用的理论标签稍有差异。一方面,索引论体现了最小论的某些特征(基于词库和句法解读意义),同时也体现了语境论的某些特征(意义通过某些不可见的成分得到充实,使之与说话人的意图一致)。然而,我把这两种研究范式——索引性充实和自由充实——都纳入"修补论":它们背离最小论的观点,但试图通过提出一个构体以"锁定"语义内容。该构体位于最小内容和符合直觉的、在特定场合语言使用者意图表达的全部意义之间。[①] 后者当然是受到后期维特根斯坦把意义视为用法的思想启示,并在后来发展为"偶因论"或"意义消除论"[②]。如果我们想在语义学中使用真值判断,那么我们必须在交际行为层面使用,以及在特定情形中句子的用法视角下使用。

这个关于研究范式的清单远没有穷尽,但涵盖了意义研究中原创的、受到认可的主要范式。它们把命题视为研究对象,常常(但不总是)把真值条件视为研究方法中的工具。把真值条件作为分析工具源于把真实客观物体视为语义研究对象(体现为指称论)的本体论承诺。那么,我们现在构建一个强有力的论点以支撑上述其中的一个观点,并适时宣传这即是关于意义的正确研究进路,难道不是一个好主意吗?事实并非如此,问题在于每一个研究范式都存在不当之处。上述讨论没有包括激进最小论(Bach,2001,2004,2005,2006),因为它不聚焦命题和真值条件。因此,如果该范式不能有效解释句子和世界的联系,它还有什么工作要做?人们必须赋予语法特别的权力。[③] 以命题论为导向的最小论(Borg,2004;Capplen and Lepore,2005a)认为意义与意图和直觉关联较少,较少考虑句子在语篇中的使用。正因如此,它极力在纯粹的语法赋予的意义和直觉意义之间努力寻求自身的研究意义[④]。索引观和意义自由充实的语境观属于"修补观":它们分析的意义接近于意图表达的和合符直觉的

[①] 我在当前讨论中不涉及相对论的观点。根据相对论的观点,对真值、意义和知识的分析要从它们被评价的视角出发,参见麦克法兰(MacFarland,2005,2011,2014);关于相对论和语境论的讨论,请参见卡珀朗和霍索恩(Cappelen and Hawthorne,2009)的讨论。

[②] 参见特拉维斯(Travis,1997,2008)和雷卡纳帝(Recanati,2005)的分析,以及施奈德(Schneider,2009)的一个讨论。关于神经语用学的证据,请参见普尔弗米勒(Pulvermüller,2010)。

[③] 关于此议题,也可参见辛森和希汉(Hinzen and Sheehan,2013)的分析。

[④] 但博格(Borg,2012)试图把意义中允准的语境成分纳入"词库的组织结构"之中。

话语内容，但这还不够深入。此类情形下，句子的句法形式制约意义的理解，并为未言说的内容提供解释（索引论），或只允许对句子的逻辑形式做适当改变（"自由充实的语境观"）——尽管该类范式必须冠以"自由的"，"自上而下"，真正"语用的"称谓。但是，它仍然未能全力以赴，并承认主要的交流信息是他们应该关心的问题。与这个命题有关的逻辑形式与所说句子的逻辑形式几乎没有或根本没有相似之处。①

其次，目前为止，偶因论则拥有最符合直觉的立场，与门外汉对语言使用中意义的感知有关联性，这通常被视为研究目标本身：如果意义即使用，我们就可以研究会话，并可以通过神经影像实验探测与各种语言行为对应的神经结构和激活模式。但是，基于心智词库和自主句法而进行的任何抽象处理在该范式的定义中已被排除。采用蒙塔古（Montague，1974）研究思想解读句法的任何一种形式语义学路径必然被排除。②

或，是这样的吗？似乎形式的方法不需要被排除掉，只是排除它们针对的材质对象。现有研究范式的问题在于它们坚持认为我们可以选择：要么我们采用相对最小的但可以形式化的理论；要么采用的理论反映了说话者的意图和观察者的直觉，但这种理论是散乱的、程序化的，完全受限于"意义即用法"的口号。尽管过去40多年里，形式语义学在解释动态发展语篇，并由此分析跨句的指代和预设研究方面有所进展［突出的研究如话语表征理论（DRT），Kamp，1981；Kamp and Reyle，1993；van Eijck and Kamp，1997；及其分支研究，如分段话语表征理论（SDRT），Asher and Lascarides，2003；动态谓词逻辑（DPL），Groenendijk and Stokhof，1991，2000；同时参见 Zeevat，2012］。对这些理论而言，意义基于句法进行解读，只是或多或少增加使用了针对约束（binding）的各种表征策略：与语境提供的或即兴构想的词汇－句法单位或概念单位绑定在一起，从而理解当下的句子。③ 反之，如果我们要大胆地拟构一个理想的意义理论范式，我们期望该理论能够（a）解释实际使用句子的主要的、且符合直觉的意图意义，同时（b）用形式化方法解释典型的说话人如何在他/她的头脑中建构意义，以及典型的听话人如何捕获到此种意

---

① 跨语言证据表明，在关于请求的言语行为案例分析中，60%～70%为间接言语行为。参见施奈德（Schneider，2009）对俄语和英国英语说话人的请求态度分析及其实验数据。1.3.2 也有讨论。
② 同时参见波特纳和帕蒂（Portner and Partee，2002）的分析。
③ 参见范·德·桑特（Van der Sandt，1992，2012）对约束和适配（accommodation）的讨论。

向性信息[①]。默认语义学（如 Jaszczolt，2005a，2009a，2010）就是这样的一种理论，它仍在不断发展中，并接受新的语言构式和现象的检验。[②] 它旨在修正关于意义的误析，并与激进的依赖语境的意义观结合，即通过真值条件语义学的形式化策略为交际行为中传递的首要信息建模。它是关于交际行为的语义学；一种具有真值条件特征的语义学。根据这种语义学，真值条件对命题一样的单位做出断定。这样的命题单位是各种互动过程的产物。因此，它是关于语言互动的语义学。互动的过程从各种信息源头输入，任何一种信息源无优先地位。换句话说，这个理论不讨论因语境信息被"充实的""拓展的"，或"调变过的"逻辑形式，也不试图站在上述提到的"修补者"的立场。相关的语义表征是并合表征（merger representation），被确认的各种信息源具有同等地位。那么可以说，并合表征就是逻辑形式的激进对等物，并具有真值属性。它们是在过程中建构起来的。基于动态语义学的某些工具，这些过程可被形式化的方法描写。由此，我们获得一种场合意义（occasion-meaning），为揭示规律性的一种场合意义。然而，这些规律特性与自然语言的词库和句法没有关系，但与各种信息的处理有关。在信息处理过程中，参与互动的信息要素不管是否有语言层面性质，都能在话语情境中被合理解释。

简而言之，"意义的误析"恰恰在于，一方面对语义分析对象完全依赖语境和完全依赖意图之间关系的错误认识，另一方面，是对一种形式化的真值条件解释方式可用性的错误认识。默认语义学的互动研究进路试图纠正这一错误。

1.2 出发点：语言系统或会话互动？

"意义是什么？"是启动讨论的最好问题。现在我们开始对当前语义理论的

[①] "典型"（model）是因为，如果一个意义理论需要解释个体的意义建构情形，从而考虑临时缺乏注意力、心智能力不足、背景知识误配等导致误解的个体特质，那么一个意义理论没有多大用处，甚至不能称之为是一种"理论"。探究与典型说话人交际行为关联的意义是可以实现（理论）充分概括力的唯一途径，从而产生规范的，因此有预测力的理论，进而反映格莱斯（Grice，1989）提出的人类理性交际的普遍原则。后来，芬特尔和马修森（Fintel and Matthewson，2008）、埃文斯和列文森（Evans and Levinson，2009）、亚希乔特（Jaszczolt，2012a，2012e）赞同这些原则并把之视为语用普遍原则。

[②] 关于默认语义学，读者可参见亚希乔特的专著（Jaszczolt，2005a），或亚希乔特（Jaszczolt，2010）及其他文献中对该理论修订版的介绍。本书 2.2.1 是对默认语义学的概述，以增进对语义表征的理解。

研究范围和研究内容的争论中某些方面进行更加详细的评价，进而阐释意义理论的具体要求。语义理论的范围随着时间的推移发生了很大的变化，在摇摆于上述两个极性选项之间时发生了周期性的扩张和收缩。重复一下，根据第一个极端选项，语义学把语词和句子的意义视为抽象单位。这个观点认为，语词属于一个稳定的、基于不断发展形成固定共时状态的抽象语言系统。根据不同观念下产生的固定句法规则，词语之间相互独立，词语排置后成为句子。语用学，即语言的用法理论，不在语义学的范围内。而根据另外一个极端选项的观点，语义学中的意义即语言使用者理解的对象，因而意义是说话人意图表达的，并被听话人在推理过程中捕捉到。推理的语用过程则属于语义学的范围。处于这两者之间的是"修补论者"的观点：不同的研究范式支持不同程度的将语用推理获得的信息合并到语义表征中。

对这些研究选项的抉择不是一时兴起。首要问题是，是否语言结构（即源于自然语言单位构建起来的结构）被认为与思维结构（即概念结构）是分离的。如果我们赞同学者们认为思维独立于语言的观点，那么我们就不得不认为，当一个人想到一个自然语言语句的自然表征的时候，则因此也提供了内在言语（inner speech）单位的语义表征。持有这样主张的语义学家因此更倾向于考察被说出的话语的表象下面的特征，甚至要表征话语中没有严格地通过物理方式表达的内容。否则，仍然坚持"自然语言=思维的语言"假设，我们就必须承认，存在我们"言说"（utter）的自然语言语句，并存在用以思维（think in）的自然语言语句，由此也引出这样的问题：语义理论的研究对象应该是哪些句子？是物理方式言说的自然语言句子还是用于思维的自然语言句子？

当然，从理论本身视角加以考虑，这可能并不重要，因为一旦我们有适切的意义理论，我们则可以用来分析概念结构和语言结构，因为它们二者都使用同样的系统。另一方面，若我们认为思维的语言和自然语言是分离的系统，我们就不会急于"探究"没有通过物理方式（"语言符号"层面）表述的自然语言内容，因为自然语言语义学可被视为一个模块，负责分析一门语言〔如英语、波兰语、韩语或毗拉哈语（Pirahā）〕系统中语言单位构成的语符串的意义。但是，肯定不一定要这样去思考。如果以这样的方式去识解关系，我们也可以认为，没有显性表述的自然语言语句也有句法表征的构成成分，或在那里至少有特定的句法表征的构成成分，因为即使概念结构和语言官能被区分开了，句子必须以某种方式展示它与它在现实中所指称内容的关系；也存在某种情形表明句子和语境的互动（对后者的理解与所选理论有关）。而随之产生的

第 1 章　意义的误析

问题，即生成能力与概念结构有关还是与语言结构有关（如果确实存在这样的二元划分），仍然处于热烈争论之中。我在 1.5.4 再来讨论[①]。

考虑到这些有关语言和概念表征的"大问题"，以及考虑到当一个人把其观点置于两个极端选项中间某一位置的时候存在必然的潜在的无数选项，一开始就论及基本的问题（即研究的领域是什么，从而从语言互动中的意义视角回答"意义是什么"），这在方法论层面似乎很谨慎。更简单地讲，我们只想知道意义是什么，记住我们需要的是它的（最好是规范的）理论。更准确地说，我们需要知道在哪里去探寻意义：在以系统形式抽象出来的自然语言中，或在作为工具并有各种用法目的（含交际目的）的语言中，抑或在交际互动本身之中。那么，我们必须解决这样一个问题，即是否只有一个"意义"需要被发现，或者互动中的意义是否是语用学、社会语言学和语言人类学领域中被探究的对象，而在语言系统中的意义是否是另一种在语义学（更好的术语：形式语义学）领域中被探究的对象。问题在于语言系统是一个难以捉摸的、不确定的实体。尽管付出了诸多努力，目前还没有一个人采用抽象的一个或多个系统全面描写和解释自然语言。基于乔姆斯基生成语言学中管控句法结构的普遍规则进行意义推导，和基于蒙塔古真值条件语义学中与现实和反事实情形（模型）关联的形式化连接规则进行意义推导的研究都旨在实现理论有高度的可预测能力。但每一种理论范式对很多语言构型和现象没有提供满意的解释，部分现象如回指、预设、命题态度报告、时间指称，以及焦点的语义关联性。在过去的 20 年，我致力于解决这些问题时[②]提出的方案越来越基于会话互动的特征，这些特征不同于概念系统的特征（如心智状态的意向性）和自然语言作为一个形式系统的特征（如逻辑形式的组合性）。接下来我进一步讨论一种基于交际互动的意义理论。对我们所提问题的回答是：我们需要考察的并不是语言系统以及语言系统与语境的关系，而主要是分析互动本身的语境，及其传递信息的各种方式。现在，"意义"与在话语和交际互动中产生和被捕获的那种意义关联起来。它在多大程度上利用了诸如抽象词义和句法结构等语言的系统元素，这是如 1.1 所述的一个问题。这个问题将在我们的具体研究中，特别是我们在讨论与意义相关的信息来源和形成意义表征的互动过程时予以详述（见 2.1.1 和 4.1）。

[①]　相关的原创分析参见埃文斯和列文森（Evans and Levinson, 2009）对概念结构生成能力的论述，参见杰肯道夫（Jackendoff, 2012）对概念结构中语言角色的讨论。
[②]　参见亚希乔特（Jaszczolt, 1999, 2005a）关于命题态度的讨论，或亚希乔特（Jaszczolt, 2009）关于时间指称的讨论。

在大致确定了研究对象之后,我们必须转向将要采用的方法。在这里,如果某些主张看起来更有前景或更合理,我们可以优先采用它们,然后遵循它们的逻辑目的。我们选择了会话互动者所使用的(如果对意义的反思层次适用的话,也是所理解的)意义分析方法,因此这些方法必须适用于此目的。我们可以通过①基于实验或语料库的实证研究,或②根据理论语言学和语言哲学中通常采用的理性主义研究的精神,构建一个假设并通过理论论证加以支持。当然,后者可以用经验数据加以说明,并得到进一步的支持。正如我所说,遵循一个人关于什么是适当的方法论的主张比采用研究对象有更多的自由。系统是理论上的构造,而**对话**是真实的,因此在后一个领域中选择并不那么自由。就研究方法而言,比起基于逻辑层面良构的理论支撑,在过去的研究中似乎更多的错误节点在于非良构的实验设计或其他经验性的探究。理论可以证明是不适切的,也可以是被证伪的,但概念分析本身,除非逻辑层面不合理,是永不会徒劳的。那首先需要的是一种理性的理论探究,并在后期基于语料数据进行检验。

采取这样探究顺序的一个很好理由源自实验语用学当前的动态,其最为热烈的讨论之一关涉默认意义与推理意义的争论。有些语用研究者认为,当说话者发话时[如(4)],以及(5)中更"强化"的意义是自动呈现的,是默认的。另一些人则将这种语用推理过程的充实归因于当时的特定语境。

(4)你可以吃牛肉或羊肉。

(5)你可以吃牛肉或羊肉,但不能两者兼得。

然而,争论如此热烈只因为实验研究者倾向于关注一种特别的"默认主义"解释方案,这一解释对默认意义,即推定意义(Levinson,1995,2000)做出了特别强烈的断言(Levinson,1995,2000)。这种激进的默认主义成了一个稻草人,是证伪论者容易攻击的对象①。这里的默认值被认为是孤立的表达式;它们很强,它们来自语言系统本身以及如何使用这些结构的一般倾向,因此独立于它们被识别的情境。但是,在我们想要区分自动获取的意义与通过推理获取的意义的时候,则存在其他无多大争议的可能的识解。如,我们可以把自动的意义与语境关联起来,主张在(4)这样的说话语境中,反意连接词"或者"(or)的"一个或另外一个意义而非两个意义"是自动形成的。这即是默认语义学的立场。这个观点不是那么激进,且争议不大;不像列文森

---

① 尤其参见对诺维克和斯珀波(Noveck and Sperber,2004)的研究贡献。

14

(Levinson)提出的基于语言系统的默认意义，出现这类自动呈现的意义一点也不令人吃惊，也不必被证伪。默认语义学中基于情境的默认（situation-based defaults）只是以交际情境为基础自动获取的意义。对这个观点的证伪等同于证伪个别的断言类型，并试图证伪"在意义获取中存在自动性"的假设。①

在实验研究中避免出现这样的错误方向的办法是把更多的努力付诸建构一种适切的理论，以一同考察所有"互动中的意义"的不同成分。这个理论对这些成分进行定义。同时，把意义的不同方面"分配"给这些成分和这些成分相互联系的过程。对我们研究范围问题的回答为默认语义学提供了基本的研究方向。默认语义学在不断发展，旨在构建语言互动中的语义学。接下来，我们将进一步讨论该理论。在我开始讨论之前，第1章的其余部分对语义学的范围和作用的一些争论进行了批判性讨论，这是研究的背景。

1.3 "最小论者""最大论者"和"修补论者"

我们首先分析三个简单又普通的句子：

（6）每个人都钦佩朱莉亚·罗伯茨（Julia Roberts）。

（7）天气很冷。

（8）我迟到了！

似乎上述语句的语义是没有问题的。这些句子例示了过去30年中的一个问题，这一问题引起了语言学和哲学领域最热烈的讨论之一，即意义的界定。表面上，答案是简单的：语义学依靠单词的意义和句子的结构，并从有意义的部分组成中提取意义。这个观点多源于我们对组合性原则和语义学/语用学区分的认识。前者涉及语言系统及其词汇和句法产生的意义，后者涉及把意义理解为由主体通过意图产生的信息，如果一切顺利，此信息被听者或其他受众捕获。对意图或识别意图的重视呈现出不同的观点。对此，本文认为没有深究的必要。所以，我们似乎获得了例（6）～（8）中语词和结构表征为语义内容的组合意义，和（6'）～（8'）中作为语用内容产生的效应。

（6'）卡西亚（Kasia）和每个人交谈过，都很欣赏女演员茱莉亚·罗伯茨。

---

① 也参见引言部分。我更多地是指第2章和第3章中默认意义提供的信息。

(7') 2014年10月7日，剑桥异常寒冷。

(8') 卡西亚音乐会迟到了。

或者，也许我们应该更宽容地理解语义为我们提供了什么样的意义，并且承认量词"每个人"已经标示了量化的具体范围。因此（6'）就是语义产生的。类似地，一个天气预报意谓一定有说话人谈论时的地点和时间。因此（7'）就是语义产生的结果。第一人称代词意谓一个独有的指称。而且谓词"迟到"也表明，迟到总是意味着"某物迟到"，因此（8'）是语义产生的。语义内容的其他分析方案也是可能的。

其次，假设（6'）～（8'）含有"丰富"的语义内容，则我们必须讨论语用学的作用和目的。有两种观点：一，语用学有"少量"贡献，也就是说，这些少量的没有被表达出来，但是被包含在如此丰富的语义内容中。这就产生了意义的层次，在文献中被称为"所说（what is said）"（在语境论层面理解，如Recanati，1989）或"明示（explicature）"（Sperber and Wilson，1995：182），后者与"隐含意义（what is implicated）"相反。另一种观点把我们从（6'）～（8'）表征的意义导向说话者意指的其他意义。在某些情形下，这样的意义甚至可以更加突显，比（6'）～（8'）里表征的意义更加重要。这种情形发生在说话人的主要意向信息被间接传递的时候。例如，在特定的会话语境中，我在使用（6）时，也许意在传递与（6"）的效应关联的意义。在使用（7）时，我也许意在传递如（7"）表达的主要信息。同理，在使用（8）时，意在表达（8"）。同样，在特定的话语情境中，可以推理出大量的其他突显意义。

(6") 看过《漂亮的女人》你不会后悔。

(7") 我想让你把暖气打开。

(8") 现在请不要为这个故事打扰我，我没有时间。

然而，直觉上这样简要的三分法存在几个问题。第一个问题我已经提及：意义的哪些方面在语义学范围，哪些方面属于语义学研究范围以外？这样讨论的目的不是为格莱斯温和地接受在语义学中［通过指称分派和消歧的形式，参见格莱斯（Grice，1978）］融入一定程度的语用学之后所产生的意义浑浊不堪的局面提供历史注释。意义的"语用化"研究一直在不断发展。许多后格莱斯主义者在其他地方已经讨论过该议题。后格莱斯语用学不仅强调需要为索引表达式提供指称，为词汇和语法歧义消歧，而且需要对（9）～（11）中句法连接词的精准表述或（12）中的指称转移充实命题（enrich propositions）。有时这些情形被归属为言说命题的"调变（modulation）"（参见如Recanati，

2010：5；2012a：141）。调变是一个语用过程，该过程不由词库词条或语法结构调控，换句话说，是自由的，自上而下运作的。与此相比，在该过程中，句子逻辑形式的约束和词库与结构的触发意味着自下而上的运作过程。在下面的例子中，符号"$\rightarrow_E$"意指"明晰表示"。

(9) 玛丽绊倒了汤姆并且（$\rightarrow_E$ 因此）他摔倒了。
(10) 你可以吃牛肉或鸡肉（$\rightarrow_E$ 但不是两者）。
(11) 我会告诉你谁干的，如果（$\rightarrow_E$ 当且仅当）你承诺不告诉任何人。
(12) 七号（$\rightarrow_E$ 七号票的持有者）正在等鱼和炸薯条。

对此，研究文献中展示的观点极其多样化，涵盖"激进语义最小论"到"激进语境论"领域①。同时，越来越明显的情形是，并非所有的最小论者都完全限定语义内容以确保正常理解这个标签（即"调变"）。而同理，一些语境论者也极力限定他们准备纳入真值条件（语义）内容的语用信息。重复一下，称之为"语义内容"是行不通的，因为与之相对的复杂情形是，过去语义学被用于指真值条件内容，而语用学指"超越真值条件"的内容，现在我们则要么在语义学和由此在真值条件内容中包含某些语用内容，或把真值条件与语义学分离，并使之与语用内容联系在一起。这种审视视角就如把真值条件隐喻地理解为在吃一份食物时的器具——一把叉子和一把刀、筷子或你所喜欢的类似东西：你可以用它们吃一点点，或你可以用它们吃许多——或甚至，有理有据地，你可以用它们吃掉供应给你的每样东西。这三种"尺度"选择分别对应于我们的例子(6)～(8)，(6')～(8')，(6")～(8")。

在1.3.1我将对最小论的一些方案进行评价，并讨论最小论者和语境论者的分歧和共同之处。同时，对某些主张进行修订，并在出现这些问题时引入更多具有开创性的问题。而紧随其后的小节是评价"修补论者"的观点：自由充实的语境观和索引观，并提出一些改进建议。

1.3.1 "最小"语义学面面观及其前景

总结目前为止述及的观点可知，对语言中意义的描写可以基于语言系统的运作方式，或基于语言被说话人使用的方式。如果我们对意义的描写限定在只

---

① 尽管不是总指"语义语境论"，譬如，有时仅指"针对真值条件的语境论"而未考虑语义学广博的研究范围。

考虑系统属性，我们则排除了对推理、意图、交际目的或计划的任何讨论。我们把解码原则和复合表达式（句子类型）的组合原则纳入研究视野。我们很可能（但不一定）最终进入真值条件论者和最小论者的范畴。正如埃玛·博格（Emma Borg）所说，"真值条件语义学研究不是由大量的非指示性（non-demonstrative）推理过程主导的，而是由形式化触发的演绎操作主导的"（Borg，2004：8；也参见 Borg，2012）。这样的语义理论旨在实现意义的形式化精准描写，据称属于语言处理中的一个专门模块："形式语义学和关于语言理解的模块性似乎是天然匹配的"，或者说，博格（Borg，2004：8）承诺要说服我们，语义处理过程是信息密封的，但言语行为过程不是[①]。

建构于这些术语之上，最小语义学显得非常具有吸引力，至少初次涉猎会这么认为。毕竟，最小语义学把早于格莱斯在1978年的《对逻辑与会话的进一步解释》（Further notes on logic and Conversation）中开始指出的"格莱斯式浑水"思想讲清楚了且很准确。传统思想认为，语义学是关于语言系统、演绎和组合性的研究。它局限于语言模块中，并以接近标准的方式采用塔尔斯基/戴维森式的真值条件研究工具，因为其研究过程不掺涉意向与推理。

或，是这样的吗？如索引表达式，尽管它们本身没有包含关于其指称的信息，但却加载着有时被称作"语言意义"的东西（如第一人称"我"意指"说话人"）。但如果在"句子中没有严格的表述"方向上不允许有所让步，那么索引表达式在语义上将仍然是"未被填充"的。重复一下，如果不允许这样的让步，所有（13）的示例语符都将具有相同的意义。

(13) 那［指向］是红色。

(13)的内容规定为是命题性的，因为命题论的观点认为所有的良构的自然语言句子都表达命题，是可通过真值进行判断的。同时，"抓住一个指示词语符的语义内容并不意味着一个听者能够以非语言的方式识别其指称"（Borg，2012：141）。

这正是产生问题的地方。一方面，在索引表达的指称填充中考虑语义敏感性，但不解释该语句使用者填充索引表达式特定指称的方式的做法没有多大意义。用我们先前提到的隐喻，刀叉（真值条件）用于一顿非常质朴的膳食：指示词"那"的内容依靠一个指称物被神秘填充，但这个指称物不是说话人选用的指称物；该指称物存于神秘的地方，用来做应急处理，以维持命题最小论的

---

① 相关综述请参见亚希乔特（Jaszczolt，2005b）。

第 1 章　意义的误析

生命力。

此外，也许更重要的是，人们可能会争辩说，致力于意义的模块化描述的"真正的"最小论观，将保持（13）的内容稳定、不变，而不是让自己依靠一定成分的语用素材去填充指示词的位置。博格（Borg，2012）认为，因为最小论主张命题论，她必须承认一组需要这种指称填充方式的表达式。但显而易见的问题是，为什么要将命题论和最小论融合在一起？这种混合的解释性好处是什么？

博格（Borg，2012）想把"语用素材"限定为与"类"（type）而非"例"（token）层面关联的语境措施。如在（13）中，正是该表达式的类型，即指示代词，负责语用填充。除了标准的索引词以外，如"右边""左边""局部的""附近的"等语词属于这个有填充倾向的词汇类表达式的例子。此处的（14）重复（3），正是其句法构型，因此也是句子类型告诉我们"准备好"需要另一个论元（为"什么"准备好了？）。

（14）莉迪亚准备好了。

换句话说，语言本身必须有一些这种语境敏感性的"独立的证据"（Borg，2012：89）[①]。

问题是，同样地，人们也可以用这些例子来反驳这样一种观点，即语言中没有真正的索引性，而只有语境被依赖的程度。然而，在本书的第 5 章有大量的证据和理论观点表明第一人称的"索引"是一种神话[②]；就第一人称属性的标记而言，没有"索引性"与"非索引性"之分，即使在英语中也没有，尽管英语语言出现了大量的理论讨论语义学中索引表达式的特殊地位[③]。同样，为语用填充素材提供"独立证据"的语法构式和没有提供这样证据的语法构式之间没有清晰的边界；对此，关于（15）和（16）中谓词"吃"的配价和天气预报中地理位置的地位的争论是很好的例证（参见 Recanati，2002）。

（15）看，孩子在吃东西！
（16）正在下雨。

面对缺乏支持证据来表明，需要这种语用填充素材的表达式和不要求这种语用填充素材的表达式之间存在边界，命题论的最小论观确实令人怀疑。

[①] 关于此议题，也可参见卢德洛（Ludlow，2011）关于句法外在论的分析。
[②] 参见亚希乔特（Jaszczolt，2013b，2013c）。
[③] 相关文献非常丰富，尤其建议参见卡普兰（Kaplan，1989a）。

对博格（Borg，2004）而言，真值条件是"自由的"；我们的刀叉是灵活的，具有潜在的多种功能。它们如此灵活以至于我们可以用它们吃掉事实上是一顿"虚拟的膳食"，如（13），这与一顿"真实的膳食"不同，如（13'）。

（13'）苹果是红色的。

此种情形下，它们的使用是为虚拟的膳食服务（意料之外的双关）。对此进行系列讨论（如 Recanati，2004，2005；Atlas，2011，仅提及某些例子）的研究者指出，博格的"膳食"甚至不是我们在隐喻语言中所说的一顿"最小膳食"。准确地讲，它是一顿"虚拟膳食"，一顿根本不是膳食的"膳食"。换言之，以这样方式识解的意义根本就不是意义。雷卡纳帝（Recanati，2004：92－93）把这称作是一种"真值条件概念的不可接受的弱化"，因为真值条件语义学中真值的存在理由是"连接语词和世界"。允许通过（17'）展示的分析以理解（17）就放弃了概念阐释（conceptual elaborations），而概念阐释对捕获意图表达的命题是必要的。同时，这也在分析中把意义剔除掉了。

（17）他不是足够好。

（17'）在语境（c）中"他不是足够好"为真，当且仅当在语境（c）中"他"的男性指称在该语境中针对某物不够好。

在博格（Borg，2012）的论述中，对语用"填充材料"的让步，从而继续使用我们的隐喻图式，似乎在艰难地抵抗一切困境，同时把更多的"充实"引入语义学，并通过语言规则证明其是合理的[①]。这产生了一个影响，把理论推向另外的（据称是）最小论立场，即卡珀朗和莱波雷（Cappelen and Lepore，2005a，b）倡导的"非敏感语义学"，即卡珀朗和莱波雷把语义学识解为"研究如何最好地确定词条的语义值，以及词条对所在句子和复杂表达式的语义值的贡献"（2005a：58）。这样理解的语义学通过一种语用学得以补充。这种语用学基于他们所谓的言语行为多元论，明示了说话人通过既定的结构能够识别意图表达的意义具有多重性特征。让我们首先聚焦语义学。他们提出了两个观点。首先，语义内容对一个特定句子的所有话语而言都是一致的。同时，他们识别出一组他们称为"真正的语境敏感表达式"（同上：143），即在语义内容之内，而不是之外的"与语境互动"的表达式。这些表达式包括人称代词，如"我"或"他"；指示代词，如"这个"或"那个"；指示性副词，如"这里"或"那里"，"明天"或"现在"；形容词，如"实际的"和"现在的"；

---

① 也参见下面的 4.1。

第1章 意义的误析

以及时间表达式。按照卡普兰（Kaplan，1989a）的索引术语清单，这就表明了语境的作用是如何总是由词库和语法激活的，并由此受到最大的限制。

现在，一旦一个人承认语境可以在语义内容中起作用，他就以一种矛盾的方式对最小论进行了重新定义，以至于最小论似乎非常适合站在其对立面，即语境论的阵营。指称的解决方案要求考虑说话人的意图，一旦允许这一点进入理论，正如博格（Borg，2007）所观察到的，语义内容就不再能够通过形式化的程序获得。如果我们打算把最小论与语境论进行比较，那后者（形式化）正是最小论必须保留的决定性特征。随着研究的进展，卡珀朗和莱波雷（Cappelen and Lepore）的"语用性"最小论被抛弃，取而代之的是在卡珀朗和霍索恩（Cappelen and Hawthorne，2009）的相对论基础上捍卫语境论。博格（Borg，2012）增加了卡珀朗和莱波雷关于语境敏感表达式的"基本集合"，而卡珀朗则往语境论的正确方向迈步。似乎两个最小论的论述中都增加了语用素材，只是各自的操作方式不同。

卡珀朗和莱波雷的非敏感语义学引起了学界一定程度的兴趣，而这显然与它的实用性不成比例，我不会再追加评论。再次重申，如此解释的最小论事实上远离了狭义的最小论思想：它允许适量的语境信息进入语义学。它也不涉足认知层面可以站得住脚的语用思想：言语行为多元论认为有多种意图意义与一个被言说的句子相关。但可以确定，有趣的是这些意义中其中一个对应于初始的、主要的、强烈的意图意义。同时，没有理由可用于解释为何我们应该聚焦"说话人意指的命题总数不止一个"，而不是聚焦"一个话语通常对应某一个独特的意图信息"；并且，只有偶然的、不太重要的信息承载额外的意义。总之，卡珀朗和莱波雷建议的语义学和语用学相当程度上偏离直觉上的意义的概念。似乎我们这里拥有的是相当简略的、受限的语境论版本。基于此版本的思想，语义内容确实取决于说话人的意图，但仅发生在词库和语法中有显性的标记以表明必须考虑意图的时候。但是，正如我将在适当的时候指出的，在自然语言中，这样一组标记的等价物根本不存在。

另一方面，就博格的意义形式化路径思想而言，情形也远非她陈述的那样简单。① 与她早期的观点相反，现在似乎允许一定量的说话者意图进入语义学不会切断意义的形式化研究进路。没有先验的理由表明，被理解为词库和语法

---

① 注意：此种定义的最小论为有时称为"字面论"的激进版本，并主张一个句子的真值条件是应用于特定语境中的语言系统规则赋予的［参见雷卡纳帝（Recanati，2004）对观点的分类讨论］。鉴于本章后面部分的讨论中很难定义字面意义，术语"字面论"无具体意义，故不采用。

的一个语言系统应该是产生形式方法的唯一意义载体。一个人可以有很多方法对意义进行形式化分析。如 DPL 为自然语言提供了一种描述语言,同时认为:句子的意义在于这个句子改变听者的信息状态的方式(Groenendijk and Stokhof, 1991, 2000)。这种语言的句法与标准的蒙塔古形式语义学分析中使用的普通谓词逻辑的句法相同(参见 Portner and Partee, 2002)。但诠释也即语义反映了信息状态的一个变化:它是动态的但同时也是组合性的。针对话语中信息的动态特征,话语表征理论(Kamp and Reyle, 1993)和默认语义学主张用同样的方法进行形式化研究,把不同的语用方面纳入意义的表征。我将在第 2 章更深入地讨论后者。

总结一下命题最小论,似乎把语义学解释为"多数情形下(predominantly)是语境非敏感性的"(Borg, 2012: 216)并不能给其提供足够清晰的基础。"多数情形下"是一个模糊的术语;即使一个人试图使用她基于卡尔纳普(Carnap, 1952)的意义公设松散地建构起来的词库组织原则作为解释前提①,语境敏感的表达式("那""我""离开""明天""实际上")②和语境敏感的结构式("X 准备好了""X 不是足够好")③ 都回避了令人信服的独立判断。此外,要将这一版本的最小论和索引论分开,还需要大量的关爱和无条件的信任;正如在索引论中,语用充实有句法层面的阐释。并且,一旦我们进入到索引论领域,索引性的研究范围就会扩张,真正的争辩就成为索引论与自由充实的语境论之间的争论。这确实是非同寻常的争辩,与语义内容应该被视为多么小的问题无关。④

在我们对语境论的主张展开讨论之前,仍有一个目前被暗示的大问题需要解决,它与真值条件的角色有关。我在此使用过烹调隐喻,即一把叉子和一把刀(真值条件),用于吃一顿(最小论或语用增强的)膳食。但完全不必认为,如果我们想要这顿"膳食"是"最小论"的,我们就必须动用刀叉。换句话说,问题在于是否我们需要使用真值条件进行语义分析,或甚至更宽泛地讲,命题是语义内容的适切单位吗?巴赫(Bach, 2001, 2004, 2006)问此问题时,观察到句子形式可以非常完美,句法非常完整,同时,从语义的角度则表达了不完整的内容,如上面的(14)所示。然而,正如他所说:

---

① 我在 4.1 对该问题讨论更多,同时对语词的意义进行了限定。
② 参见卡珀朗和莱波雷(Cappelen and Lepore, 2005a: 144)列举的清单,被称为"基本集合"。
③ 参见博格(Borg, 2012)中的例子。
④ 对索引论的问题进行全面高效的讨论,也可参见克拉普(Clapp, 2012)。更重要的是,表面上不属于索引范畴的表达式可用作索引词。因此,不可能严格界定索引性。我在第 5 章会关注这个问题。

第 1 章 意义的误析

> 只要不认为语义学的作用在于为（陈述）句子提供真值条件，则就没有理由认为语用学必须侵入语义学。
>
> 巴赫（Bach，2004：42）

相反，语义学和语用学的界限是清晰、不复杂的。语义属性类似于表达式的句法和语音属性，语用属性属于完全不同的交际、意向领域；简言之，即把语言系统付诸使用。这样说来，很容易说命题没有特别的语义；句子在语义层面可以是不完整的，从而需要语用填充（从而考察说话人的意图）以构成一个命题。并且，实现句子的"命题化"有很多途径。由此而形成的命题更适合赋予语用地位而不是语义地位。①

很难不同意与常识和直觉明显一致的观点。但很难接受把它归为是一个最小论的观点。巴赫（Bach）称之为激进的语义最小论，因为它可以说比陷入命题论的最小论更激进：对激进的语义最小论而言，命题不是一个描写的单位。另一方面，这一观点和语境论对意义的识解非常契合：有一些前命题语义往往与说话人的意图意义几乎没有共同点，然后有一个主命题（main proposition），它是语义和语用内容的混合体。如果我们把重点从这个前命题的组成部分中去掉，简单地讲，这就是语境论：真值条件和命题远不是最小的，只是标签"语义"被用到了其他地方而已。

到目前为止，我们已经看到，对于近年来提出的各种所谓的最小论，我们所能积累的东西很少。也许，正如特拉维斯（Travis，2006a：160）主张的，"最小命题行不通"。也许，正如他在其原创性论文《语用学》中所述，"真与假似乎与语词的理解对应，而不是对应语词本身"（Travis，1997：126）。回到对意义的直觉，似乎证明的责任在于那些企图切掉某些理论上复杂但认知层面存疑的话语意义元素的研究者们，他们把这些元素称之为语义基础。这个语义基础①或多或少是最小的，这取决于不同的观点；②是模块的或非模块的，这也取决于不同观点；最后，③是命题的或非命题的，这取决于我们讨论哪种最小论。因此，在有丰富语用学的阵营中为意义搜寻一种恰当理论似乎是我们接下来该讨论的内容。在这个阵营中，我既包括"修补者"（索引论者和自由填充语境论者），也包括意义的偶因论者（维特根斯坦、特拉维斯和我的默认

---

① 巴赫（Bach，2001）在分析源于狭义语境中的索引词（纯粹索引词），如"我"或"这里"时做出了让步。这类索引词不同于广义语境中的索引词，如"他""那里"。可参见第 5 章我分析该分类所产生问题时指出，纯粹的第一人称索引式是哲学家虚构出来的。

语义学，后者是一个允许将间接内容建构为首要意义的理论)①。

1.3.2 "最大论"语义学面面观及其前景

博格（Borg, 2004: 261; 也参见 2012）认为，"需要诱导推理的内容（如心智阅读）不能被视为语义理论的恰当组成部分"。事实上，也存在一个话语的直觉内容，以及直觉真值条件，这并没有阻止还需要真正的语义内容，而且也不考虑心理现实性。正如她所说，当我们想表达的时候，我们表现出非常完美的能力，能够抓住甚至用最小意义进行交谈，如（18）所示。

(18) A：每个人都喜欢那只狗。
B：即使是教皇？

但语言笑话不能作为对一个表征层面效用的测试。事实上，我能用 B 回应 A 本身并不支持最小语义内容作为一个可行的理论概念。它仅仅支持特拉维斯（Travis, 2008）所说的"场合敏感性"的直觉：不同的语境产生不同的意义。这些意义建构于说话者所说的某个句子或句子片段的矩阵之上。我强调"句子片段"，因为重要的是要注意句子绝不是表达命题的必要条件。它们也不是表达言语行为所必需的，这是很容易测试的。此外，正如斯坦顿（Stainton, 2006）令人信服地指出，语篇中大量的句子片段不会对真值条件语义造成任何问题，命题不需要潜在的心智层面（完整）的句子。②

似乎只要需要一步就可以从完全语境敏感性的观点迈向认为，句子作为命题的支柱不会确保赋予句子作为单独的语言分析层面的优先地位的观点。事实上，即使是"支柱"也能以句子片段的形式碎片化，而不会对命题和真值条件造成巨大影响，这一事实进一步促进实现这一迈步。在接下来的章节中，我进一步发展了这个想法，指出，看起来像"支柱"的东西根本不一定是支柱。相反，在我们的语言互动的语义学中建构的意义将是说话人意欲表达的主要命题，且通常被听话人捕获。在这里，用于最小论分析的"支柱和依附性骨架"或"骨架与支撑肉体"隐喻没有被采用，我们更倾向于使用一个标签"互动成分"——在平等的基础上，"互动成分"被民主地认为是全部意图意义表征的有同等特权的贡献者。这一直是默认语义的主要关注点。

---

① 参见上文中的引言和亚希乔特（Jaszczolt, 2005a），以及雷卡纳帝（Recanati, 2005）对术语"语境论者"广泛应用范围的概述。基于那样的分类，偶因论、意义消除论被视为激进的语境论。因此，在当前的讨论中，我有时通过表述"自由填充的语境论"来指"语境论"。

② 我在 2.1.1 将讨论亚句层面的言语（subsentential speech）。

第 1 章　意义的误析

有人可能想知道，为何博格要坚持最小意义的心理现实性，即使面对明显缺乏足够的证据以表明，语言系统是按她极力认为的语义模型期望运作的方式进行运作。她愿意承认，那些更为华而不实地解释语义内容的人，即语境论者，并不是错的。只是他们的兴趣与她的不同。但是语境论伴着语言的形而上学和话语解释的理论得到了更好的支持；命题的最小论依赖于演绎的作用、模块的重要性以及"心智/大脑中存在着表征最小理论基本元素的结构"的假设（Borg，2012：63）。而基于神经语用学的证据，这些说法几乎是站不住脚的。似乎与言语关联的行为比词库－句法与非词库－句法的意义之分更有可能支持神经元激活模式①。

让我们现在评估一下"最大论"立场在语义/语用边界争议中必须提供的内容。我的出发点将是讨论早前我纳入"修补论者"范畴的某些关于语境论的论述。首先，必须记住的是，语境论有不同的倾向，并针对如下问题有不同的观点：①什么是语义学和什么是语用学？②什么是字面的（意义）和什么是非字面的（意义）？或③什么是可追溯到语法的，什么是纯粹语境驱动的？例如，关联理论家斯珀波和威尔逊（如 Sperber and Wilson，1995，2012）、卡尔斯登（如 Carston，2002，2007）②致力于丰富多样的真值条件语义学研究，其中包括对言说句子的逻辑形式的语用发展研究③。这种发展指什么以及因而明晰（语义）内容应该包括什么，其答案是随着时间的推移发生变化的。而（9）～（11）中的句子连接词一直被关联理论家视为语境充实的标准的候选词，但后来又增加了隐喻意义，这是对概念形成与显性/隐性区别进行重新分析的结果④。

关联理论者（Sperber and Wilson，1995：233）从来没有把字面意义视作建构和捕获意义的一个标准。最近，在"我们隐喻性说话时，所说的表达产生了概念转移"的主张中，关于字面与非字面的区分更加模糊。在例（19）中，语词"狐狸"激活了一个在线的概念结构。该结构始于编码的概念 FOX，以

---

① 参见如普尔弗米勒（Pulvermüller，2010）。
② 也参见克拉克（Clark，2013）。
③ 注意语义学和语用学中的"语境论"必须与认识论中使用的"语境论"区分开来。认识论中的语境论是与知识关联的句子理论，如讨论形式为"A 知道 P"（A knows that P）的句子，并主张它们的真值条件基于其使用的语境发生变化。有关认识论的语境论简介和对其思想的辩护可参见狄罗斯（DeRose，2009）。
④ 参见如卡尔斯登（Carston，2002）的第 5 章关于临时特定概念构式的讨论。

特定语境中的 FOX* 结束——这是一个所谓的临时概念，专门用于此语境①。根据认知语义学家所称的相同的认知图式②，动词"嗅"有类似的概念结构产生过程。

(19) 汤姆是一只真的狐狸（→$_E$明晰意指"狐狸"*），他总能嗅（→$_E$明晰意指"嗅"*）到一场交易。

这种对编码概念的调修有助于形成明晰的交际命题（Carston，2002：334）。

在明确传达的内容中加入概念转移是一个重要的举措。它将说话者意图传达的信息的主要内容和语义分析的主要对象更紧密地结合在一起。在后格莱斯主义传统中，语义分析的主要对象采用了相当标准的真值条件。关联理论捕获了分析对象在意图和直觉层面的地位，其方法是使用真值条件的"刀叉"去"吃"所有可能的对象中在心理上最适当的对象，即思想：

……人们可能想知道话语真值条件内容这个概念源指什么。事实上，是否我们的语用学中真的需要这个概念非常不明朗。尤其是这样的情形，如关联论者认为，如果真值条件语义理论中适切的研究领域是思维/假设（或，至少是它们的命题形式），而不是句子或话语。

卡尔斯登（Carston，2007：337）

当然，这必须在关于概念系统相对于上文讨论的语言系统的作用的争论中理解。在这个争论中，关联论理论家认识到两个不同的系统：语言系统和概念系统，同时也认识到语言学中的语义学独立于某些地方提到的适切的语义学。

但是，与上述引用的表述不同，也许话语还扮演了一个角色。因为隐喻用法可视为对说话者思想的字面理解，在这个意义上，(19) 在字面上意味着汤姆有狡猾、敏捷和聪明的特性。正如 (20) 意味着某个物种的一只动物在森林中被发现一样，真值条件再次被视为是语句的分析工具。我在 1.4 再回头讨论字面/非字面区分的问题。

(20) 昨晚一只银狐在森林里被发现了。

下一个值得关注的由明晰内容的"心理化"带来的益处是，认知语义学和

---

① 关联论者坚持杰瑞·福多（Jerry Fodor）对概念的研究方法。基于此方法，与简单语词对应的概念具有原子特征（不可分解）；参见福多（Fodor，1988）。

② 参见如莱考夫和约翰逊（Lakoff and Johnson，1980）的原创性研究或昂格雷尔和施密德（Ungerer and Schmid，1996）中的介绍。

后格莱斯语用学对隐喻分析的明显差异已经逐渐消失。在我的《语义学与语用学》(Jaszczolt，2002a)中，我在讨论隐喻的那一章时附上了一个结束语，标题是"真值条件和语用学走向调和"①。在这个部分，我讨论了真值条件语境论分析、莱考夫（Lakoff）的认知语义学分析，以及塞尔（Searle）对隐喻的语用分析中某些清晰的融合点。融合中的主要一点是聚焦对现实的心智表征。尽管在主观论者的论述中，如莱考夫和约翰逊（Lakoff and Johnson，1980）或约翰逊（Johson，1987）的论述中有全面的心智现实性讨论，而传统的蒙塔古真值条件语义学是采用真值条件进行客观陈述，其目的在于回答如下问题：句子为真的客观（且客观地视为可能的）世界应该必须是什么样子？两者研究进路都必须承认，心智表征、意向、概念、涵义或那些标示语言使用者思考物体与情境的方式的类似称谓都必被引进考察的范围。本质上，它们之间的区别在于对心智研究的让步程度，而这种程度在大幅增加。

卡尔斯登（Carston，2002：354-355）对兼容性的处理方式有些不同。她指出，她用修补后的关联理论研究隐喻表明了临时概念的理论益处，但认知语义学可以回答：通过如认知论者的加速隐喻思维的隐喻图式，词汇编码到临时概念的转移是如何实现的？此外，关联理论认为，虽然某些语词编码概念，但有些语词编码的内容不是完整的概念，如"如何形成一个概念"的指令（程序、图式等）。代词据说属于这一类。但是，从这一观点看，从认为一个概念转移根本不会发生到认为存在的只是语境中的一个概念结构，只有一个步骤，尽管是重要且富有争议的一个步骤。大家知道，后期维特根斯坦（1953）持有这个观点，现在又成为注意力的焦点，并贴上了"意义消除论"的标签（如Recanati，2005）。意义消除论认为，一个表达式与语境关联的涵义是通过一个过程获得的。这个过程从表达式过去使用形成的信息出发，并产生这个特定的、依赖语境的意义。正如在语言系统中被理解的一样，不管是词库的还是结构性的单位，在建构语言意义过程中，没有其他干预步骤介入进来。换句话说，抽象化与模块处理融合，在意义构建过程中形成单独的一个步骤。从这个方面来理解，认知主义者对意义的主观识解和意义消除论之间似乎没有被截然分开。有一些语用过程是独立于句子结构所施加的约束而运作的（Carston，2007；Recanati，2007），这与对物理（身体）、环境和社会因素形成反应而形成的隐喻模式的利用并无不同；"我们形成的范畴是我们经验的构成部分"（Lakoff and Johnson，1999：19）。

---

① 参见17.7。

接下来，仍然存在一个问题，即按这样方式识解的具有语境论特征的真值条件理论是否是一种语义理论或语用理论。关联理论者（如 Wilson and Carston，2007）选择采用雷卡纳帝（Recanati，2002，2004，2010）称谓的"真值条件语用学"：

>……在确定一句话的真实条件时，各种语境过程起作用；不仅语境饱和——句子逻辑形式中索引词和自由变量的语境赋值，而且还有自由填充和其他过程，这些过程不是语言系统触发的，而是语用过程。这一观点，我今后将其称为"真值条件语用学（TCP）"。
>
> 雷卡纳帝（Recanati，2002：302）

从"真值条件语义学"标签向"真值条件语用学"标签（以下简称 TCS 和 TCP）转变有充分的理由。其中一个主要理由与内容的性质和描写相关。真值条件现在适用于据称代表了说话人意图和/或被听话人捕获的命题。另一方面，这个命题并非说话人想要表达的奇怪命题。例如，在（21）中，如果说话人通过间接言语行为传达信息，则（22）不对应于应该是真值条件分析对象的命题。

(21) 这条狗看起来需要出去。
(22) 说话人正要求听话人带狗去散步。

为了符合条件，除了把它视为说话人想要表达的命题，这个命题同时还须把被言说句子的特征矩阵作为建构基础。它必须通过各种形式的充实、修饰、"扩展与补全"、"具体化与填充"或调变（这里仅列出几个相关途径的标签）[①]，从而使其从言说句子中被捕获到。换句话说，被言说的句子的逻辑形式经历了某种修正，并产生了符合直觉的命题（以及符合直觉的真值条件内容）。绰号"修补者"由此而来。

正是后一个特点，即依赖句子的逻辑形式，使得 TCP 理论标签受到质疑。当然，如在（21）中，当主要的意图内容被间接传递的时候，不管是真值条件语用学还是其他研究导向的语用学则都应该把这个主要的意图命题作为研究内容。相反，TCP 在最小语义内容和真值语用内容之间徘徊，前者是逻辑形式给出的，并大体被认为对话语的理解不起显著作用，而后者体现在（21）和（22）中，在很大程度上（或甚至完全）独立于被言说句子的逻辑形式。有人

[①] 早期的相关论述可参见卡尔斯登（Carston，1988）、雷卡纳帝（Recanati，1989）、巴赫（Bach，1994）。对调变的分析参见雷卡纳帝（Recanati，2004）。

第1章 意义的误析

就会问,如果逻辑形式本身在任何方面都不可界定,那么坚持已扩展/调变的逻辑形式的思想有什么用。语词的意义是灵活的,结构的使用可以是隐喻性的或惯用性的;间接地传递信息是最有效、经济和可靠的。

答案似乎是:传统。区分明晰内容(所说)和隐含内容(一组伴随的含义,现在被称作"隐含")的格莱斯传统。很多杰出的后格莱斯主义者注意到,不仅意义消歧和指称分配,而且很多其他类型的语用推理过程要求具有认知可行性的所说内容,从而对重新划定"所说"和"隐含"之间的界限做了非常重要的努力。认识到这一点,即是时候去评估这些努力是否已经走得够远了。我个人认为,它们没有。相反,他们保留明晰与隐含之间的区别,并把这两者的边界转为在"新的明晰内容"中包括"先前隐含的内容",但还没有承认一个事实,起重要作用的边界是一个不同的边界,即在一方面是首要的交际内容,另一方面是一系列额外传递的交际意义之间的一个边界,而不论它们与句子的句法结构关系如何。

在这方面,雷卡纳帝(Recanati,2004:154)的立场令人费解。一方面,他主张广义的斯特劳森观点,"对于'语境论',我指的是,正是言语行为,而不是句子有一个确定的内容并且有真值"。这就表明,当说话人使用间接言语行为的时候,间接言语行为应该成为我们真值条件分析的主要对象,因为这个言语行为的主要内容是说话人想表达的信息,因此就正应该被称之为主要的或"首要"的意义。但事实并非如此。因为根据雷卡纳帝(Recanati,2007,2010,2012b)的观点,复杂之处在于,接下来我们有一个逻辑形式的语用修正过程,称为调变(modulation),它的作用与结构无关(自上而下),但同时在局部起作用,也就是说,它有助于逐步的语义表征。事实上,这样的语用修正不像索引论者那样要对逻辑形式进行注释。相反,为这个强化过程提供"弹药"的负担仅仅转移到评价情境。评价情境则与语义表征(被他称为命题的意义)互动并产生了奥斯丁命题。

这是行不通的。说话人传达的主要信息不符合这些限定。雷卡纳帝(Recanati,2010:134)试图阐明他的论述之于关联论的优势,认为后者更具有"句法操作"特征,因为它作用于表征层面,并产生更进一步的表征。而他的理论则承认真值条件内容的言语行为属性和对其断言的"格式塔"式组合性。但这两个理论主张之间不存在如此明显的区别。两者都回避了迈向偶因论的最后一步,即常识和尊重说话人的直觉似乎是必要的,而传统论似乎阻止了这一步。重述一下,正如我在引言中提到的,这个问题源于他用"是"来回应如下的观点:

> 语义解释是一个整体猜测的问题吗（就像私下协商的理解），而不是形式语义学家认为的基于算法、由语法驱动的过程？语境论的回答：是；字面论的回答：不是。
>
> 雷卡纳帝（Recanati，2012a：148）

然而，解决方案是可行的，并且有吸引力。雷卡纳帝认为激进语境论中没有局部调变，而是有某种形式的、仍不被理解的互动，语境论与语义理解是语法驱动的观点是不能调和的。但是，当然，它可以调和，而且做到了。

对研究"说话人想要传递的信息"的方向上能"走多远"进行评估存在短见。对于这个短见，有两个例外。其中之一可从卡珀朗和莱波雷（Cappelen and Lepore，2005a）的最小论版本里窥见一斑，另一个则在我的默认语义学里有所提及，并在我反对明晰/隐含之分的论述（Jaszczolt，2009b，以及下面的第2和3章）里有阐述。重述一下，为让语义学相对不受语用学的"污染"，卡珀朗和莱波雷观察到一个非常"最小"的内容①，并用所谓的言语行为多元论对之进行补充。基于这样的分析，则不存在一个单独的、值得特别留意的，而成为有趣研究对象的"所说"了。然而这个观点很明显是有争议的，并反对直觉和常识的作用。说话人基于直觉和常识通常确实意指一个"大的东西"，除此也可指某些别的"较小的东西"。但这种对所说内容的轻描淡写产生了一个积极的结果。卡珀朗和莱波雷（Cappelen and Lepore，2005a：204）认为，"所说"和"隐含"在理论上不存在有趣的边界。正如他们说的，"所说和隐含的分界线都在语用层面"，以及"决定一个话语隐含的相同的语境特征影响说话人所说的内容和据此表达的观点"。这是一个非常重要的观察。尽管受到强烈的反对［参见如科尔塔和佩里（Korta and Perry，2007：108-109），以及权威学者雷卡纳帝、塞尔和特拉维斯对此的论述］。但现在正是时候承认"所说"和"隐含"之间的边界应该是更模糊的，边界只是存在于别的某个地方罢了。

科尔塔和佩里（同上：109）谈到，在提出这一主张的过程中，作者"违背了当今语用学中其他人所接受的"观点。考虑到在默认语义学中，真值条件分析的首要意义不必遵守所说句子的逻辑形式的约束，与语境观中"修补论者"采用的调变或充实方案不同，科尔塔和佩里的主张显然是错误的。在默认语义学中，真值语义学分析的主题是例（22），而不是例（21）或该例的其他

---

① 参见1.3.1。

任何"修补者"版本。精心设计的关于意义的数组信息源和精心设计的意义建构过程的系统产生了一个表征,把所有这些意义载体提供的信息都组合起来。此外,从语用的、格式塔式组合性意义上讲,这个表征具有组合性特征。这种语用的、格式塔式组合性是雷卡纳帝(Recanati,2004)(尽管是暂时地)提出,之后由亚希乔特(Jaszczolt,2005a)拓展的,第3章将会讨论。默认语义学正是这样的一种语境论理论。在该理论中,一个隐含意义可以作为首要意义,从而作为真值条件分析的对象。而在某些情形下,(与言说句子逻辑形式关联的,不管被调变或是"原始的")明晰意义具有次要意义的地位。我们没有使用明晰/隐含的区分,而是首要意义/次要意义的区分,它超越了明晰/隐含的分界,从而充分认识到间接表达意义的方法是一种常见的、自然的方法,而且有跨文化的特征。

对这个完全不同的划分,我在第2章有详细的论述予以支持。证据是不难找到的。例如,施奈德(Schneider,2009)通过一系列实验表明,在英国英语和俄语中,尽管在英国和俄罗斯的语言学界充满了对"间接性"的不同态度,但在实验中设计好的系列控制情境下大部分的言语行为(英语中占60%以上,俄语中占70%以上)能够(但不是一定)被理解为是"请求"。而这些言语行为激活的回应表明,首要的意义,即直觉层面的"所说",没有受到类似言说话语逻辑形式的影响①。

正如她所说:

> 结果表明,对于所确定的命题类型而言,重要的是通过特定的请求策略传达某种解释的力量,而不是去表明,言语行为属于直接、常规间接或非常规间接请求的广泛范畴。
>
> 施奈德(Schneider,2009:iii)

这个基本的分界问题非常重要,它是本书余下部分与默认语义学有关的主要内容。现在,我们把这个问题表述为:所说与隐含在理论上有重要区别吗?基于上面的论述,我们的回答是否定的。下面还将进行深入阐述。

回到目前尚未解决的关于TCP或TCS标签适用性的问题,这即是我们迄今为止得出的结论。针对这里提到的界定的内容,TCP并不是一个完全不适切的理论标签,因为该内容包括一个重要的语用成分,即通过识别说话者的意

---

① 问卷调查的填写说明是:"请读下面的对话,在每个对话后面的空白处回答问题:说话人在说出划线句子时传递的主要意义是什么?"在俄语版本的问卷调查中,"主要意义"的译文是"osnovnoje značenje"。参见施奈德(Schneider,2009,附录B)。

图而决定所说句子的逻辑形式的充实和其他调变。同时，考虑到为真值条件分析的目的所采用的内容、雷卡纳帝的 TCP 理论中讨论的所说，和关联理论中讨论的明示意义都没有认识到可能从根本上背离句子的内容的首要地位，TCP 并不是最适合的理论标签，如（21）和（22）标示的间接言语行为所示。他们将把这些内容视作具有传统的会话隐含意义的地位——这一意义不属于真值条件的内容。它可以是交际中强烈传递的内容，但仍属于"附加的内容"。从这个意义上讲，这个限定的内容"悬停"在语义学和语用学之间，这两个标签都是合理的。另一方面，我认为把"修补"的逻辑形式作为研究对象对 TCS 和 TCP 都会是一个问题。

考虑到这一点，我们有如下两种选择：

> 选择1
> TCP 应该"全力以赴"，把间接言语行为内容视作主要命题和研究的主要对象，而 TCS 应该做到"最小"——尽可能是"不受语用污染"原则允许的"最小"。①

或

> 选择2
> TCP 应该不被视为一个理论标签，而 TCS 应该"全力以赴"，把首要的意图表达的内容作为分析对象，从而在其方法论层面限定在语境论视角：唯一存在的意义，且语义理论应该研究的唯一意义是语境浸染的（也被认为是通过语境产生的）意义。这就是语言互动过程中赋予话语的意义。

很自然，如果一个人采用语境论的观点，就"什么是意义"这个问题而言，他也会认同某种意识形态。正如语篇中互动者所理解的一样，意义吸纳了情境中多种不同的信息源和情境不同方面的特征：意义源于言说的话语，但也源于物理环境、肢体、共享的观点、共享的普通知识，以及共享的特定语境下的知识。根据信息来源对意义的分析进行拆分不会产生任何"纯粹的"、理论上更合理的意义概念，因此保留标签"语义"似乎是合适的，从而在我们的方法论观点上基于真值条件"工具"的考虑，保留 TCS 的标签也是恰当的，以获得丰富的、多维的"产品"。这就是特拉维斯（Travis）在他的"场合敏感"语义学中所做的。特拉维斯（Travis, 1997, 及其 2008 年的其他论文）关于

---

① 参见 1.4.3 和主要参考 4.2 的内容，我认为字面意义可能存在于像卡普兰描述的概念中。

第1章 意义的误析

真值条件内容的场合敏感性论述是让"语义学"标签与语境论理念兼容的一个很好的例子。重述一下,根据特拉维斯的观点,真值应该对语词的"理解"做出预测;语义本身是场合敏感性的。想像一棵枫树,其天然的黄褐色叶子被涂成绿色。对树叶外观感兴趣的一个摄影师如实地判断为它们是绿色的。但同样地,一个植物学家也如实地判断它们是黄褐色的。所以,句子(23)对摄影师而言是正确的,但对植物学家而言是错误的。

(23)叶子是绿色的。

(摘自 Travis,1997:111)

特拉维斯(同上:113)总结道:

……一个人在言说[句子(23)]的时候可以清晰地陈述什么为真,而另外一个人则可以清晰地陈述什么为假。(23)在被言说的某些情形下,只有其语义内容比起通过其构成部分的意义"修补"后获得的语义更加丰富,并且不同的表述以不同方式呈现时语义更丰富,这种情况才发生。所以,对一给定的树叶等,(23)所说的不是仅仅由其自身或其组成部分的意义决定。

特拉维斯在这里采用了与斯特劳森一样的观点,奥斯丁(Austin,1962a)在其《意义和可感物》的论述中也有这样的观点。基于这样的主张,句子不能为真或为假。相反,只有在某些既定的环境中,被言说的句子才能被判断为真或为假。但同样,这还不是语境论被推到的逻辑极限。这就是为何他被迫宣称,在此重述一下,即"例(23)在某一种被言说的情形中,特定的树叶的意义等不是仅仅*由其自身或其组成部分的意义决定*"[①]。但所有的这些都取决于我们把语义分析的对象从句子转向话语时,我们对"组成部分"和"意思是"的理解。在弗雷格(Frege)的论著中,一方面由组合性原则,另一方面由语境原则带来的不安似乎可把语境原则作为指导思想得到缓解[②]。意义有很多信息源,可以使用不同的载体。其中一些与语言单位有关,有些则与之无关。

我们所采用的词汇和概念的意识形态也很重要。其中一个选择主张"语词可以有多种语义中的任何一个,与它们要表达的意思兼容"(Travis,1997:123)。就像特拉维斯一样,遵循这一主张,提出"在那些值应该出现的地方,把每一个论元的值视为语词应该有的语义内容,因而从说话的某些参数到语义

[①] 斜体表示强调,由原书作者标注。
[②] 参见达米特(Dummett,1973,1981)的论述。感谢厄洛斯·科拉扎(Eros Corazza)的建议。

来谈及一个函数"则是毫无意义的。他继续说道:

> 因此,这也不意味着可能会有一个精确的理论,因为语词的每个语义都可能有必要和充分的条件来满足它们的需要。不过,我们可以描述一下环境如何发挥作用。

(同上:123)

这一结论可能符合我们日常在话语中使用语言的经验。事实上,我们掌握的整体信息的零碎来源是多种多样的。但令人失望的是,它被认为是语境主义的逻辑终结。相反,似乎有必要从进行积极意义建构的源头和载体着手,从重新定义语义组合本身的原则入手,设计一种算法,以分析这样的话语意义是如何被建构起来的。对此,意义的形式化动态研究法已经做了一些工作,语境论者自己也对此给出了一些建议——如 TCP(Recanati, 2004)理论中的"格式塔主张"、互动的组合性,以及我在我的默认语义学中主张的意义信息源,识别相互作用的过程以形成此种"场合敏感"的意义。第 2 章讨论的语言互动中的语义学正是通过探析话语中关于意义的信息多维特征,以发展和论证上面选项 2 提出的 TCS 的合理性。

在这一点上,另一个相关的问题出现了,即在何种程度上可以孤立地理论化:①来自逻辑形式的意义,而不是受调变的语用过程影响的意义;②来自逻辑形式的意义,该逻辑形式与有关主要拟用的言语行为(包括间接言语行为)的意义形成对比;以及③与间接的但属于如例(22)中的首要意义相比,来自调变后的命题的意义。这个问题只能在经验数据的基础上得到充分回答。但在文献中已有大量的证据表明,对话者(至少是那些拥有完全发展的语用技能的人)似乎没有意识到最小的意义,而是意识到说话者意图传达的主要信息,而不管它是否与被言说句子的纯粹逻辑形式,或扩展的逻辑形式对应,也或与一个完全不同的整个命题对应与否(参见如 Nicolle and Clark,1999;Pitts,2005;Larson et al., 2009;Schneider, 2009)。[①]

现在,雷卡纳帝(Recanati, 2001, 2010)提出一个普遍的语用充实(调变)观点。他认为这样的语境调变总是存现的,"没有意义的层级既是①命题的(有真值判断的)又是②最小的,即不受自上而下因素的影响"(2004:90)。必须记住的是,为意义的非最小层次是唯一的层次进行辩护并不意味着

[①] 参见诺维克(Noveck,2001,2004);帕帕弗拉古和穆索利诺(Papafragou and Musolino,2003);基耶尔基亚等(Chierchia *et al.*,2004)的扩展研究,以及后者基于语法对某些会话隐含的分析。

第 1 章　意义的误析

在某些境况下，与单独的句子相关的意义相比，对意义的"改变"是不可"缺少"的。这个观点与承认下面的主张完全一致，即（24）可能具有与仅从句子逻辑形式派生的最小意义相匹配的意图意义。

（24）弗里德里克·肖邦（Fryderyk Chopin）出生于 1810 年。

另一方面，重述一下，还必须注意的是，语境论的解释将其限定为（通过充实或调变）对逻辑形式进行"修补"，从而解释"所说"的概念，是不够深入的。例如，（24）当用于回答（25）A 时就产生了非常清晰的可通过（26）解释的首要意义。"→$_{PM}$"表示"传递首要意义"。

（25）A：让我们播放一些 18 世纪的音乐，如弗里德里克·肖邦。
　　　B：弗里德里克·肖邦出生于 1810 年！
（26）→$_{PM}$ 肖邦不是一个 18 世纪的作曲家。

允许如（26）这样的主要言语行为进入一种语境论语义学领域是必须采取的最后的一步，以将意义理论从强调只有一个意义载体（句子的语符）所施加的人为和毫无依据的限制中解放出来。驱除对表征的句法约束也是语境论可以并且应该被推到的极限。

回避问题的解决方案也被提了出来。避免相关内容的问题的方法之一是思考多种不同类型的内容，并使每种内容符合不同的解释。这是佩里（Perry，2001a）、科尔塔和佩里（Korta and Perry，2011）的建议。科尔塔和佩里站在最小论与语境论之间提出了他们称之为"精炼的语义内容"概念。此概念只建构在话语之上。例如，（27）相当于（28）。

（27）我邀请了每一个人。
（28）∃X ∃y（（27）的说话人正在谈论 X ＆（27）的说话人正在谈论 Y ＆（27）的说话人已经邀请 X 中的每一个人到 Y）。

（摘自 Korta and Perry，2011：144－145）

正如他们所说，这种内容存在的理由是为了拥有一个从语词和结构的语义中获得的命题。从这个意义上讲，这个命题是最小的，同时也是为真的。而说话人也可能选择言说（29）。（29）也可能为真。

（29）我邀请了我们大楼里的每一个人到我们的假日聚会。

（摘自 Korta and Perry，2011：145）

区别在于信息的来源：当后者是来自语境，则*反身的*、与话语绑定的内容与指称的、语境解析的内容之间有显著的区别。而第一个则基于他们称为"批评语用学"的观点,通过补充情境的某些属性已经被"提炼"了:情境的特征使它们进入了第一种类型的内容,出现了大量的"修补"。

当然,这是佩里早期思想的一个充满智慧的版本,即在逻辑形式中加入一些成分。对此,我们只有形而上学的(或者,现在也可能是文化和认识论的)论据来支持:当下雨的时候,必然是某个地方下雨(与"原则上的下雨"的复杂解释不同);当我们邀请某人,我们则是为某事邀请某人。这是受到了雷卡纳帝(Recanati,1989)明确指出的同样的古老循环问题的影响:在参考语境之前,我们必须知道句子中要详细阐述什么。由于不仅可以单独参照形而上学的思维(如分析"下雨必须发生在一个地点"),也可以采用文化的、社会的和其他的分析方法,因此很难明白如何在这些阐述中施加任何限制以防止循环解读。科尔塔和佩里在这里指的是一个相当模糊的"角色"概念。然而,除非给角色设定一个原则,并对句子逻辑形式需要增加哪些内容和不需要增加哪些内容进行分类,否则我们仍然陷于深水中。在我看来,依靠语言结构、形而上学、社会学和其他学科思想的帮助,这样的一种分类在原则上似乎是可能的。但目前为止还没有人这么做。另一方面,默认语义学(参见2.2.1)选择将所有这些信息放入意义的来源而不是放入内容的不同类型似乎是可行的。

我们对语境论的当前动态和未来前景的批判性讨论在某种程度上必然是不完整的。不管在 TCS 还是 TCP 理论中,真值条件内容的语用化思想都吸纳了很多伟大的思想,跨越了许多话题。有些观点不是简单地归之为最小论或语境论的分类,但却为显著的融合与和解铺平了道路。这是我现在要转向讨论的话题。

1.3.3 一些交汇之处

在①语境论的宽泛的自上而下调变(即不受形态句法支配的调变)和②最小论的基于句子的最小意义之间的逻辑空间是无效的。对这个空间有不同的看法。它们不仅在真值条件表征中语用知识的入侵程度,而且在这个入侵的源头问题上,以及由此提出的对它的解释上存在差异。例如,斯坦利(Stanley)认为逻辑形式包含需要被填充的变量,以获得符合直觉的真值条件。在例(30)中这样的槽位属于地点,在例(31)中的槽位属于量化域(参见 Stanley,2000,2002;Stanley and Szabó,2000,以及 Stanley,2007 中的其他论文)。

第1章 意义的误析

(30) [在位置L] 正在下雨。

(31) [在说话者通常的感知空间里] 每一个瓶子是空的。

这样一个变量在逻辑形式中的确切位置是仔细计算出来的,以避免出现不可能的理解或为组合性让步而带来的陷阱。这个观点具有语境论和最小论的特征。说其是语境论在于它在真值条件中引入了超过语词和语法可以贡献的内容。另一方面,由于额外的增加是属于逻辑形式方面的,它因而是最小论观点:在真值条件领域没有自由的、未受到限制的、语用决定的内容。像自由填充的语境论一样,在我的分类中,索引论是"修补论":按照产生所需结果的方式,逻辑形式被篡改了。

这个方案的起源是*隐藏指数*(*hidden indices*)的概念(Schiffer,1977,1992;Crimmins and Perry,1989)和佩里(Perry,1986)提出的未言成分的概念。根据佩里的观点,基于纯粹的形而上学观,(30)的句子意义需要一个特定的位置:这是一个元物理层面的事实,即当下雨的时候,某个*地方*在下雨。这个缺少的成分就是"未被言说的"。在这个术语的常识性理解中,可它确实存在。几十年过去了,关于未言成分的争论已经偏离了这个概念本身。例如,斯坦利认为,尽管在物理层面说话人没有说出这个成分,但这个成分在逻辑形式层面已经被"说出"。雷卡纳帝否认这种存在。事实上,他怀疑是否需要这样的成分,因为考虑到如下的事实,即调变作为一个局部过程不是在整个句子层面而是在其组成成分层面被激活的。正如他(Racanati,2007;2010)现在提出的,所说的内容或命题的意义被充分、清晰地表达出来;只是与之配对的评价情境的某些方面可能"未被表达"。因此,未言成分属于"命题意义-情境"配对,两者合在一起等同于大家熟知的奥斯丁命题。我在下面将对此进行讨论。

现在,必须记住的是,正如佩里所说,未言成分是语义表征中不能在句子的句法结构层面可追寻到的那些要素。然而,这个定义对我们帮助不大。取决于不同理论及其假设,句法结构与句子的联系可有显著的自由性和独创性。表面上看不见但在句法表征中稳定呈现的范畴对各种生成句法分析而言一点也不陌生,其数量和多样性随着与当前观点相反的例证的出现呈上升趋势。一个人为了"拯救"其喜欢的句法理论,则常常不得不准备吞咽越来越多的看不见的句法结构成分,从而(在其适用的地方)对形而上学的思维进行越来越多的篡改。例如,塞内特(Sennet,2011)初步建议,对未言成分进行某种形式的句法解释终究可能是最不会令人讨厌的一种选择。在本书第3和4章,我们将明白他的直觉论断有很好的证据支撑,但有不同寻常的理由,即语法这个概念必须在讨论语言表征与概念表征的语境中被重新审视。简而言之，由于可收集到的与说话人想要表达的内容相关的信息源是如此多样化，具有错综复杂的互动关系，因此，我还能证明语义和概念的分离是合理的吗？如果不是，那么句法表征是什么？在接下来的讨论中，尤其是紧接着的1.5.4和2.1，关于语义结构和概念结构的讨论将占据大量篇幅。

下一步，"中间"的立场将重点放在对可从句子中搜集到的意义的补充上。持有该观点的人认为，"语义学中的语用学"的有趣方面是索引词的特征。卡普兰（Kaplan，1989a）采用语境以固定索引表达式的指称。如果不对其固定，索引表达式就呈现非固定的*语言意义*（特征，character），如"第三人称单数阳性代词"或关于"他"的"语境突显的男性"等意义。接下来，他通过采用标准的真值条件语义学，用语境把一个句子和其内容的固定的决定要素结合起来：一个从评价的环境到扩展用法的映射。索引表达式拥有特定的性质，即它们的内容变成固定的：一旦特定的交际行为解决了"他""我"，"这里"或"现在"的指称，它就不会随评价的环境发生改变。简而言之，与非索引表达式不同，对于索引表达式，在某种意义上无须应用真值条件语义学的工具，即"命题是从可能的语词到真值的函数"，以提供它们的意义。

卡普兰的观点有许多不同的应用，这是因为他的语境概念是开放式的，并被理解为一个索引和一组参数，因此它可以得到不同的扩展。对卡普兰（Kaplan，1989a）来说，语境为语义学提供了所有必要的参数。基本的参数是施动者、时间、地点和世界，但是可以根据需要添加新参数。[①]因此，一方面，它与命题的最小论观进行匹配，因为它极力主张最小语义学。基于此，索引词的内容必须被固定。卡珀朗和莱波雷（参见2005a版本），以及博格沿着同样的思路提出了一个方案，扩展了语境依赖的表达式集合。但是，另一方面，语境依赖性没有被严格界定。当我们必须求助理论以分析一个困难的情境的时候，如特拉维斯的涂了颜色的树叶场景，则可用卡普兰的理论提供直观可信的真值条件。[②] 因此，这根本不是十足的意义最小论观点，而就命题表征的成分而言，对最小论来说仍然是正确的。

斯托纳克尔（Stalnaker）的二维语义学也可以看作是另一种中间观点。虽然卡普兰的二维语义学区分了语言意义［特征（character），如"我"表示

---

① 参见4.2。
② 参见普雷德利（Predelli，2005a，b）在一个新卡普兰范式的理论框架下，对"特拉维斯的涂了颜色的树叶"难题的深入分析。也请参见下面的1.4.3。

第 1 章 意义的误析

说话人〕与内容（content）（从评价环境到扩展使用的函数），但斯托纳克尔（Stalnaker，1978，2011）的二维语义学侧重于意图和意图识别。对斯托纳克尔来说，一个话语（断言）的目的是改变参与者的一组预设。他的语义学解释了这样一个事实，即不同的对话者可以把一个带有索引词的话语看作是真的或是假的。例如，（32）是阿尔夫对听众贝丝和恺撒所说的话，可被贝丝理解为针对贝丝，恺撒理解为针对恺撒。此外，贝丝可能"同意"她是错的，而阿尔夫可能认为贝丝没有错。事实上，阿尔夫想针对的是恺撒。根据他的判断，恺撒确实是错了。

（32）你错了。

该场景根据不同的参与者为"所说"提供了一个维度。它也展现参与者所相信的另一个维度（以不同的可能世界来描述）。把这两个维度放在一起，我们得到一个概念，也就是说，*根据不同的参与者，在不同参与者的信仰背景下进行评估"无论说话人说了什么"*。这就是斯托纳克尔（Stalnaker）所说的一个命题概念。以这样方式识解的矩阵产生了一种命题，它可以放在我们的语境论和最小论的争论的两极之间。斯托纳克尔把之称为*对角命题*（*diagonal proposition*）：基于适切的关于合作的标准预设和主张，"无论说话人说什么（都是真的）"。

上述关于索引表达式和关于索引表达思想的描述清楚地表明，关于语义和语用边界的争论存在数个不易厘清的、相互交织的问题。其中之一就是试图针对语用学，把语义学视为一个分支学科，它有自己的研究对象和研究方法。这就是为什么，如在博格的最小语义学中，我们强调语义模块。另外一个是比较语用过程如何运作的方式，即对比语用过程"勾住"（hooked onto）的句子结构中的某些位置或成分，与没有以这种方式附加语用过程的句子结构。换句话说，我们感兴趣的是，一个意义的索引解释能带我们走多远，或者我们如何能够把索引性保持到最小，或其至简单地把它从语义学中剔除掉。在接下来关于默认语义学的讨论中，我们会广泛使用索引性，即通过扩展和重新定义卡普兰的语言意义〔特征（character）〕的概念，将其推向逻辑极限。这样，什么才算是索引表达式可通过话语的动态性决定，并将因此吸引语言互动的语义学研究中最前沿的注意力。这足以表明，与语言哲学家引导我们所相信的进行对比，在自然语言系统中论证索引与非索引区分的合理性更有难度。对此，我先在 1.4 中进行简要讨论，再在第 4 章进行全面阐述。

1.4 字面意义：独立的议题？

重新划分①语义学和语用学；②真值条件和非真值条件内容；③明晰意义和隐含意义的边界将影响关于 ④字面意义和非字面意义的争议。当我们把它与传统认为的隐喻性语言用法并置一起考虑的时候，"字面"似乎是一个概念明确的标签。但是，由于"隐喻"用法长久以来被重新证明是与"非隐喻"用法一样适用于直接表达意图内容（Sperber and Wilson, 1995），因此有必要将该术语与①～③中的辩论保持一致。这可以按照下面两个讨论方向中的任一个方向进行分析。要么（a）"字面意义"属于首要意义，它是自然语言中与说话人思想最为对应的内容，"非字面意义"囊括了偏离这个固定关系的内容，或（b）"字面意义"仍然接近惯用的涵义（sense），但不允许添加任何语境驱动的内容，所以它类似于我们所称的语言意义。不用说，语境论应该选择第一条路线，而真正的最小论者应该选择后者。综上所述，该问题可以表述为：在最小论/语境论辩论中，字面意义概念的作用是什么？接下来，我要讨论语境论对"字面"的模糊解释，得出的结论是：他们寻找的是一个完全不同的概念，需要完全不同的标签。我进而继续探析一个简单的为最小论定义的要求。

1.4.1 困惑的"字面的"

语境论的研究对象是说话人想要表达的命题。通常，当具备捕获说话人意图的所有条件时，它也是听话人可捕获到的命题。或者，我们可以假定研究对象是听话人捕获的命题，如果具备捕获到说话人意向所有条件，这个命题通常也是说话人想要表达的命题。真值条件内容正是这样的意图表达的内容。现在，为了使得这些理论的假设可符合这样一个事实，即语词意义本身是灵活的，甚至可能像维特根斯坦（Wittgenstein, 1953）意义消除论主张的那样灵活，人们必须调整语言中关于字面性的观念。在某些情形下，一个隐喻表达式是捕获说话人想要传递的信息的最好方式。那么可以说，它是最"字面的"，即说话人思想的外化。在关联理论中，"字面性"概念的转移很明显［参见卡尔斯登（Carston, 2002：340）］。这在雷卡纳帝的《字面意义》（Recanati, 2004；第5章）中已到达了超现实的顶点。在该著述中，"字面的"的涵义类型被确定了：我们有类型字面性（t–字面性）、以最小为出发点的字面性（m

—字面性）①、首要字面性（p—字面性）②。例如，隐喻表达是 p—字面性，因为它们主要的、原初的意义确实是隐喻性的。在这个意义上，它们的使用没有非字面性。其次，只有隐喻中的一个子集可以视作隐喻语言的使用。在 p—字面性的子类中，我们有意识和无意识、有意或自动、明显或典型的意义。被称为隐喻性意义，则需要对标准意义进行有意识的、有意的和明显的改变。因此，后三个区分与 p—字面性范畴中的不同划分维度有关。

很明显，如果一个人被迫把直觉上简单的字面性概念分解为难以置信的类型就不对劲了。更糟糕的是，还将"惯用的非字面的"归入"字面的"一个子类型。当然，真值条件分析单位的认知现实性探索——真值条件单位对语境论者来说是首要指向性的（leading directive）——不需要这样的概念扭曲和牺牲常识。如果产生类型学上的区分的推理是无瑕疵的，而结果产生的理论标签却不协调，我们就必须弄清这个问题的根源。

1.4.2 为什么"字面的"不能被复原？

似乎问题就在这里。雷卡纳帝的分类法本身是完美的。它遵循精心确定和广泛接受的区别，如语法驱动与自由充实的区分、自动与有意识充实的区分。问题在于将这些区别叠加到字面性本身的概念上。让我们首先分析关联理论把字面性固定到思维的主张。卡尔斯登（Carston，2002：340）讨论了她所说的"明显的悖论"，即"隐喻的（和其他松散的）用法与标准的字面用法相比，同样是对说话人思维的字面理解"。当然，这是有条件的，我们要像她那样定义字面性，像她那样用思想来指导其用法。但是，让我们看看关联性字面性（r—字面性）面对常识性字面性（c—字面性）时如何发挥作用。如，下面改编为（33a）和（33b）的（19）中，增加了限定词"字面上讲"作为测试。

(33a) 字面上讲，汤姆是一只真正的狐狸（→$_E$明晰意指"狐狸"*）。
他总能嗅到（→$_E$明晰意指"嗅"*）一场交易。

(33b) 汤姆是一只真正的狐狸（→$_E$明晰意指"狐狸"*）。字面上讲，

---

① 最小的非字面意义的确定标准似乎是通过语言交际不能捕获的意义。例如，"我"的意义在一个英语语言会话中是可以捕获的，因此"卡西亚"作为"我"的意义只是最小层面的，是 m—字面性（在涉及语境时则是 t—非字面性）。一个间接的、语境驱动的言语行为是非字面的。

② 当一个意义不是次级层面的意义时，也就是说，若它不是从其他某个命题中可捕获的隐含意义，则为 p—字面性。例如，下面是重复的（9）～（11），表征了 p—字面性〔但不是 m—非字面性（最小的非字面性）〕：（9）Marry 捉弄 Tom，并且（→$_E$因此）他摔倒了。（10）你可以选牛肉或鸡肉（→$_E$但不是两者都选）。（11）如果（→$_E$当且仅当）你答应不告诉任何人，我会告诉你是谁做的。

他总能嗅到（→$_E$明晰意指"嗅"*）一场交易。

测试结果一点也不令人沮丧。这里发生的变化似乎是"字面上讲"本身的涵义转变——或者说，根据意义消除论的观点，它不是一个转变，因为按照那样的分析，没有可以"转变"的东西，但却存在意义的语境赋予，从而使得"字面上讲"本身却变成了"非字面的"。但是，尽管这确实是语言在会话中的使用方式〔虽然采用一个好的语料库进行一项可靠的实证研究在这里非常有用，例如国际英语语料库（ICE-GB）的 GB 部分〕，但没有任何方法上合理的理由从这种使用中重新定义"字面的"本身。事实上，考虑到它本身是如此具有语境依赖性，并且，当把它用作一个理论术语时，在原则上可引起无限的倒退，方案之一是把它作为一个理论标签抛弃掉。这将是一个符合意义消除论的解决方案。

1.4.3　复原可行吗？

其他的解决方案包括以某种或别的形式拯救字面性。例如，有一个在方法论层面可取的方案认为，思想确定与一些主要内容、表达的命题、主要意义、符合直觉的真值条件表征等联系在一起，但字面性是一个标签，与理论上决定采用"丰富的"、具有语境论真值条件内容无共同之处，从而拒绝把词汇概念和句子的逻辑形式作为真值条件内容的首要标志。这一主张认为，字面性确实与上述争论无关。从字面上讲，"狐狸"是属于犬科生物家族的一种动物，这与该字面意义是否在话语理解过程中被激活无关。这将是下面要进一步讨论的字面性的最小论方案。

另一种可能性是所谓的突显意义[①]。强有力的实验证据表明，与意图表达的内容不兼容，但对对话者来说突显的词汇意义确实被激活了。这些突显的意义本身可能是"字面的"或是标准意义上的"非字面的"（Giora，如 2003，2012；Peleg and Giora，2011）。为此，我们必须考察乔拉（Giora）的两个观察结果：

> 虽然字面意义往往是高度突显的，但它们的字面性不是突显的一个组成部分。由于使用频率或经验熟悉度等因素，判断一个意义是突显的标准或准则只与它在记忆中的可及性有关。
>
> 乔拉（Giora，2003：33）

[①] 突显意义是下面 3.1 讨论的主题。

第1章 意义的误析

和

> ……证据表明，无论上下文信息如何，人们熟悉的隐喻和反讽的例子最初都会激活它们的突显（隐喻和字面的）意义。
>
> 乔拉（Giora，2003：140）

鉴于为支持这些主张而积累的证据是相当有力的，就所选择的一组意义而言，突显概念在很大程度上（但不是完全）与字面性的概念重叠，似乎突显概念比字面性概念本身更适用于话语意义理论。一个有趣的选项是使用这种经验证据，并根据"突显"重新定义"字面的"：当说话人字面上意指某样东西时，说话人的意思是字面上讲的意思，并不是因为它与说话者的思想相关联；它是字面的也不是因为它与语言的词汇和语法系统相关联。相反，它是字面的，因为它是显著的、自动激活的［依据乔拉（2003）的分级突显假设，尽管激活的程度不同］。因此，在语言描写层面上，*它在术语的自然涵义层面是字面的。*

从字面性的角度重新定义突显（反之亦然）似乎具有显著的方法论优势。突显是程度问题，是特定语境中某个非语境意义被激活的问题。另一方面，字面性是一个不分层级的、属要么是要么不是（one-or-nothing）的标签。它可以捕获标准的、突显的、默认的意义。其中，"默认"被理解为对说话者和语境最明显、自动获得的意义，这也是我在默认语义学中的定义（Jaszczolt 2005a，2010，尤其是2010）。对语境论研究范式而言，突显的意义是，或至少应该是，至关重要的。我将在第3章详细讨论这个主题。

总而言之，语境论者一直在寻找的标签也许根本不是"字面的"标签。其目的在于理解这样一种观点：抽象的意义，即与语言系统相关的意义，与语篇中它的使用是分离的，它在语言处理和语言使用理论中几乎没有（或没有）作用。但操纵"字面的"一词可能不是捕捉这种想法的最佳方式。语境论者一直寻找的是一个完全不同的概念，它需要一个完全不同的标签。"突显的"也许能充分发挥这一作用。（仔细地去除基于系统的、列文森式的默认值之后）"首要的""自动的""默认的"也可以。这有待实验和理论的进展来决定。到目前为止，这个结论是一个简化的结论："字面的"要么被驱除（被突显所取代），要么在传统意义上被恢复。我们现在转向后一种选择。

上述推理的结果是，字面性应该与①突显联系起来，或如果存在突显，则应与②独立于语境的、由语言系统单独激活的最小意义联系起来。选项②中最小字面性的最佳轨迹似乎是卡普兰在前面章节中讨论过的"特征（character）"。重述一下，根据卡普兰的观点，索引词有"语言意义"［特征

(character)]。在真值条件语义分析（从评价环境到真值的函数）赋予它们内容之前，它们必须经历语境具体化。另一方面，非索引词不需要这样的语境固定措施。在（34）中，"他"有一个独立于语境的意义属性，即第三人称单数阳性人称代词的意义。这个意义就是它的特征（character）——从可能语境到语义内容的函数。

（34）他是有史以来最伟大的小说家。

在第一个维度中，代词"他"必须被指定一个符合语境的、现实存在的指称。第二维度是反事实维度，用于按标准的方式分配内容，作为一个从评价环境到真值的函数。① 另一方面，非索引词，如"小说家"有一个"固定"的特征（character）；所有语境产生相同的内容。这意味着，如果"小说家"可以采用不同的指称，这并不是因为语境被理解为向上述提到的索引表达式提供一个填充物，而是因为世界可能有不同的存现方式或有不同的评价环境，导致不同的（意义）扩展。*内容（意图）*是从这种评价环境（类似于可能世界、可能场景）到扩展用法的一个函数。

现在，一个特征（character）的概念可能是我们的字面性的一个可能轨迹，因为，特征是一个"边界清晰的""唯语言的"意义维度。在其标准的、原初的版本中，不允许掺杂任何语境信息。语境以两种不同的方式对二维语义学做出贡献。但任何一种方式都不能模糊"特征（character）"的定义。② 首先，索引词的特征（character）需要语境方案，但该方案不是特征（character）概念本身的一个部分；非索引词的特征据称是固定的，语境对其不起作用；其他表达式，如专名，需要通过语境消歧，但这种消歧（更可能）是语义前的。因此，以这种方式使用的语境也不会让特征（character）模糊。第二，语境也被理解为是评价的环境（第二个维度，反事实维度）。但很明显，语境的这个作用对清晰的特征（character）概念也没有影响。

仍需要解释的是在特征（character）中定位字面性意味着什么。一个索引表达式"他"，其字面意思是"一个语境中突显的男性"；"bank"对应两个特征（characters），所以它有两个字面意义。两者中哪一个与当前语境相关是语义前解决的（Kaplan，1989a）；"小说家"作为一个非索引术语，具有一个固

---

① 关于两个维度的讨论，也参见查默斯（Chalmers，2006）、布罗加德（Brogaard，2012）和亚希乔特（Jaszczolt，2012c）。

② 参见卡普兰（Kaplan，1989b）对语境作为一组参数的论述，以及亚希乔特（Jaszczolt，2012b，2012c）中的分析。

定的特征和一个字面意义。

但我们移动的步伐太快了：我们把"字面的"围栅起来以免受语境的污染，但我们还未对其下定义。如果我们一直遵循卡普兰的思路，我们现在将转到他的语义的第二个维度，并说字面意义等于内容：从评价的环境到扩展使用的一个函数。然而，这引出了另一个选择。我们刚刚拒绝了"字面的"指的是"最适合代表思想"的可能性。但现在我们在其他地方也有一个相同的可能性，即评估环境可以包括以非标准方式使用语词或复杂表达式的场景。并且，有非常好的理由表明，拒绝这个可能性是不谨慎的；这个理由源于经验事实，即当我们设法在评价环境之间的边界范围中找到它时，在话语中字面和非字面没有界限。让我们以特拉维斯（Travis，1997）之前讨论的"彩叶"场景为例。例如，让我们评价一下一个句子被视为真或假时采用的视角或估算点。一个摄影师把涂成了绿色的一棵枫树的黄褐色树叶判断为是绿色（做出了一个真实的陈述），但一个植物学家把它们判断为是黄褐色的树叶也同样为真。这就产生了一个明显的问题，即可能世界和真值之间不匹配：在一个且同一个可能世界中，一个句子可能被不同的主体判断为真或为假。普雷德利（Predellis，2005a，2005b）基于所谓的应用程序和函数提供了一种解释。这些应用程序与函数为标准条件增加了评价点，即世界将不得不为句子/话语的真实性提供充分的解释。但困难还没有结束。例如，同一句话可以由同一个说话者在讽刺时判断为真，非讽刺时判断为假，如（35）。

（35）汤姆是一个真正的天才。

类似地，而且重要的是，对于正在讨论的议题，同样的一句话从隐喻表达的视角可能被判断为真，而从非隐喻表达的视角则为假，如（36）。

（36）汤姆的心脏是纯金做的。

似乎我们必须随意调整评价环境以解释评价环境对内容的贡献。这就解释了直觉，即在依赖语言系统的意义上，存在依赖语境而不是"字面的"的突显用法。但是，如果我们想实现早先对无污染、语境自由的方法选择，也就是说，如果我们不想通过走后门在语境中进行"走私"的话，我们将不得不借助一个基于数据的实证分析，并形成对内容的定义，其定义基础是①非索引词的固定的特征，辅以②允许普雷德利（Predelli）的观点、评价点或视角的评价环境。

评价点构成了必要的组成部分，这些成分为如何审视交际情境增加了信息。普雷德利（Predelli）对此进行了如下的形式化描述：

> ……通过小句—索引词配对体 $\langle s, i \rangle$ 和 a 的应用得到一个表征 z，根据常规条件"w iff j (a (w))"［（w 当且仅当 j (a (w))）］为真，z 为真。在该条件中，j 是关联［一个解释系统］S 的强度，S 伴有 $\langle s, i \rangle$ 特征。

普雷德利（Predelli，2005a：366）

这个方案避免了关联理论中概念形成过程的相对不受限的"临时性"带来的陷阱，同时也避免了后期维特根斯坦的意义消除论中概念形成过程的激进的、不受约束的"临时性"带来的陷阱。字面性仍可以被定位于特征（character）中。其结果是，"字面的"将实际上指的是"语境中的突显"，因为在这样一种方式中，评价的环境是宽松的，以适应评估者的观点。①

我所谓的"流变特征"（fluid character）（Jaszczolt，2012c 和下面的 4.2）中提供了一个在特征（character）中定位字面意义时放松字面意义的替代选项。我建议把卡普兰的二维方案"语用化"（pragmaticized），以承认在话语处理中，认知主体在"构建"（forming）特征（character）方面有相对的自由。随着解释过程不断往前推进，听话人使用所谓的"推理基础"进行推理，这些推理单位不一定是语词或短语，但可以对应不同长度的结构，这取决于汇总为相关背景信息的多种因素。可用一个名声不好的级差推理案例来说明，如（37）的听话人听到"一些"，或"一些人"，或"一些人说"，或有时基于整个句子立即触发推理（或自动的意义赋值）。

（37）有些人说你傲慢。

类似的，不同的表达可以与特征（character）对应，这取决于这样一个推理基础的长度和构成成分。这样的流变特征也是一个潜在的字面理解轨迹。

当然，事实是当我们让特征（character）成为语境依赖的，甚至可能在某种程度上与卡普兰最初提出的"依赖于意图恢复的思想"② 相反，从而对特征（character）进行语用化处理，则我们可以从语境依赖开始，并且只有在语境已经发挥作用的情况下，才禁止它在二维方法中使用。总之，尽管如此，语境论

---

① 卡普兰的理论针对隐喻有不同的应用，请参见斯特恩（Stern，2000）的论述："就像卡普兰发明了'Dthat ［Φ］'，以用于词汇层面表征一个任意限定摹状语［Φ］的指示义，我现在要创造一个与之类似的'Dthat ［Φ］'，以用于词汇层面表征一个任意（字面的）表达式 Φ 的隐喻义"。斯特恩（Stern，2006：106）。

② 但可参见卡普兰（Kaplan，1989b），以及亚希乔特（Jaszczolt，2012c）关于指示表达式的"意图指向"角色的讨论。而卡普兰的"意图指向"应用范围针对的是已被表达出的推测。

还是必须通过"走后门"、"翻窗户"或其他途径进来。

1.5 重新思考语境论者的观点

毫无疑问，语境论，甚至体现其最激进形式的偶因论，提供了最考虑语言使用者的、最符合直觉的意义识解方案。它是迈向"语言互动的语义学"过程中最可取的研究进路。问题是，当我们认为一种意义理论应该遵循这样的心理层面合理性，并把它作为分析过程的导航灯，那我们在不忽略我们想要界定为"自然语言意义"的同时，在体现概念表征的方向上能走多远？这是一个困难的多面问题，其中的一些方面下文将有所涉及。

1.5.1 系统性问题

关于语境论的逻辑界限问题，可以理所当然地说是当前讨论的前沿议题。我的回答是，我不赞同由语法决定被考察的主要命题的语用调变（从而不赞同雷卡纳帝和关联论理论家分别理解的所说或明示）。雷卡纳帝明确反对把界限范围推向极致，以建立间接交流的命题并把它作为研究对象。他在此呼吁以系统性为标准。我再次引用这段冒犯性的话：

> 语义解释是一个整体猜测的问题吗（就像私下协商的理解），而不是形式语义学家认为的基于算法、由语法驱动的过程？语境论的回答：是；字面论的回答：不是。
>
> 在这个问题上，我很高兴与最激进的语境主义者——"怀疑论者"分开，他们将寻求整体猜测的答案（假设它们存在，我对此表示怀疑）。像斯坦利（Stanley）和形式语义学家一样，我认为语义解释是语法驱动的。
>
> 雷卡纳帝（Recanati，2012a：148）

然而，他只是不同意所谓的"最激进的语境论者"，因为他认为，将限制推到极致实际上等于"整体猜测"。我们发现这个主张在某种程度上是目光短浅的。我们不假定意义的一个维度，即所说句子的语法有一个特权作用，为一个系统的组合性提供支柱，而是假定所有维度，即基于激进的语境论版本，对真值条件内容有贡献的所有维度都应被平等对待。事实上，提供证据的责任似乎在那些试图将特权地位强加于意义的某一方面或某一个信息来源的人身上。相反，词库、语法、意图识别、确认交际目的与情境类型、社会与文化习俗、（包括科学的）一般知识，和其他起贡献作用的信息源在交际中都同样重要，因此在交际中表征意义时也同样重要。接下来是重要的一步：*假定维度的平等地位不需要放弃系统性*。它只意味着不得不在其他的地方，即在这些维度的互动层面，去寻找算术演算过程。这样就能做到同时维护系统性和拓展语境论的边界。这是默认语义学已有的尝试。这也将在接下来对语言互动的语义学的研究基础进行更有哲学意义的讨论中得到进一步证明。

令人惊讶的是，事实上，雷卡纳帝离这样一个互动解释不远。他说：

> 尽管自由的语用过程，即不受句子中任何表达式的常设意义所约束的语用过程，可以进入确定真值条件内容的过程，但在我所勾画的框架中，它们作为组合机制的一部分出现在画面中。语义解释仍然是语法驱动的，即使在语义解释过程中，语义不仅被要求把语境值赋给索引词和自由变量，而且还被要求以自上而下的方式自由调变成分的涵义。
>
> （2012a：148）

与前面的引用不同，事实上这些观点在组合性的类型和位置问题上是中立的。它们可能会与这样一种观点相一致，与默认语义学一样，即意义的组合性必须被"激发"到来自不同来源的意义的信息并合层面。然而，对语法的看法必须加以调整。我们似乎从承认语法不是句子语法开始迈出了一步；它不是语言字符串的语法，而是以一种认知主义的方式，体现为一种概念语法，一种心智表征语法。尽管在后格莱斯主义和认知语义学之间有不同程度的趋同特征，但目前为止，语境阵营里还无人可以实现驱除掉明显不充分的句子语法观，而赞成认知层面足够的（尽管公认更具挑战性的）心智表征语法。然而，这正是对"反对观点"[①] 做出让步的时候，并从概念结构的支持者那里获得似乎有用的东西，同时保留权利在交际行为意义的语言和非语言两个维度互动的层面，而不是语言层面去探讨形式化和算法演算。这就是后期维特根斯坦、蒙塔古、格莱斯以及各自的追随者终究都是部分正确的原因。

1.5.2　基于突显的语境论

关于真值条件语义内容的选择，从语素和词汇——意义的最小单位，意义的原子结构，以及它们被描写和解释的方式开始。如果词汇有明确的、令人满意的定义，或者它们对应清晰界定的概念，也或如果它们在真实世界里有清晰的、令人满意的超自然的联系，关于真值条件语义内容的选择就会以更大的单

[①] 参见 2.1.2。

位开始，因为关于语词的意义没有多大的争议（参见4.1）。心智词库应是边界清晰的：当说话人言说语词狐狸时，狐狸这个概念的词条和称作"狐狸"的物体类别的词条将被激活。但语词－概念－指称 的关系却不是那样清晰。此外，如1.4.3所述，普遍存在的证据表明，字面意义并不总是突显的意义。在"字面的"和"隐喻的"常识性定义上，与某种文化层面根深蒂固的隐喻意义相比，字面意义并非总是被优先激活。

  这一现象的全部范围仍有待调查，但现有证据令人信服。根据有关字面意义的不容置疑的事实，理性的选择似乎是承认语词意义在使用语境中被影响的程度对词汇语义学中的描写和解释非常重要。换句话说，关于语词的一个理论必须承认存在总的语境变量的事实，而不是去寻找可能被证明是圣杯的东西，即抽象中的语词意义。它应该充分利用这样的事实，即语言使用者在过去参与的话语经验对语言使用者有引导作用；他们对一个语词的使用有记忆，并且这个记忆引导他们在当下的情境中对语词进行选择。此外，随着会话的展开，他们共同建构意义。① 问题是，我们必须借助意义消除论以解释词库的动态性和灵活性吗？虽然证明的责任在那些寻求抽象和系统意义的人身上，但理论和方法论上的考虑则是那些放弃这种寻找并将语言作为一种社会文化现象，并认为语言在使用中形成和发生变化的人。但是，"消除论"作为一种理论标签太强了。需要记住的是，语词和结构都带有突显的、自动检索的、尽管有时不相干的意义。② 因此，这是我们在默认语义学中所追求的语言互动的语义学中将做出的理论选择：采用的语境论形式可被称为*基于突显的语境论*。

  基于突显的语境论：
  语词和结构带有突显的、自动检索的、尽管有时不相干的意义。如下的事实为此提供了保障，即语言是①一种社会－文化现象，并且是在使用中形成和发生变化，同时②是一种受大脑的结构及其运作的管控和限制的认知现象。

我将在第3章详细讨论突显和默认，而给词汇语义学带来的后果则在第4章进一步探讨。

---

① 参见克拉克（Clark，1996）。
② 另见格登福斯（Gärdenfors，2014a，2014b）关于"意义建构的社会方面及其他们的概念表征"的讨论。

1.5.3 谁的意义？

这些争论的另一个方面是（话语）产出与理解。保罗·格莱斯（Paul Grice）对会话含义感兴趣。他认为会话含义指说话人传递了多于"所说"内容的过程；他们传递的是话语的*隐含义*。在原创性研究《逻辑与会话》（Grice，1975）出版后的40年里，"含义"似乎默默地经历了从表示过程到表示其产物的反复分析。而术语"含意"（implicatum）（复数：implicata）很大程度上不再是语用用语。[①] 尽管存在这个细微的语义转移，事实上格莱斯仍然对意图和想要传递的意义感兴趣：意义是一个普通的说话者想要传递的，并受到合作使用语言的理性原则的约束。另一方面，关联理论者（Sperber and Wilson，1995，2012）聚焦于话语理解的产物：一个交际意图和嵌入其中的信息意图在它们导向交流某样东西的时候被满足。正是这一信息，特别是对话语的理解，是听话人借助默认的有效性和经济性操作原则下获得的，这是研究的对象。

这是否意味着我们在这里面临一个选择，这个理论针对谁的意义建模：说话人的还是听话人的？不完全是。格莱斯的兴趣是哲学上的。他没有涉及与话语处理有关的心理问题，以及与之共现的所有问题，如误传递（miscommunication）和交流中断等。他把人类交际的主体视为理性的人，通常他们成功地、没有缺陷地交流了他们的意图。正是一般的机制允许他们这样做，这是他的兴趣所在，并构成了他的规范理论的基础。因此，如果说他选择了说话人的视角而一些"后格莱斯主义者"选择了听话人的视角，那将误解他的观点和他的研究兴趣。正如在他之前的弗雷格（Frege）在数学中禁止心理主义，并扩展到科学探究中，格莱斯关注的是一般原则[②]。在他的分析中，这些是指导合作话语的原则。基于这样的识解，没有出现"谁的意义"的问题。正如索尔（Saul，2002）正确地观察到的那样，那些对话语处理感兴趣的人与对普遍语用原则感兴趣的人所做的研究可以共存，其不同之处仅在于视角不同。

另一方面，在话语处理的心理研究本身范围内，研究方法的选择有明显的差异。例如，克拉克（Clark，1996）和豪格（Haugh，2010）采取了一种互动立场，认为语用学应该呈现说话人和听话人的视角。这种方法选择可能是最

[①] 另见霍恩（Horn，2012）关于隐含和推理的讨论。
[②] 但参见我在亚希乔特（Jaszczolt，2008）和下面的第3章对语用理论中适量心理主义的辩护。

第 1 章 意义的误析

难实现的选择，但同时，也最受格莱斯哲学（"中立"）立场影响的选择。互动参与者表达他们的意图，但同时也对对话者的意图做出假设。不言而喻，比起基于特定视角的研究方法，由兼顾了两方面的理论所指导的研究方法有更大的解释力。

从这个角度讲，默认语义学可被归类为一种混合语义学。一方面，它遵从一个哲学-语义学方向的目标，旨在发展一种形式化的研究范式，以分析话语意义是如何通过语言和非语言的成分构建起来的；另一方面，它通过探析出现在意义表达中的一组清晰界定的互动过程，对意义的形式化、组合性理论研究进行了补充［考虑到普遍语用原则研究不涉及交际失效（misfire）和错误的理解（misinterpretation），这种意义被称为典型说话人的意义/典型听话人的意义］。因此，会话互动的哲学语义学以一组假定的、部分支持的心智活动的形式得到过程心理学的支持。这些心智活动在很大程度上是根据信息的来源和使用的信息类型来区分的。我在 2.2.1 再返回来讨论默认语义学的原则。

当我向各类听众展示这些观点的时候，我有时会遇到反对的观点，即当一个研究者聚焦普遍原则和规范性，淡化"谁的意义"这个问题，其提出的理论就会面临回避一个最重要问题的风险，即回避有关会话错误（conversational errors）和误传递（miscommunication）的问题。这个问题据说是一个方法论问题，而且它一定与预测力有关：可以说，如果一个理论对误传递情形不能提供解释，它就不会比一个能提供解释的理论更受欢迎。我并不认为这个反对理由经得起推敲。一个阐述话语意义（discourse meaning）组合原则的理论并没有对误传递视而不见；它承认这是一个经验事实，并把它留给了经验研究，以确定意义（在产生或理解方面）组合中有哪些因素被误用。这里，不要把"误用"（misuse）与"滥用"（abuse）或"违反"（violation）混淆起来；后两者在格莱斯的理论中是被广为熟知的，它导致出现交际中的会话含义。另一方面，"误用"是一个言语行为术语范畴中的一般概念，如同奥斯丁（Austin, 1962b）采用的术语"不适切"或塞尔和范德维肯（Searle and Vanderveken, 1985）使用的术语"不成功"和"有缺陷"[①]，但对于"误传递"问题的归属和来源仍有不同意见。这种对一般原则偶尔的误用并不是理论的问题；它们是会话分析家（conversation analysts）或话语分析家（discourse analysts）（下文要对两者进行区分）的研究兴趣所在。他们分析的是特定会话互动的文本并试图找出出错的内容。会话分析的目标在于描写，或最好是解释与描写相结

---

① 请参见塞尔（Searle, 1969）。

合：它是民族方法论原则指导的，主张一个研究者在描写层面的分析必须紧密结合互动者自身在会话中做了什么；不需要植入意识形态。但倾向于心理学或人类学研究的话语分析家可能会进一步去探究内容出错的原因。设法回答这些问题并设计一种话语意义组合理论将导致出现一个杂乱混合体，没有任何一个部分受到充分关注，也没有充分依据具体研究目的采用具体研究方法。"万物适用论"可被视为自然科学家的圣杯，因为他们的工作是理解一个单一的研究对象：宏观和微观维度的物理世界。但这样的理论不适合语言学、人类学、社会学以及心理学[①]，它们有特定的研究兴趣和关注焦点。尽管在考察语言互动中的意义时可能要参考这样的理论，但研究方法和研究目标必须仅限于意义理论。这些是建立在真值条件分析工具和互动组合性假设基础上的。

1.5.4　寻找适足的内容

在我们继续往前分析之前，"意义是关于什么的意义？"是一个至关重要的问题。我们根据最激进的语境论精神有效回答了这一问题。在正常情形下，理性的合作规则适用于交际话语，我们主张把意义视作说话人想要表达的，并由听话人捕获的信息之主要内容。现在，语义理论的任务是为话语单位提供表征。当这些表征同时具有心智表征的地位，语义理论就获得了认知合理性。例如，在 DRT 理论中，被称作话语表征结构的表征被视为（假定为）适合心智表征的模型。默认语义学的并合表征遵循了相同的原则。[②] 同样，在接下来的讨论中，我们将选择探寻心智的、概念的表征。对此，我们也采纳这样的术语观，即我们在谈及*语义表征*时我们意指概念表征。语言互动的语义学是建构在概念的、组合性的表征基础之上的。

在这一点上，我们必须重新探讨*语言表征*相对于*概念表征*的地位问题。重述一下，关于第一个术语，我们指的是自然语言表达式的表征。它们是一样的吗？例如，卡鲁瑟斯（如 Carruthers, 1996）在维护这个立场时提出了有力的主张，并反对当今广为接受的"思想独立于语言"的论断。后者的最好例证是福多（Fodor, 1975, 2008）提出的"思维的语言"假设。

看待这个问题的方法是这样的：说话人言说的内容有不同的理解方式。一个句子中，析取词"或者"（or）可以用于指两个分离选项都是可能的，或指"其中一个或另一个，但不是两者都"是可能的，如被重复的（4）和（5），即

[①] 我在亚希乔特（Jaszczolt, 2012d）中评价巴拉（Bara）的认知语用学时阐述了这个观点。
[②] 不熟悉这个理论的读者在第 2 章可以找到关于并合表征的例子。

(38)和(39)。

  (38) 你可以吃牛肉或羊肉。

  (39) 你可以吃牛肉或羊肉,但不能两者兼得。

  同样地,说话人观察到一只狗看上去很好动,意在要求听话人去遛狗。这里,言说的句子与主要的意图意义之间的区别更多是"质"而不是"量":为了达到首要的意图表达的目的,我们不仅丰富了物理层面言说的内容,而且以更实际的方式进行调整,如(21)和(22),也即下面的(40)和(41)。

  (40) 这条狗看起来需要出去。

  (41) →$_{PM}$说话人正要求听话人带狗去散步。

  如前所述,总体目标是表征(38)和(40)的意义。但事实上,(39)和(41)是某种语言的句子,在这种语言中我们思考这些句子。问题是,在我们选择这些句子作为我们的语义学表征对象时,我们是否仍然在表征英语中这些句子的意义,即句子(38)和(40)。首先,对一个真正的激进语境论者(如后期维特根斯坦、其他的日常语言学派哲学家,以及紧随其后的言语行为理论思想的代表者)而言,句子(sentence)的意义就是其话语(its utterance)在语境中的意义。目前为止还好:(39)和(41)基于这些理由正当地为(38)和(40)提供意义,从而"思维的语言"问题不必出现。

  这种丰富的、基于语境识解的意义是否仍然是自然语言表达式的意义,是一个独立的问题。但是某种意义上,要求先期承诺是不必要的。而我们要做的是承认自然语言的表达式构成了话语意义的信息来源之一。它们是意义最显著的载体。对语言学家而言,这个载体是意义的必要载体:DRT 或默认语义学关注的是语境中的语言单位。对像保罗·格莱斯这样的哲学家来说,这仅仅是"话语"(在他宽泛的哲学意义上理解的术语)可以利用的载体之一:展示一张照片或画一张图片可以用同样清晰的意图来完成,就像表达自然语言的词语一样。但是,即使我们背离格莱斯,确定语言表达式为分析对象,我们不得不承认,自然语言的表达式以这样或别的方式有助于整个概念表征。它们要么①对应于思维语言的某些单位,要么②它们由与思维语言相同的材料构成。

  在讨论②时,我们也可以进一步排除理论上的可能性,即实际说出的句子和思维语言的句子是相同的①。思维语言的句子可能被证明是自然语言的句子，但不能与说出的句子相同。这种选择似乎适用于不太激进的"自由充实"倾向的语境论者，他们声称句子的逻辑形式在表征符合直觉的，且"直觉上有真值的"内容之前，经历了填充、具体化、充实、调变等过程。但是，当我们想全力以赴，就像我们在基于突显的语境论中所做的那样，承认我们的理论应该把（41）表征为首要意义，这个选择就不再可行了：（40）不可能通过任何合理的、类似于量词辖域限制、条件完善、连接词的时间解读等原则把自己"转变"成（41）。认为在表达（40）时，实际被言说的是（41），那将是无稽之谈。同时注意，声称在说出（38）时，实际说出的是（39），这似乎不那么荒谬。但是，在这种情形下，物理层面言说的话语与意图要表达的首要意义之间的差异就不那么激进了。因此在我们的论证中这种情况是没有用的。我们仍然需要解释如（40）和（41）之间存在的一种根本差异。为了澄清，我们必须对它进行解释，因为有大量的实验证据和强有力的直觉支持如下的观点，即听话人不需要经历从字面内容到非字面内容的有意识推理过程，如从（40）到（41）的情形。也就是说，说话人在推理首要的意图表达的内容之前，且该内容的表征没有保留如（41）一样的句法形式，则说话人可以不必将意义赋予所说句子对应的句法字符串。

概括一下，首先，我们总结了两个选项。

    ①语义表征是概念表征；

和

    ②语义表征不是概念表征。

与②相比，我们更倾向于选择①。因为基于独立的理由，采纳基于突显的语境论自然就会这么做。接下来，我们讨论①中的两个选项：

    ①a 概念表征是一种自然语言表征；

和

---

① 参见雷卡纳帝（Recanati, 2010: 137-141）关于这个有争议的立场的讨论。他区分了两个观点，前者即内心言说的句子是实际表达的句子，后者是被言说的句子与表征思维的句子之间有被清晰描述的关系，并为每一种观点列出了有名的支持者。但这个讨论有一点术语间的争斗和纠缠于细节的气氛。没有理由去模糊这个简单的术语"言说的"（uttered）。不能否认意义有不同的信息来源和载体，以及它们在话语中的互动。并且，把互动的结果视作以研究的概念对象而存在的语义对象有其强有力的理论基础，无须绑架术语"言说的"。换句话说，没有必要给与说话人思维有关的句子冠以"言说的"。

①b 概念表征不是一种自然语言表征。

在这里，我们观察到这个有挑战性的问题不会立即有答案；只有当我们开始讨论产生话语意义的过程在互动时的细节，才关涉答案。在此之前，任何东西都不依赖其答案——无论如何，我们没有答案，在本书结尾时也没有答案，除了以并合表征建构的方式向新沃尔夫主义的研究方向作一鞠躬。然而，这种拖延并不是一个缺点，因为我们采纳了选项①也就同意了如下观点，即生成能力原则上属于概念系统。正如埃文斯和列文森（Evans and Levinson，2009：443）基于大型的跨语言研究做出的恰当分析，"……生成力似乎取决于所有语言的语义学/语用学或概念结构，但在某些语言中，它也是一种句法属性"。当然，是否"在所有语言里"应该更好地表述为"对所有语言来说"，这是①a 和①b 之间的争议。列文森（Levinson，2003：301-307）的新沃尔夫主义可能是一个中间的解决方案：概念表征使用原子构块，语词从原子构块中建构起来。虽然"原子"是普遍存在的，但"分子"是属于特定语言的。

1.6 语义学、语用学以及它们的边界：超越现状

考察了基于突显的语境论的研究背景之后，现在仍需要简要回顾一下"语义学"和"语用学"的理论标签，从而反思它们现在的研究目的。对我们的研究目的而言，似乎意义的产生和理解过程是语用过程。而结合意图和推理进行识解的一种理论的意识形态也是语用性质的。但是，关于典型说话人想表达且被典型听话人捕获的话语意义的理论最好被标记为一种语义理论。重述一下，这是关于概念的、心智表征的语义学，但同时也是唯一能够解释话语意义、句子意义和词义的意义理论，它是语言互动的语义学。基于突显的语境论，尤其是缺乏令人信服的抽象论据，与基于特定语境（但不是意义转移）的意义有丰富的证据形成对比，指向了这个语义研究方向。它是否意味着语义最小论的消亡？下一节将讨论最小论识解视角产生的结果。

1.6.1 语言系统的角色和认知最小主义

激进的尝试以牺牲抽象的、最小的或字面意义为代价，来关注真实的、丰富的、意图表达的内容，不会必然引出语义学和语用学之间的"边界之争"（Horn，2006）。它们可以被简单概括为试图聚焦意图、语言处理、意图意义，以及针对这种研究对象聚焦形式化工具和最显著真值条件的适用性。特拉维斯

（Travis）等人倡导的激进语境论，以句子（尽管也许不是与数学陈述有关的句子）有语境依赖的真值条件作为其宣言。但如果我们承认一个人可以随意改变其研究对象，那会怎么样？简单地讲，早餐后，一个语言哲学研究者可能发现她自己对语言系统的功效感兴趣，因此对抽象单位（句子）的结构和意义的问题感兴趣，而在下午，她可以通过考察语篇中的意图、推理和意义的动态性来探究意义，有没有什么可以阻止她这样做而又不陷入矛盾和不一致吗？

回答既有肯定也有否定。博格（2004）认为，与最小语义学家一样，语境论者可自由地追求他们的目标。但是，总体看，答案不是这么简单，因为这些目标需要对语言系统采用一些假设。如果我们采纳维特根斯坦的激进、基于使用的方法分析语言系统的逻辑限制，则我们的立场是，从由语词组成的命题被评估的情境中抽象不出语词的意义。特拉维斯和奥斯丁采纳了这一观点，其他人并没有走那么远，例如，蒙特米尼（Montminy，2010：322）认为，"同一句子（sentence）的不同话语（utterance）可能有不同的理解，这个事实并不意味着这个句子缺乏独立于语境的真值条件"。他讨论了（42）和（43），这两个例子分别对应特拉维斯和塞尔的思想。他指出，在各自情境［（42）中，诱饵鸭被指看，和（43）中，比尔带着一把刀去草坪］中对它们进行评价存在潜在的困难，但这不会得出结论，即一些更普遍的、独立于语境的意义是无法提取的。

（42）那是一只鸭子。
（43）比尔割草。

在我看来，似乎这个争论中的任何一方都不完全正确。让我们以一个简单的呈现给听者的一个句子为例，而听者与任何直接关联的语境隔离，如（44）。

（44）电脑慢得出奇。

坚持认为这个句子有独立于语境的真值意味着什么？它可能意味着，当我们单独听到这个句子时，我们可以理解一些事情，比如说话者的（或某人的）计算机工作异常缓慢。它也可以意味着语义学家能够给词汇项赋予一些抽象的、核心的意义，并通过仔细观察结构，以及结合可能世界解释产生的逻辑形式，从而构成句子的同样抽象的意义。但它也可能意味着，为这样的句子建立一个默认语境，并根据这个虚拟语境评估其意义并不那么困难，因为这就是所谓的评估"孤立的"句子意义。在我看来，似乎后者是我们想阐述的意思：就语境之外真值的可评价性而言，不同的句子产生不同的直觉；数学中的句子位于这些直觉的语境自由端，句子如（45）则位于非常依赖语境的一端。

第1章 意义的误析

(45) 这个男孩的年龄不够大。

当然，一个人可以跟随激进的最小论观，并坚持认为那里有一个命题对应于许多可能的评估情境，或者一个人可以跟随甚至更激进的最小论观，并声称语义首先不是关于命题或真值条件的。但这些只是理论上的选择，我们可以进行探究与漫谈。过程心理学驱动的最小论则与之完全不同。毫无疑问，这将得出一个结论：语境自由的评价是一个程度问题。这种过程心理学驱动的或认知驱动的最小论可呈现如下，我们称之为认知最小论。

认知最小论：

脱离语境的句子有不同程度的似真性（plausibility）。针对真与假而言，这些程度与语境自由可评价性的不同直觉有关。似真性和直觉都取决于一个默认的、"虚构"语境的可及性（accessibility）。该语境可用作此类"中性"评估（显然是语境自由）的工具。

认知最小论的优势在于，它揭示了语境自由的真值条件可接受性分级的事实，并将其应用于理论建构。换言之，它将我们从语境自由的句子的现实带向关于语义学的观点。根据这个观点，正是一个合理的评价环境或一组合理的评价环境的可用性，指导研究者迈向激进的语境论或最小论的方向。简单地说，有些人相信类似于数学定律一样的简单的例子，强调需要最小语义学，而另一些人则关注不易理解的例子，认为不应该考虑这样的语义学，而应该选择激进的语境论。而我们主张的认知最小论居于中间，这是认识到最小论意义有时在交流中起作用，要么因为它等同于意图表达（语境论者）的意义，表达数学法则的句子通常是这样；要么因为它可以以其他方式使用，如为了反讽、挖苦或用于双关。因此，认知最小论显然与激进语境论的版本不相容。根据这种版本，语境效应总是存在的，或至少总是潜在地存在的。然而，它与接下来章节中进一步讨论的默认语义学是兼容的，因为"没有语境"是"语境里的语境"的一种形式：即使说话人说"我准备好了"，并且其完整的形式，即"卡西亚准备好了她的主旨发言"随时可以使用，人们也可以很容易想象有人在听到这个句子录音时设法把之映射（map）到一个评价的情境中。因此，"我准备好了"似乎比（46）更难映射，但比（47）容易。论证完毕。

(46) 长方形的面积等于它的底乘以高。

(47) 彼得把猫淋湿了。

由此讨论得出的结论是，与其问谁是正确的，是最小论者还是语境论者，甚至两种取向是否相容,不如问一个完全不同的问题,即这些术语作为对立研究方向的标签是否有意义。但是,如果你想这样做,则有一个警告:你必须承认,一个句子有其"语境自由的"真值条件,因为正是语词和结构的某个标准意义引导着听话人与情境相结合。这是我们基于突显的语境论捕捉到的。然而,"标准"并不意味着"字面的";重述一下,正如乔拉(Giora,2003,2012)通过实验表明的和在理论性分析中有力论证的那样:突显意义不一定是字面意义。所以,当听者面对脱离语境的(48),默认的情境可能是一个人选择其隐喻意义,与一个电影明星的突然离世有关,而不是指一个天文现象。

(48) 一颗星陨落了。

似乎更可取的做法是,根据"提供语境的难度"等级为句子排序,而不是耗费精力对最小论和语境论之争中谁是正确的做无用的讨论。

但必须注意的是,我们的认知最小论事实上是一个伪装的语境论立场。为了符合一个最小论的立场,最小论的意义必须与任何真实或虚拟的环境分开再进行识别,正如我之前对卡珀朗和莱波雷进行评论时所说的那样。相反,我们获得了认知表征。不用说,按照我对(48)的分析,处于我们注意力前沿的另一种二分法,特别是字面论与语境论之间的二分法,甚至都经不起仔细分析:这些术语是独立的,正如我所说,第一个术语的作用(如果有的话)相当有限。

1.6.2 "意义即使用"中一种形式化元语言的角色

现在,尽管自然语言是说话人用于传递想要表达的内容的载体之一,我们也需要一种描述话语意义的语言,以能描写其他起作用的载体输出的内容。这是一个不容易的任务,但它从别的地方获得了帮助。在1.5.4中,我认为话语意义的一个表征必须能够为一个心智表征建模,因为任何值得尊敬的语义理论都希望达到这种解释充分性水平。所以,形式化的元语言同时是表征心智状态的形式化元语言。迄今,关于话语的最成功的形式理论,如DRT及其分支,或DPL和其他后蒙塔古真值条件范式,都选择了一种或多或少以谓词逻辑为基础的元语言,并在句法或解释过程中进行某些修正。这种做法也适用于默认语义学,但前提是后者(即DS)未突显所说出的句子的结构;语义表征不遵从"句法限制"。重述一下,(41)而非(40)最终被建模:在语义学中被建模的首要意义与主要的(意图表达的且被捕获的)言语行为有关,而不管它与物理层面被言说的句法形式有何关系。从这个意义上来说,我们这里正在把基于言语行为的理论思想与真值条件分析的工具结合在一起。最后，由于在 1.5.4 中，我们没有解决思维语言与自然语言之间的关系问题，同样我们也留下待解的元语言与自然语言的关系问题。

1.7 结语和对"后边界之争"的反思

对人类交际中意义的组合性做出一个充分的解释不可能仅停留在描写层面。如果我们就此置之不理，那将只是一种相当武断的猜测，那必然是基于有限的经验证据。相反，要想实现成功的解释，一个意义理论必须集齐各种碎片似的信息。这些信息是由人类在交际中使用不同途径提供的。一个研究者必须集齐与意义不同载体的性质和功能相关的信息。一个"载体"是一个相当神秘的术语，这使人回想起 19 世纪和 20 世纪早期的现象学传统。在这种传统中，意义是根据赋予意义的行为①来讨论的，它不足以成为具有解释充分性的理论构型。接下来我们把对这个问题的探究分解成探寻如下问题的答案：①信息来自哪里？（意义来源）和②信息是如何被处理的？其次，②被进一步划分为②a 过程的类型和②b 这些过程输出结果的整合过程。从这方面讲，默认语义学的当前工作建立在早期的研究成果之上。这些研究成果在这个理论的最初版本（Jaszczolt，2005a）和修订版本（Jaszczolt，2009a，2010）有介绍。但当前的研究工作进一步发展了该理论，尤其通过词库的角色分析发展了②b 的研究。它也基于一种新的现象，即索引性的典型类型（第 5 章），对①和②a 进行检验。作为引论章节，本章旨在讨论和论证选择某些理论的合理性，例如激进的、基于言语行为（因而基于突显）的语境论版本；真值条件工具在话语意义分析中的应用；把话语意义的理论贴上语义理论的标签；或聚焦最小论/语境论、语义学/语用学、字面/非字面意义之辩中的立场偏好和论辩结果。

一个重要的背景信念是，当我们讨论语言中的意义时，我们必须关注我们作为人类所做的事情，以促进形成社会、家庭或语言社区的联系。本章的概述使我们能够以更加"截然分开"的方式，而非常常"许可"和"容忍"的态度，以反思过去 30 年左右的语义学/语用学"边界之争"。在过去，讨论的焦点是所说句子的逻辑形式，以及探析最好的方法以让这种逻辑形式符合直觉上要表达和意指的命题。这大致已经成为后格莱斯范式中争论的焦点。另一方

---

① 胡塞尔（Husserl，1900—1901），参见亚希乔特（Jaszczolt，1999）的相关讨论。

面,"维特根斯坦后期之后"的研究已经滑向了公众注意力的边缘①,因为言语行为理论已经失去了动力,没有提供令人满意的形式化分析②。通常情形下,成功的道路在中间,在于认识到意义多维特征(即它有许多不同信息源和方式)和形式化的表征方法。这就是我在 1.1 中努力做的工作,以期解决"意义误析"的问题。

关于第一点,即意义的多维度特征,承认语言有多样化的程度也很重要。蒙塔古的语义学建构基础是被理解为组合原则的*语义普遍性*;格莱斯的语用学建构基础是被理解为理性会话合作的准则、原则或启发式规则的语用普遍性。③ 这些解释针对的是自然语言的共同特征,但不必面向句法的普遍性,即一种普遍的、不变的、内在的语言系统。也许普遍性只存在于概念结构层面——我们讨论的基于突显的语境论视角下的语义学层面。也就是说,在这个层面而不是任何一个次级层面囊括了意义的所有载体。④ 越来越多的证据显示,语言之间的差异比句法普遍性可解释的特征更多。谨慎的做法是在讨论意义的信息源时要有开放的头脑,不要轻率地依据普遍论或相对论做出论断。埃弗雷特(Everett,2012:32)在其《社会本能》一文中指出:

> 过去 50 年左右时间里,占主导地位的承袭柏拉图思想的理论声称语言是人类大脑天生的一种能力——文化至多位于理解语言官能的边缘地带。综观 20 世纪,如罗曼·雅各布逊(Roman Jakobson)和诺姆·乔姆斯基(Noam Chomsky)的理论以一种极端有趣的方式提出研究假设。在乔姆斯基的理论中,个人语言是对人类基因组提供的计算系统(语法)进行阐释。文化与这个系统的核心要素无关。
>
> 我必须承认,我对先天论的持续流行感到困惑。几十年来,为支持"语言是由很多独立因素构成的"的研究几乎没有为"普遍语法"或"语言本能"留下(若有的话)可做的工作。有些研究者甚至认为,普遍语法不过是同义反复:人类有语言,因为人类有语言。

埃弗雷特的话略带挖苦意味,辩论中的不公平现象可能有点过分了,但它

---

① 关于该现象最初的分析请参见基森(Kissine,2013)。
② 尽管也有相关研究努力调和命题内容的形式化和言语行为言外之意的形式化,参见塞尔和范德维肯(Searle and Vanderveken,1985)。
③ 参见冯·芬特尔和马修森(Von Fintel and Matthewson,2008)对语义和语用普遍性资质的深入讨论。
④ 参见 1.5.4 与埃文斯和列文森(Evans and Levinson,2009)对语义学和语用学的生成能力作为一个潜在概念普遍性特征的讨论。

确实暴露了在先天论/文化相对论辩论的每一个结尾上都渗透着意义的各种偏见。默认语义学的特征在于，针对语言和非语言的信息以及通过不同方式填充的过程图式考察语义表征中的成分，这依赖于跨语言证据对普遍性问题产生的影响。因此，重述一下，默认语义学采纳了最中立的立场：在概念（这里指语义）结构层面存在普遍性，而这是我们对已知假设（imformed assumption）能给予合理阐释的程度。

第 2 章　意义的互动组合

> 当时人们的关注点是什么？在那些社论中，优美的从句含蓄地围在它们星罗棋布的主动词的周围，但在读者来信版上没有人表示任何怀疑。世界乱套了，写信的人都有一颗焦虑的心，他们知道国家正陷入绝望、愤怒和绝望的自残状态之中。
>
> 伊恩·麦克尤恩（Ian McEwan）《甜齿》
> 2013，伦敦，佳酿出版社（Vintage），第 27 页

保罗·埃尔伯恩（Paul Elbourne，2011）在其富有启发的论著《意义：语义学概览》（*Meaning：A Slim Guide to Semantics*）中恰当地指出，在整个意义研究历程中，为何我们能清晰地感受到一种"学术研究的兴奋"。这种兴奋多来自意义研究所关联的或在至关重要方面涉及的"特别广泛的主题"。我在这一章的建议是，学科跨越不仅涉及语义问题的答案，而且涉及问题本身的识别。换句话说，当我们谈论意义的时候，我们谈论多种多样的意义载体。把意义载体限制在语言载体上，等于把某些有价值的东西扔掉了。

简而言之，充分描述意义的构成需要对组合性进行彻底反思。已有文献指出，基于语境论对意义的解释需要从语用视角考察组合性（Recanati，2004，2005；Jaszczclt，2005a，2010）。但是，在理解语法的角色、真值条件的角色以及词库性质的过程中，语用组合性带来的深远启示尚未得到深入的讨论。同时，这些议题的重要性不仅体现为有助于从语用丰富的、动态的和互动的意义全景视角恰当理解组合性，而且有助于恰当理解有关语法的形而上学争论，以及意义理论中使用真值产生的认识论启示。

2.1 组合性和它的神秘之处

形式语义学中被理解的组合性要求通过一种形式化的程序从组成部分的意义获得复杂表达式的意义。它是意义研究中各种蒙塔古范式（蒙塔古语法和最近的动态语义学）的基础。对其正统的理解，一方面可以追溯到《算法的基础》（*Grundlagen der Arithmetik*）（Frege，1884a）和弗雷格对语境性的强调，即观察到孤立的语词没有意义，语词只有在一个句子作为语境时才有意义。另一方面是弗雷格强调把组合性视为从语词意义到句子意义的一个函数。[①]

可以说，关于自然语言意义的任何理论都必须建立在组合性基础之上：把组成部分的意义组合起来必须有一套形式化的程序，从而对命题以及思维的某些其他语言学层面的语义表征建构理论。但是，众所周知，在替代性的要求得到满足之前，有一些类型的结构［内涵语境（intensional context）］需要对词汇意义或结构进行相当复杂的操作，例如，信念报告句需要一些针对特定语境或说话人的概念信息，旨在实现它们的意义获得忠实的表征。

当然，另外一个选择是保持严格的组合性，但把说话人对真和假的判断与关于某种解释的真值条件和真值区分开来。后者把语义学导向了一个研究领域，聚焦用词汇和句法手段的形式系统来表达意义，但与说话人使用句子时表达的意义相差甚远。由于后一个原因，我们不选择系统驱动的研究范式，而是主张语义理论作为一种自然语言意义的理论，主要是必须解释说话人想要表达的意义，除非作为背景的预设知识被误判，否则该意义也是被听者捕获的意义。

接下来，如下情况我们不考虑，即背景预设知识被误判为不属于一种意义理论的研究，而属于心理学和心理语言学的研究领域。这留给我们的是更有前景的关于话语意义（discourse meaning）的分析，即研究以完整句子或句子片段形式表达的，却一致被视为是说话人意图表达的且被听话人捕获的命题。

在这种情况下，句子片段不常被讨论，但必须记住，跨语言的检验表明，普遍存在依赖不完整句子的话语策略。例如，不完整的反意疑问句可以在句末用"或"作为话语标记来表达礼貌。在（1）中，礼貌是通过模糊请求的言外

[①] 参见如詹森（Janssen，1997）。

第 2 章 意义的互动组合

之意效力表达的。

（1）你介意挪动一点你的车吗或……［也许被迫这样问］

（摘自 Jaszczolt et al.，2016：256）

类似的现象也被证明出现在未表达结果的条件句中，如（2）所示。

（2）如果你一天抽烟 20 支……［你将有患上肺癌的危险。］①

毫无疑问，在语篇中广泛存在句子片段，并引起了对其分析的热烈讨论②。在界定自然语言语义学适切的研究对象过程中，似乎应该包括传达完整命题的零碎表达。有了这一前提，（1）和（2）有利于语义（语境论）的表征，而（3）则不可以，因为它没有关联一个完成的思想。

（3）谈到苏格兰的独立，我想……

在语境论阵营中广为认同的是，"非句子"的表述对真值条件语义学不构成威胁。正如斯坦顿（Stainton，2006：186）恰如其分的表述："我可以发表和理解论点，不必一定要依靠句子。"这些论点可以以命题的形式展现，命题很容易从句子片段中复原。这意味着可以通过句子片段实施言语行为。这些"次句层级"（subsentences）表述不是完整句子的缩略形式，因为它们几乎不能通过诉诸省略进行解读。一方面，我们需要语用策略而不是句法策略对之进行"开箱检查"，另一方面，对句子片段的分析方法表明，会话的恰当单位是言语行为③。

2.1.1 错置的真值条件

以这样的方式审视被研究的领域有两个方面的原因。这里谈的研究领域包括仅与完整命题有关的句子片段。首先，一个意义理论必然依赖于一个反映思想的意义单位。第二个原因是关于方法论的：希望在关于意义的理论建构中仍然把真值条件作为方法论工具。尽管把句子作为抽象客体的真值条件的、形式化的语义学遇到组合性问题，以及在实际应用中不能捕获我们通常想捕获的意义，这样的真值条件可以说仍然是分析意义最合适的工具。但是，这些工具必

---

① 参见埃尔德（Elder，2014）在默认语义学视角下对非完整条件句的分析。
② 参见如传统阵营中麦前特（Merchant，2004）和普雷得利（Predellis，2011a）的分析，以及斯坦顿（Stainton，2006）、科拉扎（Corazza，2011）和亚希乔特等（Jaszczolt et al.，2016）基于语境论立场的讨论。
③ 此处请参见哈尼什（Harnish，2009）。

须应用于具有认知现实性的客体，如话语的概念表征——不管是完整的或不完整的，直接或间接地通过意图表达一个信息。只有把意义的一个概念表征作为背景，为概念表征吸纳多样化的（语言与非语言的）信息源，真值条件才能完成它们应该做的工作。

讨论真值条件不能不讨论模型理论，因为真值条件通常被认为为一个关联的模型赋予真值。但可以肯定的是，真值条件分析法与模型使用之间的关联并不是强制性的。模型理论语义学，尤其是PTQ（参见《日常英语中量化的正确处理》，Montague，1973），把真值与世界关联起来。现在，莱波雷（Lepore，1983）试图把模型理论作为一种理解理论进行评估。理解一个句子，如"所有孩子喜欢猫"，意味着在某种高度抽象的层面，通过评估谓词"喜欢"的外延，能够筛选出句子为真的世界与句子不为真的世界。现实的世界将在被选定的世界中或在被遗漏的世界中。作为一个或其他集合中的成员，现实世界为一个句子提供了真值——在现实世界中，如果现实世界基于一个模型是可以拟构的，则一个句子的值可能为"假"。莱波雷（Lepore）接着跟随蒙塔古（Montague）说，能够筛选出现实的世界和现实的理解，那就应放弃模型理论分析。并且，这是我们不可能完成的任务，因为模型论和任何关于描写的经验方法都没有为我们提供可以这样做的途径。再者，正如人们经常指出的那样，在解释语言学习和语言理解方面，蒙塔古语义学中的模型确实是多余的，因为它们没有捕获到一门语言的说话者在认识一个语词时实际*知道*的内容。[1] 意义和真值之间的关系，虽然本身有争议，但不必与真值和模型的相对化一起讨论。我们不能筛选出现实的模型因为不存在这样的模型；语词几乎*随意地*改变其外延，其唯一的限制是来源于过去的使用、语境和交谈的目的。句子根据其语境和被言说的目的具有真值。[2]

接下来需要做的是重新思考真值和真值条件在这个激进语境论中的角色，但仍然坚持意义的组合观。需要保留的是条件本身："一个命题只有当且仅当……才为真。"真值条件为我们提供了进行组合性分析的基础。但是下一步，在默认语义学中，我们用并合表征的形式调用（invoke）概念表征，旨在考察意图表达的命题的组合性特征。正是在这一步骤，现实的世界表现为本质上是经验的对等物。在一个口号中：

真值作为解释要素，需要真值条件具有函数特征，但不需要相对真值

---

[1] 参见希金波坦（Higginbotham，1988）对此的精彩论述。
[2] 我将在第4章深入讨论语词的意义。

条件。

问题是，这种说法可以在多大程度上概括言语行为的多样性。首先，它对表达道德的肯定陈述有概括性吗？在这里，人们可以遵循表达主义（expressivism），并认为道德句子与描述句子一样可为真或为假，因为它们表达信念，或如施罗德（Schroeder，2008）所说，它们表达"像欲望一样的心智状态"或"为……存在"的状态。如（4）表达了一种信念，它和描述性句子一样是组合性的。

（4）谋杀是错误的。

这里，真值条件依赖可断言性。正如施罗德（Schroeder，2008：141-2）所说：

> ……真值条件是句子的表达派语义学（expressivist semantics）所给出的可断言性条件的产物。那些可断言条件所要求的心智状态具有独立的出错条件。如果你犯了任何一种错误，要么处于犯错误的那个状态或你在没有许可的情况下对句子做出断言，则你违反了句子的真值条件。这种情形下，那即是真值条件。

针对道德陈述的表达派语义学会很容易被纳入本文提出的语境论解释范畴。在语境论解释中，如同其母理论 DRT 一样，语义表征是心智表征。我们可以把它延展到当前的某些其他语义问题上。如（5）中表个人品位的谓词，不需要调用索引为"涉己"（de se）态度的一个逻辑形式[①]。

（5）意大利饭很恶心。

这个议题是一个更为普遍的问题的一部分，即作为意义的理论家，我们应该将真值条件分析应用于何种意义。在这里，我们似乎可以给出一个简单的答案：我们将真值条件分析应用于所说的内容。因此，我们应该努力对它的最合适的概念（notion）达成一致。重述一下，如果我们沿着后格莱斯语用学的方向前进，我们就卷入了关于语用学对"所说"的贡献范围的争论：格莱斯（Grice，1978）提出的包括指称分配和消除歧义的建议为语境论文献中提到的其他种充实类型打开了大门，我们既可以不问"所说"这些方面的语言来源就加以接受，也可以通过只承认那些源自逻辑形式的东西来限制。或者，正如巴赫（Bach，2001：28）所说，"认知和直觉层面的考虑并没有破坏'所说'的

[①] 关于这个主题的文献很丰富，参见皮尔森（Pearson，2013）对此的精彩论述。

一个纯粹语义概念";交际意图表达的是直觉的真值条件,而不是与"所说"内容有关的真值条件。假设我们感兴趣的是话语中意图要传递的、同时可被捕获的意义,这种最小论立场引出了两种可能性:要么我们接受最小的"所说",但却说我们的研究目标是提供直觉的真值条件,与最小论相反,我们是为话语意义建构模型;要么我们拒绝最小的"所说",而是让它成为符合直觉的内容。例如,科拉扎(Corazza,2012)按照格莱斯和卡普兰那样,选择保持"所说"的最小值,但表达的内容与巴赫(Bach)的看法一样,是多命题的,或与佩里(Perry)一样,把它视为有不同种类内容的命题。问题是,这样的话,就变成了不过是关于术语的争论。还有一个更为相关的问题要解决,即我们应该讨论的是否只是语境贡献的*范围*,或也许是其他什么东西:当前的目的,制约说话人产生一个特定言语行为的伦理、政治因素,或其他限制因素,以及高风险和低风险场景的对比[①],等等。索尔(Saul,2012:X)在这里建议,"询问哪种说法适合某个特定目的才有意义"。她是在探寻撒谎的恰当定义时说出这番话的。根据她的理解,通过使用隐喻、文字误用或语言错误产生的撒谎都不是撒谎。就她的目的而言,"说话"(saying)始终是最小的。但是,如果我们对所说的话采取一种语境论立场,说谎的定义也必须改变。这表明我们可以不理睬这个问题,也就是说,沿着"最小的-激进语境论"的刻度,开启了真值条件内容的不同识解策略进行结合的可能性。

开启这些维度的可能性,例如定义一个谎言的可能性,与一个关于对所说内容的语用贡献程度的维度是不相关的。[②] 开启这些维度的可能性必须明晰地与相对主义的立场区分开来。根据相对主义的立场,意义与理解的语境或评估的语境相关。"成为一个相对真值就是允许一个句子或命题可以具有评价敏感性:那就是,它的真值可以随着评价的语境和使用的语境变化"(MacFarlane,2005:305)[③]。很明显,相对主义也是一种立场,它可以与最小的语用充实等级中选定的一个点结合起来使用,或者使用上面采用的分析场景,它可以沿着最小语用充实等级滑动。但是,很明显,这样的二维论不会导致一个命题受到

---

① 此处请参见关于知识属性文献的讨论,如关于银行的例子[狄罗斯(DeRose,1992)之后出现的文献,如斯坦利(Stanley,2005)、布勒姆-蒂尔曼(Blome-Tillmann,2013)、卢茨(Lutz,2014)]:当风险较低时(如,当明天存支票不重要时),可以真实地说出"我知道明天银行会开门",但风险较高时(如果不存入支票将造成透支,且不能支付重要的账单),则是错误的。

② 注意:术语"贡献"(contribution)的使用有特别的目的。它表示,关于意义的信息如果不是源于词汇或句子的结构,则这样的信息不必视为对句子逻辑形式的"充实"。本书2.2在讨论默认语义学时进一步拓展了这个研究视角。

③ 也参见麦克法兰(MacFarlane,2014)以及对比戴维斯(Davis,2013)对语境论的分析。

第 2 章 意义的互动组合

真值条件分析的影响;相反,我们依赖评价的语境,因此不同的真值条件和真值与一个相同的话语情境有关。

从对一个研究话语意义的语言学家的要求来看,相对论处于相当薄弱的地位。① 它不允许我们评析一个对话中的话步(moves),也不允许进行跨句现象的任何形式化分析——或至少基于可靠的预测力进行分析,不管是回指、嫁接(bridging)还是隐含语迹等现象。从一个话语意义理论的目的考虑,只有在我们的视角从多命题主义转向把评估的情境作为出发点,才能使用这个理论。这将为我们提供一个适合现有评估条件的命题。但很明显,我们进入了激进语境论的领域,相对论的冒险无论如何都是徒劳的。戴维斯(Davis,2013:19)之后的讨论被轻视了,"如果一个人由此断言了如此宽泛的内容,那说出一个句子有什么意义"?这是没有意义的,它们也不是"被断言"(asserted)的内容:它们可以被视为"断言",那则是采纳了一个非常不同的视角。

让我们用一则免责声明来结束本部分的讨论。直觉的真值条件并不是一种心理构体,它不能用于分析特定话语参与者的特定意图。它们形成了一个强大的理论概念和强有力的工具以用于话语研究,并具有非常可靠的预测力。事实上,会话并不总是按照甚至最好的概括方式进行的:格莱斯(Grice)的会话准则、霍恩(Horn)的原则、列文森(Levinson)的启发式原则(Heuristics),都不能为话语的理解提供无例外的指导。② 意图可能被曲解,或者对话者可能受制于各种条件,使得他们捕获的意义是不稳定的。但我认为,与建构话语意义理论相比,误传递(miscommunication)的类型构成了一个不同的探究主题。第一种情形依赖实例分析和考察特定实例;后者需要注意规律性,必须形成一个规范的解释。我们更加有理由把第一种情形交给心理语言学家、神经语言学家和临床医学语言学家去研究,而把重点放在一个典型说话人和典型听话人身上,主张成功地、忠实地(针对当前任务的适切的忠实)捕获意图。记住,我们的目标是建构一个有足够高效预测力的关于交际意义的理论。

---

① 也参见卡珀朗和霍索恩(Cappelen and Hawthorne,2009)关于相对论作为一种弱势立场的讨论。
② 也参见亚瑟和拉斯卡里德斯(Asher and Lascarides,2013)关于非格莱斯的策略性交际的讨论。

2.1.2 逻辑形式中的错误信仰

逻辑形式曾经是进行语义学研究的一个方便的起点。当在句法上无法很好地解决关于意义的困惑时，逻辑形式往往被赋予元素或修饰策略，帮助提供这种解决方案。除了标准的索引论解决方案，如第1章讨论的斯坦利（Stanley）的隐性变量或拉森和卢德洛（Larson and Ludlow）的被解释的逻辑形式（Interpreted Logic Form），我们还有针对特定问题的"局部"解决方案，如巴克（Barker，2012）最近提出的建议，英语的量化约束不依靠成分控制，并且回指词要求一个语义的而不是句法的解决方案。关于约束的解释需要调用（invoke）辖域要求（一个量词必须管辖一个受他约束的代词）和重构的线性顺序："通过投射到一个包含连续性的单独的组合层级，量词实现其管辖功能"（Barker，2012：630）。这样就为我们解决依存关系提供了方案，如（6）。

(6) 在每一个$_i$男孩看来，他的$_i$母亲都是一个天才。

（摘自 Barker，2012）

在量化约束的情形中，这种超越句法的步骤并不激进；可以说，它可以被置于传统的形式语义学范畴中。在（7）中的量词域限制的情形下，它必须将整个过程转向考虑实际语境，从而转向考虑语用学。

(7) 每个座位都有人预订。

接下来，继续使用"局部论者"方案。我指的是应用于特定问题的方案，而不是用语义学分析所有的语言议题。我们也可以求助于词库的解释力。词库的解释力是第4章的主题，但通过基耶尔基亚（如 Chierchia，2004，2013）从语词（如 every 或 not）的属性获得语词涵义的例证，足以阐释这个策略。他提出，在（8）和（9）中对超集和子集的推理"根植于语法系统的组合性部分"（2013：3）。

(8) 每只猫有锋利的爪子。＞＞ 每只猫有爪子。
(9) 每只猫都很可爱。＞＞ 每只暹罗猫都很可爱。

在某些情况下，格莱斯设法在一个语境自由的隐含意义（GCI）一般标签下捕获的内容最好在一对一的基础上进行考虑，并接受为词汇意义，而在其他情况下则被降级为语境依赖的推理意义，这似乎是很有道理的。

在向激进语境论的方向快速发展的过程中，逻辑形式也似乎是一个很好的策略，以分析额外的、在句法方面没有得到解释的意义特征。其中，未言成分

第 2 章 意义的互动组合

可自由地当作自由填充物被添加进来,并且,未言成分的动因仅仅是要求获得意图表达的意义。但是,正如索引论者所做的适度的假设一样,语境论者所做的激进的假设也越来越多地被认为是话语意义理论的不必要负担。维森特和格罗夫马(Vicente and Groefsema, 2013)正确地观察到,人们可对概念结构的建构施加限制条件,而不是诉诸"充实"策略。他们选择了动态句法(Kempson et al., 2001)和概念语义学(如 Jackendoff, 1983, 2002)以支撑其论点。但在过去 20 年,默认语义学采用了类似的推理,不用说,此处也用上了:我们不向逻辑形式添加元素,而是直接组成一个语义/概念表征。与那些建议相比,默认语义学的优势在于,它并不是将这种组合解释为对句子驱动的表征的约束,而是进一步阐述了该思想。它从语言和非语言成分中建构表征,两类成分无优先地位之分。因此,被言说句子的逻辑形式可以表面上作为构成成分存在于并合表征结构中,或正如以(相当常见的)间接的方式传递信息的情形,它根本没有出现在最后的输出结构中。这使它比维森特和格罗夫马(Vicente and Groefsema)的识解策略多了一个优势,因为它具有一个更高层次的认知现实性——当然使得关于组合性的解释极其复杂,但至少努力表征正确的意义,而不用考虑这些理论障碍:典型的说话人意图表达的且由典型的听话人捕获的首要意义。重述一下:"典型"提供了它的规范性,从而提供了必要的预测能力。维森特和格罗夫马的建议大体上与默认语义学是一致的,并且可以很容易地扩展到认知现实这一层次。

因此,基于不同地位的信息输入而建构表征并不新鲜。举一个非同寻常的例子:在分层的 DRT(Geurts and Maier, 2003)中,话语表征包含不同地位的分层信息,如断言的、预设的或隐含的信息。像默认语义学一样,这些都是话语表征的构成要素。但与默认语义学不同的是,被表征的是基于句子的话语意义:一种预设可以传递约束关系,但本质上,它不能优于话语的句法要素被表征。再举一个例子,金斯伯格(Ginzburg, 2012)以会话为导向的语义学(KoS)为会话中的互动建构语法,依据的不是句法中的线索,如会话中的话步结构、被讨论的问题(在文献中被称为 QUD)、对话中特定话轮的目的,或情境定位(grounding)的影响。①

现在,正如第 1 章所讨论的,通过索引性拯救逻辑形式对各种问题都是开

---

① 也许值得注意的是,金斯伯格(Ginzburg, 2012)也使用了术语"互动语义学"——为对话语义学单独拟构的术语。然而,在该理论的主体部分,他的 KoS 互动语义学与格莱斯基于意图的默认语义学的本质特征不再有相似性。

放的,其中最关键的是,事实上索引性不能用这两种标准方法中的任何一种来界定。首先,我们无法区分与非索引表达式有差异的一类索引表达式:这类表达式不属于标准的索引表达式,但可以表现得像索引表达式(参见如 Clapp,2012)。在(10)中,甚至"城市"和"睡眠"的隐喻性解释也可以这种方式处理。

  (10) 这座城市睡着了。

(摘自 Recanati,2012b:190)

  意义是灵活的,但语境限制了这种可变性。不管我们采用哪种研究范式分析索引性,都无法界定索引词的类型。第二,即使我们承认,与卡普兰相反,在语言系统中没有明确的索引/非索引区别,也就是说,即使是像"我""现在"或"这儿"这样的纯索引也可以有不同的涵义,包括它们"仅代表特征(character)"的意思,而不是内容(content)的意思。问题是如何界定这些"场合-索引词"的变体。"修补论者"提出了一些措施,不管是逻辑形式中的隐性变量(Stanley,2000),或者如允许我们操作谓词的变量函数(Recanati,2002;Jaszczolt,2007a),以在逻辑形式的层面上捕获词库中的索引性,这些索引性仅受语境的约束限制。第1章已经详细讨论了这种"修补"的特殊地位。因为,我们认为,除非我们为这种修补找到一个独立的原因,否则在方法论或形而上学层面证明这种"修补"是不容易的。

  其中一个选择是拓展索引性,使其包含语境敏感的表达式,但与语境敏感的索引词稍有不同。让我们以"高"等相对形容词为例。雷卡纳帝(Recanati,2012c:69)提出如下建议:

  变量是通过词目(item)的词条(entry)引入语义的,而代词和索引词情形中,在句法结构中出现的词目本身(就像)是变量。

  那种情形下,充实(enrichment)是由词汇控制的;它是"自下而上的"和强制性的。但问题是,与只是偶尔的、自由的、自上而下的语用充实相比,如何界定这类需要自下而上的强制充实(饱和)的表达式。是否有一个真正的非索引词项的集合?如果是,它们的语境自由的概念内容如何被界定?我们在语境敏感意义较低的语词的方向上一旦放松索引与非索引之间的区别,这些问题就开始出现了:似乎没有一个明显的点表明我们可以停止。

  让我解释一下。进入组合过程的元素不是免受语境变化的影响。雷卡纳帝(Recanati,2012c:77)称它们为"被调变过的涵义(sense)"。但是,如果成分本身是"被调变过的",那么它们不仅一定会受到句子外部因素的影响,而

第2章 意义的互动组合

且一定会受到句子本身内部其他要素的影响。回到(10):在"城市"中,"城市"的被调变过的涵义是否影响了"睡眠"的涵义?或"睡眠"的调变后的涵义是否影响了"城市"的涵义?在这两种情形下,结果会有所不同。如果"城市"指"城市的居民",那么"睡眠"就保留了标准的涵义。从不同的角度来看,如果目的是保持"睡眠"的标准(传统上是"字面的",与术语的多变特征相反)涵义,那么"城市"代表它的居民。但是如果我们从标准涵义上的"城市"开始,那么"睡眠"就获得了一种隐喻性的解释:安静的、慢节奏的、窗户上有熄灭灯光后的黑暗景观,等等。总之,这个观点在这个概括解释层面似乎是站不住脚的,因为我们不知道哪些成分受到了影响,以及如何受到影响。雷卡纳帝(2012c)坚持认为,整个过程仍然是组合性的和由语法驱动的:

> 尽管自由的语用过程[即不受句子中任何表达式的常设意义(standing meaning)所约束的语用过程]被允许进入真值条件内容的决定过程,但在我勾画的框架中,它们是作为组合机制的一部分出现在画面中。即使在语义解释的过程中语用学被采纳,旨在为索引表达式和自由变量分配语境值,而且自由地以自上而下的方式调节成分的涵义,语义表征却仍然是语法驱动的。语义解释仍然是一个决定整体涵义的问题。整体涵义是部分(可能是被调变过的)涵义和它们组合方式的函数。
>
> 雷卡纳帝(Recanati,2012c:77)

但是,重复一下,如果单词受到自上而下的影响,那么这些单词周围的单词受到的影响程度取决于其他单词受到的影响程度。因此,我们不能说,当成分受到影响时,语法仍然是一个可靠的矩阵;这种"影响"创造了一种新的语法结构——概念结构。

事实上,雷卡纳帝(Recanati,2012b:176)承认,基于"横组合"方式,语词的语义是灵活的,因为它们的意义"作为与之搭配的其他语词的函数"是发生变化的。换句话说,他承认自上而下和横向的影响。然而,调用作为解释要素(explanans)的有限语境是不行的。为了使解释有效,我们必须有一个算法,它能捕捉到一个成分受到语境变化的条件,即在特定情况下界定"这个成分是什么"的条件。它是一个词条、短语、从句、复合句?还是在赋予一个多句单位(multi-sentential unit)的整体意义时,它是书面文本中的一段、言语中的主题单位、整个话语等?因此,虽然我们不希望滑向第1章中讨论的雷卡纳帝(Recanati,2012a:148)的"整体猜测",但语法驱动的组合也不会奏效。相反,我们必须调用一种概念结构——信息的并合,这种信息的组合性并不排除，而是取决于"构成自己"的成分以服务于当下交际目的，这些成分来自为特定目的而使用的语言和超语言的资源。然而，有某种神经语用学的证据表明，这个过程有一个语境自由的起点，因为语词确实有确定的语境自由的涵义；这可以从大脑的激活区推断出来（如 Pulvermüller, 2010）。正是依赖于这个出发点，整个意义形式化研究事业具有可行性。

重要的是要认识到，即坚持组合性的同时，可同时坚持认为词汇意义严重依赖语境。组合性的本质是从组成成分建构命题——最终从词汇和使用它的结构构建命题。但是词汇的意义是可以被抓住的：我们可以在这里合法地问一个问题，一个新古典主义理论的某种形式，它依赖于定义属性，或一个基于大量使用的理论，是否在认知上更真实，然后我们选择其一作为胜出的理论。这是第 4 章要讨论的主题。在这一点上重要的是留意这个事实，即由于组合性断言的是意图表达的并被捕获的命题（从现在起，被称为与话语关联的命题），对词库的研究方法也必须这样，并反映与话语关联的语词的意义。只有意识到这些警示，我们才能开始建构语义表征。

同样，把一个交际行为的意图表达的内容作为语义分析的对象不是一定意味着放弃关于组合性的假设。这样解释产生的主要结果将是，句子的逻辑形式不是适切的分析单位，因为它没有为我们提供关于想要表达的命题的语义表征。正如我们在第 1 章看到的，为解决这个问题有无数的提议，但是它们都不足够激进以至于可以通过形式化的形式捕获主要的意图信息。重述一下，关于语义不确定性的"修补论者"方案在提出为逻辑形式进行"充实"的过程中半途停止了。它们保留以非常传统的标准的格莱斯会话含义的形式对间接传递的信息进行单独处理。不用说，这种策略有时会达到目的，但常常会错过目标。当主要的信息确实以这样的方式被传递，进而让被言说句子的具体逻辑形式忠实地表征该信息，我们就获得两者完美的匹配。但是，当主要的信息被间接传递时，我们就有一个错失（a miss），因为任何"充实"都会产生多余的表征，而这些表征并不符合任何认知上的真实意义。因此，形式化的意义表征似乎有两种：要么接近句子的逻辑形式，而（往往）错失了探究的对象，要么咬紧牙关，采用各种可能的信息被传递的方式和在激进语义表征中必须被解释的各种信息源，试图表征主要的（main）和首要的（primary）意图信息。重述一下，这种将语境和意图依赖的表征与组合性协调起来的方法绝不是一个新的想法。正如在第 1 章讨论过的，雷卡纳帝（如 Racanati, 2004）的语境论方案依赖的是一种互动的、语用的，或有完形心理学特征的组合性。默认语义学更进一步探讨了为语境关联的意图意义提供语义表征。

第 2 章　意义的互动组合

现在，在所有这些解释中，语境的作用都是通过相当消极的术语进行描述而呈现的：语境意义的变异是我们必须忍受的自然语言使用的一个特征；它对语义理论来说是一种滋扰，但不能忽视。现在对我而言，这似乎是旧的蒙塔古形式理论的遗物，一个应该被抛弃的遗物。事实上，语境的变化是受欢迎的，因为语境提供了一个庇护所、一个"缓冲器"，允许我们忽略一个语词或一个结构在一个不同的话语情境中所具有的意义。我们可以安全地探究当下语篇以及该语篇中的话语，该语篇中的话语产生了一个当下被考察的命题，而不必担心语词和句子本身在不同使用场合可能有无限的使用。这似乎是一个令人欢迎的未来展望变化：语境有助于形式化而不是产生阻碍。准确地讲，基于这种方法，莱斯索翰（Lasersohn，2012：188）认为，依赖语境的解释与组合性完全兼容，后者被理解为是同态解释（homomorphic interpretation）：

> 在所有这些情况下——双关语、带猥亵涵义的双关语、元语言理解和内涵语境——我们发现，对通常的同义词进行替换没能保留其真值，完全是因为这些语境中，通常用于谈论同样事体的语词却用来谈论不同的事体。正是在解释中的这种语境转移允许我能保留同形态的解释。换句话说，解释中的语境变化并不是组合性问题，而是恰恰拯救了这一主张，即，从明显的反例中获知理解的组合性。

然而，他的声明只是纲领性的——在组合性的语境论语义学中对语境的重新定义而言是重要的，但却是一个纲领性的基本原则。最基本的部分是实施，展示如何从语境变异为出发点获得一个组合表征。把解释与语境结合起来并没有为我们提供理论的预测力：它不能保证系统性。这里，莱斯索翰（Lasersohn）的观点揭示了其本质上的缺陷：

> 即使在语境中确定一个句子的命题内容的唯一途径强烈地呼吁诉诸语用学，但这并没有表明这个内容违反了组合性原则。
>
> 莱斯索翰（Lasersohn，2012：188）

然后，这种"强烈呼吁"被重新分析为"调用语用概念"，如相关性、突显性或合理性（同上：185）。当然，这不足以保护一个组合性的语义学。我们需要的是系统描述这种突显性或合理性是如何运作的——一个在已知信息源的情况下预测某种理解的解释方案。这就是默认语义提供缺失的方式的地方，2.2 将对此进行详细论述。

在我 2014 年年底写到这里时，似乎毫无疑问，通过标准的弗雷格研究进路实现意义组合是徒劳的，除非我们在一定程度上篡改语义表征，产生循环论证：意义最终是组合性的，因为我们操纵了逻辑形式直到它看起来是组合性的①。同样，非表征性的解释篡改元语言，直到出现组合性为止。寻求简单的语义学的幻想破灭是普遍存在的。这在卡普兰（1978：671）这里得到很好的表述：

> 在纯语义学的黄金时代，我们发展了一种不错的同质的理论，语言、意义和整个世界彼此是恰当地分离的，彼此之间又有相对平稳和和谐的联系。标志着这种情形发展的顶峰状态是卡尔纳普（Carnap）的《意义和必然性》。每一个指示符都有一个内涵和外延。句子都有真值作为外延和命题作为内涵；谓词都有类（class）作为外延，性质作为内涵；术语都有个体作为外延，个体概念作为内涵；等等。一个复合式的内涵是其构成成分的内涵的函数。外延也是如此（除了出现内涵算子）。
>
> 这个理论非常完美并具有解释力，但是也有一些令人生厌的疑问：专名、指示词和内涵语境中的量化等问题。

35年过后，这些"令人生厌的疑问"逐渐增加，变成了普遍的怀疑论，因为，似乎甚至不可能孤立特定的语言领域，如给纯粹语义学带来问题的指称表达或内涵语境；对任何的语言表达式或结构式，纯粹语义根本不存在。"令人生厌的疑问"不仅仅是帮助确定意义的哪些方面符合第1章中讨论的定位隐藏索引式或其他修补措施的条件。它们不仅仅渗透于量词域限制、句法连接词的语义、时间和模态的语义等领域，它们甚至还渗透到自身有模糊特征的词汇的语义，并且，基于场合的意义将允许我们对其进行处理。语义学的问题从一个基本问题开始，那就是进入成分分析的内容是什么。在我们解决了自然语言中意义的成分和组合的恰当研究方法这一基本问题之前，任何形式化意义表征方法的改进都不会使我们更接近于理解什么是自然语言的意义，自然语言的语义学应该做什么，或者它针对什么而使用。针对研究目的与问题的这种研究背景，我们选择的道路是语言互动的语义学，它的建构基础是默认语义学中发展的针对互动组合性的解释，并关注话语和话语的构建基块：交际行为。

让我迅速举一个例子以论证这个研究视角是如何解决传统争端的。根据卡普兰（Kaplan，1978）的观点，说出"那"并指向一个方向并非一定是意图要指向的地方。对唐纳兰（Donnellan，1996）而言，则确实是如此。根据本文发展的语言互动中的语义学的观点，这些争论没有切中要点，因为意图表达

---

① 参见亚希乔特（Jaszczolt，2005a）的第3章在讨论动态语义学时的例子和详细的分析。

的并被获知的"指示地方"这一概念的效用（如果它们确实有任何效用）在语义表征中并没有反映出来。重述一下，我们的意义的概念针对的情形是，*意图表达的并被捕获的内容与当下话语关联的方面是匹配的*。剩下的交给心理学，而这样做会混淆结果的规范性。

2.2 意义正解：语言互动的语言学

2.2.1 默认语义学概述

意义表征的逐步语用化把其成功归因于几个相互交织的因素。其中之一就是，长期以来对企图通过应用不适切的弗雷格意义组合性模式以修补自然语言句子的形式语义学感到不满，产生了众所周知的有问题的结果，如第 1 章讨论的逻辑形式的隐藏成分，或带注解的逻辑式。另一个明显的源头，尤其在后格莱斯圈子里，是通过利用所谓的"直觉"真值条件，试图捕获说话人意图表达的意义。[①] 另一个因素是不满足于把孤立的句子作为分析的单位，而应该往有连贯性话语的方向前进。[②]

正是在这种理论背景下，默认语义学在 20 世纪 90 年代晚期才开始发展起来，尤其推动了上面提到的前面两个"障碍"（即自然语言分析的恰当的组合性类型、直觉真值条件的概念）的研究，而且也包括第三点，即把语义学视为一种话语的理论而不是句子的理论。默认语义学（如 Jaszczolt，2005a；2010 之后简称为 DS）在激进语境论阵营的激进一面中找到了自己的适切位置，而且还明显超越了它的某些假设。默认语义学旨在为典型说话人意图表达的，并且被典型听话人捕获的意义建构模型。正如在 1.5.3 中分析的，关于一个理论应该对"谁的意义"建构模型的问题仍得到持续讨论，这经常导致对格莱斯合作原则的矛盾解释，允许要么是一种规范的解释，要么是内涵的、以说话人为导向的解释。[③] 此外，后格莱斯研究进路要么选择说话人的视角，要么选择听

[①] 参见卡尔斯登（Carston，1988，1998，2002）、雷卡纳帝（Recanati，1989，2004），以及其他文献。

[②] 参见坎普和雷尔（Kamp and Reyle，1993）、凯普森等（Kempson et al.，2001），以及其他文献。

[③] 分别参见索尔（Saul，2002）和戴维斯（Davis，1998，2007）。

话人的视角。① 从与激进交际行为相关的行为标准的意义上讲，默认语义学采纳的是规范的视角为话语的意义建构模型。它所关注的问题与后格莱斯辩论的内容有些不同，因为它没有对如下问题采取一种立场，即在解释语言互动的时候，一个人应该假设多少个准则或启发式原则。这是新格莱斯派的学者关注的问题，尤其是关联理论家关心的问题。

我并不认为这是一个非常有趣的问题。无论我们假设一个如关联理论家（Sperber and Wilson，1995）那样依赖加工过程和认知效应之间平衡的双管齐下原则，还是霍恩（Horn，1984，1988）的两个制衡原则，或甚至列文森（Levinson，1987，2000）承认表达方式重要性的三个原则，都与整体解释有很少的联系。也许需要一个前提条件，即我们拥有定义明确的启发式原则越多，则越容易通过计算实现这个理论，该理论的解释力也越强，正如列文森（Levinson，2000）在优选论语用学中提出的三个指导原则（Blutner 2000；Blutner and Zeevat，2004）展示的那样。相反，默认语义学侧重于识别最值得进行语义分析的单位，然后识别为听话人提供该单位的信息源以及发现意图信息的过程，或在某些情况下，在互动中共建语义内容的过程。

默认语义学在理解句子的逻辑形式和话语或篇章的语义表征之间的互动方面，不同于其他的现存的语境论进路。不像其他的语境论做出的解释，默认语义学不赞同存在一个意义层次，基于该层次，逻辑形式通过语用得以（用某些标准的术语）扩展、充实或调变，进而作为一个真实的、有趣的、具有认知合理性的构体。没有证据表明这种已扩展的逻辑形式确实符合意图表达的内容；在某些情况下，它可能是这样的，但证据表明它却很少是这样的。② 其次，正如第 1 章所总结的，没有理由认为句法处理的结果应被视为一种框架。而我们在建构一个概念表征的过程中把余留的"一小撮意义"填充到这个框架中。这个概念表征正是在默认语义学理论中建构起来的。语义理论应该是关于语言互动的理论，该理论本身应该对意图表达的意义，即最突显的被传递的内容建构模型。大量的经验证据表明，保留逻辑形式的特权地位是不合理的，维护业已产生/充实/调变的逻辑形式作为理论研究对象的地位是语境论者的最大错误之一，这阻止他们接受真正的首要意义，而不管首要意义的传递方式：①直接的；②直接但不完整的；③间接但传统的；或④间接的，需要通过推理捕获的

---

① 分别参见列文森（Levinson，2000）与斯珀波和威尔逊（Sperber and Wilson，1995），但前提是列文森的理论也可被解读为标准的理论。

② 参见第 1 章和尼考尔和克拉克（Nicolle and Clark，1999）、施奈德（Schneider，2009）。

第 2 章 意义的互动组合

方式。

几十年过去了,我们离做到格莱斯对"所说"与隐含之间的区分还有很长的路要走。其中,"所说"被界定为与话语意义的真值条件相关。后格莱斯学者群体确定了一系列有助于产生"所说/明晰"内容的一组语用过程。隐喻被重新分析为属于明晰而非隐含的领域①,这实质上改进了格莱斯关于隐喻意义是隐含的观点——不是通过"所说"隐指,而是通过"好似那样说"实现隐指。② 但是,即使这一举措也未能把我们带到主要的、意图表达内容领域的更深处。如果明晰的、经真值条件判断的内容能够适应从如"真空吸尘器"等标准概念到如(11)中构建概念的转变,那么,它当然也可以适应其他类型的意义,即有不同信息来源的意义,只要它们(这些意义)扮演了意图表达的内容的角色,并作为首要的意义被传递。

(11)(关于一只狗在厨房地板上吃零星的食物)菲多(Fido)是一种可靠的真空吸尘器。

例如,老师在(12)中的回答传递的是(12c)而不是(12a)或(12b)作为首要的内容。没有理由把(12b)作为具有特权的理论研究对象③。

(12) 儿童:我可以去储物柜拿我的电话吗?
　　　老师:课程还没有结束。
(12a) 课还没有结束。
　　　(=最小的命题但不是首要意义)
(12b) 儿童所上的课还没有结束。
　　　(=修改后的命题但不是首要意义)
(12c) 儿童不能去储物柜拿电话。
　　　(=隐含命题却是首要意义。)

默认语义学正是为这个首要的、突显的、意图表达的意义提供一个概念表征。这种概念表征具有语义表征的地位。正是为了分析这种意义,才采用了真值条件。不用说,这样的表征不需要与被言说句子的最小内容或被修正的逻辑形式同构,因为它可以并且在许多情况下,确实与隐性传递的首要内容有关。

---

① 参见卡尔斯登(Carston,2002)。
② 通过这种方式,格莱斯设法回避"对字面内容的承诺"问题,而这在隐喻情形中是不存在的。
③ 这个思想首次出现在亚希乔特(Jaszczolt,1992),后来被称为"节俭程度原则":"如非必要,不增加涵义的层次"(Jaszczolt,1999:xix)。

在这个意义上，在亚希乔特（Jaszczolt，2005a）的论述中，默认语义学被称为交际行为的语义学。

这样理解的一个语义表征在默认语义学中被称为并合表征。这个表征被认为有一个组合结构。以源于会话互动模式的能产性和系统性为基础，组合性在这里是一种方法论假设，也是一种认识论和形而上学层面的假设。语词"并合"和希腊字母中表示总和的符号（Σ）反映一个事实，即源于不同途径的信息并合，形成了一个语义结构。默认语义学是一个正在发展中的理论，但在其发展的现阶段，信息被分配到如下来源：①世界知识（WK）；②词义和句子结构（WS）；③话语情境（SD）；④人类推理系统的性质（IS）；⑤关于社会和文化的固有观念和预设（SC）。① WK 提供了来自物理定律和事实的信息，如金属在低温下收缩，如（13），允许连接词"并且"被理解为"并且因此"。

(13) 有轨电车停运了。温度降到 −20 摄氏度以下，并且铁轨收缩了。

→$_E$ 温度降到 −20 摄氏度以下，并且因此铁轨收缩了。

WS 是句子的句法处理结果。SD 是话语的语境。此外，IS 表示心智状态的属性，允许我们轻松地捕获到某些默认意义。例如，意向性的属性允许我们在有多个解释选项的情况下分配最高程度的信息性：涉物（de re）多于涉名（de dicto），指称性多于归属性，假定多于非假定，等等。② 这些默认意义是在某些语境中可采用的自动的理解。同样，SC 允许自动的信息提取，而不需一个推理过程。

简而言之，并合表征Σ包含了典型说话人意图表达的，并由典型听话人捕获到的首要意义的信息。这一首要意义是基于上述五个来源的不同过程相互作用的结果。所有的五个信息源有同等的地位：它们不会对 WS 产生的逻辑形式进行"修饰"或"填充"。相反，从 WS 提取的信息可以产生一种表征。这种表征与所说句子的逻辑形式不存在任何形式的同构，也不必在内容上与之相似。

现在，通过从话语情境的各个方面合成信息而获得的语义表征，有时仍被称为"逻辑形式"。这个术语是可以被采纳的，其前提正如斯坦顿（Stainton，

---

① 默认语义学的修订版最初是由亚希乔特（Jaszczolt，2009a）提出的。

② 心智状态是交际行为的基础，基于心智状态的意向性产生的意义在文献中有广泛的讨论——在默认语义学中，它们从 20 世纪 90 年代起就被讨论。读者可参考相关文献［亚希乔特（Jaszczolt 1997，1999，2005a，2012f）、豪格和亚希乔特（Haugh and Jaszczolt，2012）］。

第 2 章 意义的互动组合

2006：186）所说，"有些东西有逻辑形式，但不是口语的表达方式"。然而，考虑到逻辑形式这一术语的悠久历史，以及在更具体的理论内部讨论中，它被具体识解为缩略形式 LF。因而似乎更为恰当的做法是，与斯坦顿的思想相反，区分和首要意图信息的概念单位相对应的语义表征（意图表达的并被捕获的主要言语行为）与从句法单位（一个句子）翻译成的一种元语言。该元语言形成其逻辑形式。根据默认语义学的传统，与主要言语行为相关的这样一个概念单位的语义表征被称作一个并合表征，而不是一个逻辑形式。

其次，默认语义学识别出了信息源与在并合表征产生过程中起积极作用的过程之间的一个映射。这个映射不是双向一对一关系，但相当强劲。世界知识（WK）和关于社会与文化的固有观念与假定是与自动的、默认的理解有关，被合起来称为关于社会、文化和世界知识的默认（SCWD）。① 但它们也可以激活一个语用推理过程，被称作有意识的语用推理（CPI）——"有意识"旨在明确任何发生在意识层面以下的过程都被视为一个不同的范畴。其次，话语的情境（SD）也会触发有意识的语用推理（CPI）：这里存在从信息源到过程的一对一映射（尽管不是双向一对一关系）。词义和句子结构（WS）是一种信息源和一类过程的共享标签。这允许该模型与模块论兼容。基于模块论的解释，语言的处理过程有特别的、专门的机制，不同的解释对模块的识别略有不同。② 并且，这样的机制与连接主义模型兼容。在连接主义的模型中，WS 过程可以被弱化理解为只读取语言层面的信息来源。WS 与被言说句子的逻辑形式相关，但前提是话语解释的增量性质允许出现这样的情境：逻辑形式的构成部分可能已经与其他信息源的输出产生了互动。由于默认语义学是一种语义理论而不是关于加工过程的心理语言学理论，因此这种相互作用的确切模型不属于它的研究范畴；它的兴趣在于把语义表征视为一个"产品"，只有当必须为一个概念结构提供组合性阐释，它与过程心理学才有关联。最后，IS 信息源即人类推理系统的属性，产生了自动的、默认的解释。重述一下，这些解释可追溯到大脑的结构与运作。这些解释被称为认知默认（CD）。在这里，有信息源和过程之间的一一对应关系。然后，被方括号括起来的 Σ 的成分，成为负责这一特定意义成分的过程类型的索引。由此，我们得到了一个组合表征：组合性在于它是组合过程的总和，同时也吸纳了不同信息来源的不同过程的互动结

---

① 现在被广泛认识到的是，在语用理论中需要考虑社会文化知识，而不仅仅是在下列情形中，即解释 GCIs 和语言学中的礼貌问题，参见爱丽尔（Ariel, 2010：xiv, 212-13）。

② 参见下面的 2.2.3。

果。由于这是一个正在发展中的理论，因此无论是信息源集合还是过程集合都不被设想为是最终的；它们仅仅代表了现有信息源领域中最恰当的划分，以及在当前理论状态下实现的互动过程的划分。

根据语义学而非心理语言学的研究目标，默认语义学也主张所谓的方法层面的整体论（methodological globalism）原则（Jaszczolt，2005a）。最近，涉及语用研究的心理语言学文献广泛讨论了隐含意义的整体与局部（参见如Geurts，2009，2010）特征，提出了诸如是否存在嵌入的隐含意义，或更普遍地说，是否隐含意义是以增量方式产生的还是后命题的方式（post-propositionally）产生的。在争论中，双方都有强有力的例子。然而，从默认语义学的视角分析，这样的争论是建立在一个错误的问题上的。从方法上讲，从语言结构的类型来看，询问隐含意义是局部的还是整体的是不正确的。而应该是，在某些情形下，产生隐含意义的单位将是一个次句元素（subsentential element），而在另一些情况下，它将是一个完整的句子或一组句子。推理的基础是灵活的：当我们在不同的环境和不同情节中使用特定的结构时，它可以基于不同长度的单位产生不同的隐含意义。① 再次调用以层级数量隐含的例子，在（14）中，量词"一些"会单独产生"非全部"的涵义，而在（15）中，"有些人说"通常是一个公式化的表达式（参见："据说"），因而构成处理过程中的一个单位，并作为一个推理基础。② 因此，隐含意义通常不会出现。

(14) A：每个人都带了礼物吗？
　　　B：一些孩子带了。
(15) 有些人说你和杰克是夫妇。

从这个视角看，局部论与整体论的争论不再是实验测试的兴趣所在：没有实验可以决定隐含意义（或语用充实）是局部的或还是整体的，因为这是一个错误的问题：它们是局部或整体的，不是由于与它们有关联的结构式，而是由于它们出现的情境。

这也使列文森（Levinson，2000）的严格的、基于系统的GCIs受到质疑。对列文森来说，一般的隐含意义总是系统化为局部的充实，除非它们被广泛地认为是可撤消的，否则它与词汇意义惊人地相似。例如，（16）～（21）中的GCIs是局部的、强烈的，被写入词汇和短语单位的属性中。并且，当它们不

---

① 参见亚希乔特（Jaszczolt，2012c）和下面的4.2。
② 4.2讨论"灵活推理基础"的观点。

第 2 章 意义的互动组合

出现的时候,必须被视为已撤消。它们的存在是基于 I-启发式原则:"被表达的仅是根据固有观念被例示的。""→$_{GCI}$"在这里表示"通过一个 GCI 产生的会话中的隐含意义"。

(16) 面包刀具→$_{GCI}$用于切面包的刀具

(17) 厨房刀具→$_{GCI}$用于准备食物(如切断)的刀具

(18) 钢铁刀具→$_{GCI}$用钢铁制造的刀具

(19) 一个秘书→$_{GCI}$一个女性秘书

(20) 一条路→$_{GCI}$表面坚硬的路

(21) 我不喜欢大蒜→$_{GCI}$我讨厌大蒜(由"不喜欢"局部激活)

(摘自 Levinson,2000:37-8)

与此相反,在默认语义学中,这样的语用涵义留给了场合意义:它们出现或不出现。当它们出现时,它们作为 SCWDs 自动出现[如(16)~(20)或某些场合对某些说话人而言作为 CDs 出现,如(21)]。并且,在别的场合对另一些说话人而言作为 CPI 出现。再者,它们可以在局部范围出现,或基于更长的结构,或最终完全以后命题方式出现。尽管有一点点必要的心理主义,但这种组合意义的方式的灵活性也不会不受欢迎。

综上所述,默认语义学遵循一般的启发式原则,允许我们在语境中为意义建构模型:

局部论/整体论启发式原则:

从语素到整个话语,默认和推理解释都是以一个适合当前话语情境的单位来运作的。

当我在 4.2 中提出一个动态("流变")特征(character)的概念时,我将讨论这个启发式原则。

与格莱斯的整体主义和列文森的局部主义相比,默认语义学有明显的优势。CDs 和 SCWDs 不构成对 WS 提供的逻辑形式的充实。重述一下,由于所有的过程有同等的地位,从这些过程中产生的意义也可以"覆盖"逻辑形式。这使得人们对话语意义的看法发生了显著的变化。意义的来源触发了部分输出,这些输出合并在一起产生一个并合表征。从这个意义上讲,局部主义或整体主义的问题完全消失了:存在的是通过不同语境中不同途径得到的信息的总和。有趣的并不是意义的语用方面[如在(16)~(21)中]是通过 WS 获得的词汇意义的"补充",相反,有趣的是意义的所有这些方面都贡献给了 Σ。

其次,必须记住,除了主要信息外,说话者通常还打算传递一系列其他意义。在默认语义学中，正如首要意义可以是明晰的或隐含的，次要的意义也可以是隐含的或明晰的。正如第3章所讨论的，突显意义跨越了明晰/隐含之分。同样，默认语义学提出的首要/次要意义之分与标准的格莱斯和后格莱斯对"所说"和隐含之间的划分是不同的。

为了免责，即默认语义学不是一个过程理论，必须记住，一个规范的理论采用典型的说话人和典型的听话人作为它的施事（agent）和接受者（recipient），不能，也不需要把个别的交际行为分析包括在内。例如，话语（22）能够触发一个自动的捕获指称的过程，产生了史诗《伊利亚特》和《奥德赛》的作者，或产生从《辛普森一家》中检索一个角色的自动过程，或者涉及评估情境的有意识推理过程，旨在检索正确的、意图指向的那个指称。

(22) 约翰尼（Johnny）和山姆（Sam）坐在电视机前正在谈论荷马。

语义理论对特定场合下实际检索到的理解不感兴趣；它感兴趣的是，在给定一点特定信息和可以处理这个信息的特定资源的情形下意义的组合原则。正是这一点赋予了它的预测能力。

当我们把默认语义学理论与其父理论，即 DRT（Kamp and Reyle，1993）进行比较时，最能见证到本节开头提到的渐进式语用化。默认语义学松散地建构于 DRT 基础之上，因为它使用了 DRT 的语言，对其进行了扩展与修改，以符合表征不同的、语言和非语言的概念内容的目的。当我们达到理解的水平，形式化被假定为是可能的。在这个水平上，可以产生各种信息片段和信息特征相互作用的算法。但它的主要目的是表征概念结构。在这一目标中，它类似于杰肯道夫（Jackendoff）的概念语义学（如 2002；Culicover and Jackendoff，2005）；与概念语义学一样，它使用形式化，但避免了形式语言的局限。

默认语义学已经可以应用于解释各种结构和现象，最开始应用于限定摹状语、专名和命题态度报告（Jaszczolt，1997，1999，也参见对波兰语的分析）；否定、语篇连接词（Lee，2002，也参见对韩语的分析）；预设、句子连接词、数字术语、时间性、模态（如 Jaszczolt，2005a，2009，2013a；Jaszczolt et al.，2016），后两者也参见对泰语的分析（Srioutai，2004，2006；Jaszczolt and Srioutai，2011）；条件句（Elder，2014；Elder and Jaszczolt，2013）；英语和俄语中的各种言语行为（Schneider，2009）；次句层级的言语（subsentential speech）（Savva，待出版）；以及种族诽谤语（Sileo，待出版）。这些应用证明了该框架的多功能性，因为我们可以通过表征最难处理的现象，来检验语义理论的有效性。

这展示了默认语义学在实践中的应用。例如,(23a)作为(23)中不完整但高度可预测的条件结构的一个可能首要意义,可以通过一个并合表征呈现出来(如图2.1所示)。

(23)如果你把茶放在摇晃的桌子上……

(23a)→$_{\text{PM(首要意义)}}$ 如果你把茶放在摇晃的桌子上,你会把它洒出来。

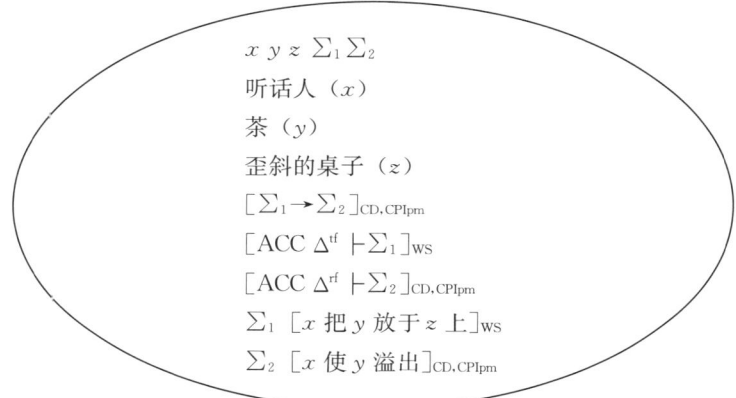

图2.1 ∑表征例(23)的可能的首要意义:
"如果你把茶放在摇晃的桌子上,你会把它洒出来。"
(摘自 Elder and Jaszczolt,2013)

该表征结构的最上面一行是话语的指称,下面是话语条件的清单。其中,方括号内的内容是通过带索引标记的过程获得的。例如,$[\Sigma_1 \rightarrow \Sigma_2]_{\text{CD,CPIpm}}$ 表示有条件思想,其前因通过 CD(认知默认)(if 从句)捕获,其后果通过 CPI(有意识的语用推理)捕获。标记"pm"表示"首要意义",因为 CPI 作为一个过程在次要意义的构建中也起作用。ACC 是命题(并合表征)的算子,解释时间属性。例如,$ACC_{\Delta}{}^{\text{tf}} \vdash \Sigma_1$ 读作"考虑到无时态标记的将来,Σ_1 的情形是可接受的"。$[ACC_{\Delta}{}^{\text{tf}} \vdash \Sigma_1]_{\text{WS}}$ 表示通过 WS(语词意义和句子结构)检索前提条件的意义。在默认语义学中,对时间属性的描写是把时间视为固有的模态。这种模态采用与确定性的认识距离远近程度分析过去、现在和将来的时间指称。同时假定,这种模态的"构块"最终是时间概念的普遍语义成分。[①]

另外,在条件构式中,(24a)例示了(24)中隐性传递的首要意义,其并

---

① 亚希乔特(Jaszczolt,2009a)详细讨论了如何表征时间指称。

合表征结构如图 2.2 所示。

(24) 如果你愿意戴上头盔。

(24a) →$_{PM}$ 请戴上你的头盔。

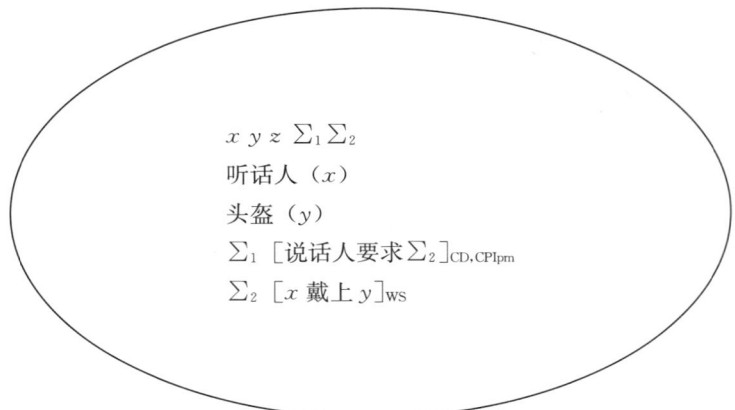

图 2.2 ∑ 表征例（24）可能的首要意义："请戴上你的头盔。"
（摘自 Elder and Jaszczolt，2013）

该讨论中，我们将不涉及特定语言结构或现象的表征构建细节；这要求重复叙述已有研究成果中详细的建构规则，甚至可能会追溯到其父理论 DRT 那里。图 2.1 和 2.2 的目的在于揭示互动成分运作的一般原理。这一探究的目的更具有哲学意义，体现了这样一种互动的意义观和意义构建观的优势。我们获得了语言层面话语中产生的首要意义的表征，这样的意义不必被明确表达或不必被完整表达，同时却保留了理论的规范性及其预测力。

该理论在改进并合表征的建构原则和使表征更加精确等方面仍然有大量的可能性，同时也存在大量的问题。但当前研究中的紧迫问题仍然与语法和词库的作用有关：现在我们将重点关注 WS 源（词义和句子结构）和 WS 过程，从而与当前自然语言意义分析的重点保持一致。我们将设法界定可合法归因于语言的词库系统及其语法的信息（参见 2.2.2 和第 4 章），以期解决一个大问题，即建构话语意义过程中词汇/语法/语用的互补作用。

直到我们为真值条件内容，即被识解为意图表达的，并且被捕获的内容，提出一个算法解释，则理论本身仍然处于提出假设的阶段。在过去 20 年左右时间里，各种类型的结构表征，特别是反对传统的语义组合分析方案为该理论提供了部分支持。这个分析方法也仍需要一个免责声明。通过构建算法而构建话语意义理论并不意味着将一个人的方法局限于概念分析——或，被某些实验语用学研究者贬低地称为"内省"的方法。这样的理解非常不正确。正如默认语义学的研究表明，人们使用符合当下的研究目的最适切的研究方法。虽然理论建构必须依赖整体的概念分析，但特定的语言结构的分析则由语言语料库中的数据提供支撑（参见 Elder and Jaszczolt, 2013; Elder, 2014; Jaszczolt et al., 2016; Savva, 待出版）。此外，把一个特定类型的内容，尤其与直觉命题相关的内容作为探究的对象是可行的，这获益于实验研究的支持。与更狭隘的识解相比，实验研究证明了其认知合理性。[①]

2.2.2　语法的形而上学思想

如果我们把不同来源的突显意义组合起来，这个组合原则不应该被称作"语法"吗？它难道不是真正意义上的语法（对一门语言结构的一种系统解释；它所描写的结构型式）(Matthews, 2014: 163) 吗？根据该可信来源（同上）的相同定义，"语法"一词的理解仅限于对可赋予一个意义的单位的研究。在默认语义学中，这些单位与组成一个概念表征的部分内容的概念表征有关：并合表征。这不是一个新颖的想法：概念结构在意义的理论建构中是普遍存在的（参见 Jackendoff, 如 2002, 2011）。同样，它反对把语言结构视为某些结构普遍性和语义普遍性的真正来源（参见 Evans and Levinson, 2009）。作为一个引人入胜且富有挑战性的研究主题，现在出现的问题是如何使思维语法与自然语言语法相协调。关于思维语言是否与自然语言不同的问题，在本次讨论中将被视为无关紧要的问题：即使如此，我们仍然保留福多的认为两者之间有结构（但不一定是其他任何方面）相似性的思想。那么，"语法"应该追求什么呢？最近的一种方法提出了一种语义丰富的和形而上学的语法观（Hinzen and Sheehan, 2013）：语法使指称成为可能（同上：119）[②]，它伴随着真值和自我的概念（同上：336）。基于这样的识解，语法似乎可以被视为一个与现实结合的普遍语义研究的助推器：我们从现实出发能够运用一个概念，并通过语法的作为思维的"认知基础结构"的角色（同上：261）往前探究。作者认为，这样解释的"语法的语义学"是普遍存在的，它无须采用杰肯道夫的概念结构，因为不需要并行结构（parallel architecture）。但这个结论似乎有点草率。目

---

　　① 关于这个主题的研究文献非常丰富且越来越多。对该主题较早的研究，请参见诺维克和斯珀波［Noveck and Sperber（eds）］中的论文。而最近关于语境转移中对真值判断的依赖的研究，请参见汉森和切姆拉（Hansen and Chemla, 2013）。

　　② 参见辛森和希汉（Hinzen and Sheehan, 2013: 119）："如果语法没有对给定的词汇概念进行操作，这个概念就永远不会是指称性的。"

前还不清楚他们设想的概念结构是否可以作为思维认知基础结构的独立构件。一方面，这个观点过于宽泛，因为它声称包含形而上学的概念，这些概念似乎在没有"自我""真值"和"意向性"的帮助下发挥其作用。另一方面，这个观点过于狭隘，因为正如我在讨论中明确指出的，这种语法不能以规范的方式处理与现实的互动：我们需要"未被言说的"内容，也即意义的组成成分。生成语言学显然不能有效对之进行处理。最简单的解释是，与语言系统相关的语法可以说是"语义不完整的"：它可以抛弃意义，但它可能不会；它能产生组合的结构，但有时它根本不会。同样，它产生的意义常常不是这里所讨论的首要意义。我们需要的一个语法是可以形成并合表征的语法：Σs 的语法（汇聚信息源与过程的语法）。不明确的是，为了概念结构调整生成语法的研究角度去执行这个任务是否可行：一些单位尽管它们本身进入了一个组合过程，但它们根本不是以这种方式组合的。因此，可以说 SCWD 和 CD 似乎有这些特征：认知默认贡献的信息不是组合过程产生的效果。它们是由于人类的心智结构产生的，具有最高程度的信息性，如指称相对于非指称解读，或涉物（de re）相对于涉名（de dicto），或假定相对于非假定解读等，可以说被允许产生了。因为，与这些意义对应的心智状态具有更高程度的意向性。同时，我们必须对非默认意义做出规定。我详细讨论过这个主题[①]，因此，对于我们当前的论点而言，完全可以说，当 IS 或 SC 的输出结果进入一个组合过程时，在 IS 情况下，输入永远不是组合性的，因为根据对这个信息源的识解，它总是生成一个 CD 过程，而在 SC 情况下则不必是组合性的，因为它可通过 SCWD 而不是有意识的推理（CPI）产生一个输入。在后一种情况下，似乎唯一的往前分析路径是假定推理中涉及思想的命题性和组合性。杰肯道夫（Jackendoff，2011）和独立的埃文斯和列文森（Evans and Levinson，2009）的观点认为，概念结构在语言之前就已经进化了很久，并独立于语言。这种观点使得这一立场尤其有吸引力。它们是由支持递归的证据所推动的。递归属于一种认知而不是语言现象：它不是句法独有的，也不是语言独有的，这一证据进一步强化了他们的观点。

现在，Σ 的某些成分具有非组合性的地位可以被置于人类与现实互动的更广大的场景中进行分析。尤其是，如果概念表征能够包含本身不具有组合性的成分，那么我们能够往前拓展这个推理并可能承认那根本不是概念性表征吗？高克（Gauker，2011）的反康德的提议非常适合放在这里。他提出一个假设，

[①] 参见如亚希乔特（Jaszczolt，1997，1999，2002b）。

第2章 意义的互动组合

概念不影响感知。除了概念表征，还有感知和非概念表征，它们在解决问题方面发挥着作用：

> ……有一种认知采用的是非概念的表征。而该表征不仅仅是思维的动力，因为它们本身是一种解决问题的媒介，它可以指导行为，而根本不需要概念的干预。所涉及的表征在表现方式上与知觉表征相似，但它们本身并非是所有的知觉，因为它们所表征的并不局限于出现在感官之前的可感知场景。我将这种认知称为意象认知（imagistic cognition）。
>
> 高克（Gauker，2011：145）

这个想法并不完全是新的。如果我们深入探究德国现象学，我们可以发现思维可通过各种途径被外部化（Husserl，1900-1901；也参见 Jaszczolt，1992，1999）。意识行为表现出意向性；也就是说，它们指向一个对象，通过赋予意义的行为（称为客体化行为）我们获得一种语义解释。[①] 了解意识行为的对象需要充分的意图，这可以通过思想、知觉或想象来实现。因此，"非感知的表征"的现象学起源是透明的。但重要的是要以一种新的形式和在新的语境中复兴这些思想。在默认语义学中，这允许我们通过两种方式完成语义表征的图示。首先，我们可以添加感知（和非概念的）表征作为 Σs 的一个组成部分。其次，我们可以拟构认知模型，基于这个模型（概念和组合的）并合表征不是人类交际中涉及的唯一表征；也可能有一些表征不是概念性的，它的组合性（如果有的话）要求把"组合"重新定义为世界结构的一种反映形式。然而，我们能在多大程度上继续这种形而上学的组合性，这是一个开放的问题，因为非概念的表征不必以感知为基础。正如它们可以反映物理世界一样，所以它们也能反映心智的现实。在这一点上这个目标是可以实现的。我们必须承认，它们要么如概念表征一样（不管它意味着什么）是组合性的，要么根本就不是组合性的。[②]

埃弗雷特（Everett，2012：35）问道："……如果语言受到交际、文化价值观、信息论和整个大脑的本质的影响，那么普遍语法还有什么可做？"现在，答案必须包括对普遍语法的大量重新分析，尤其是对其形而上学思想的分析。

[①] 对此，请比较维特根斯坦的《哲学研究》（1955）第329节："当我用语言思考的时候，除了口头的表达式；语言本身是思维的工具，它们不是穿过我心智中的'意义'。"

[②] 学术界有另外的提议，它们把概念结构与现实联系起来，如体验的认知分析。同时，它们在方法论上保留对组合性的要求，但能预测一个思想的组合性特征。参见费尔德曼（Feldman，2010）关于体验构式语法的研究。完全可以表明我们这样识解的目的，即源于语言以外的信息本身并非总是概念性和组合性的，它们在组合过程中也被激活。

2.2.3 默认语义学与专用模块：一个声明

在《默认语义学和心智结构》一文中，卡彭（Capone，2011）提出了关于默认语义学中进行默认处理的原因、方式和时间等问题。他对默认语义学的解释是：

……默认语义学启发式原则系统地回应关于交际环境的问题，这些问题已经重复出现，并且因为它们重现的特性，要求有专门的解释机制和更专业的解决方案。

卡彭（Capone，2011：1747）

他将这些自动过程视为与吉仁泽（Gigerenzer，如 2000，2008）的"快速和节俭的启发式方法"一致，并将其理解为响应与环境互动的策略。人类依赖于"心智的适应性工具箱"（Gigerenzer et al., 1999：vii），它让人类获得"社会理性"——从暗示的线索到最佳行动方案的估算能力。这种理性一方面受到认知策略的限制，另一方面受到环境结构的限制。正如他所说，环境结构就像"一把剪刀"（Gigerenzer，2000：125），人类智能需要两个刀片。最能反映这个二重结构的概念是"满意"（satisficing）（Simon，如 1982：249）："满足"（satisfying）与"足够"（sufficing）的融合，以便以理性的方式往前探究[①]。

现在，虽然可以想象 SCWDs 是短路径的推理，但 CDs 不是：它们是基本的、简单的，不能从任何其他更基本的方法得出相关的意义。这是因为它们与心智状态的特定属性相关：它们是由意向性以及由此具有的强信息性产生的。例如，默认的"涉物"（de re）的解释源于卡彭（Capone，2011：1744）以康德的方式称之为"我们的解释过程的一种先验形式"。

接下来，这一解释如何处理心智模块化的问题，更具体地说，如何解释某些后格莱斯研究文献中提出的专门的理解机制，即被关联论者（Sperber and Wilson，如 2002）称为的心智阅读？[②]关联论理论家指的是"基于一个特定域或特定任务的自动计算机制"，并且提出一个理解模块。该模块基于相关性原则，认为人类认知倾向于最大化的相关性。更具体地说，他们设想了一个心智

[①] 一个"满意的探寻"是西蒙（Simon）讨论的三个解决问题的办法之一。在该方法中，一个研究者感兴趣的是发展搜寻算法，以缩减实现第一个目标过程中付出的必要的搜寻努力（因为"追寻所有目标都是同等重要的"）（Simon，1982：249）。

[②] 请参见威尔逊（Wilson，2005）。克拉克（Clark，2013）对此也有介绍。

第 2 章 意义的互动组合

阅读的一般能力的子模块,它作为一种适应(an adaptation)不断发展,并解释刺激源的推理过程。现在,域-特定性可以理解为内容特定性或功能特定性(Carruthers,2006)。与官能心理学的思想相反,吉仁泽(Gigerenzer,2000:200)选择功能:社会交流、寻找配偶、育儿。然后,"致力于解决这些问题的模块需要将动机、感知、思考、情感和行为整合到一个功能中"。在这个分类中,"理解模块"的归属显然是错误的:它主张官能心理学思想。另一方面,默认语义学可以被识解为与理解的具体化[可能是它的次具体化(sub-specialization)]相关,或者被理解为完全是非模块化的:注意,信息源可使用各种过程,并且一个和同一个信息源(SC)可以产生一个自动处理(SCWD)或一个有意识的处理过程(CPI)。映射到一个神经网络模型上,过程似乎意味着意义的捕获和集体意义的共建有时是经推理而来的(CPI),有时是自动的(WS,SCWD),而在另外的一些情形下仅仅源于人类,也就是源于意向性——心智状态的"直接性""相关性"或"指称性"。这到底给我们留下了什么还不清楚。或许在这个研究中,不需要弄清这个问题;形式化的语境论语义学不是心理学上的实践。然而,增加子模块来解释理解中涉及的各种任务似乎不是一个有前途的方法,除非它独立地得到来自不同领域的概念论证的支持,或者更好的是,得到神经语言证据的支持。当前我们都没有这些证据支持。相反,具体化的行为在联通论框架下似乎可以被很好解释——相关的研究和证据也越来越多。但我们现在必须把这个问题公开,并把它作为未来的一个单独研究议题。

综上所述,卡彭在对默认语义学理论的默认特征进行解释过程中似乎遇到了一些问题。首先,CDs(认知默认)是原始的,是内在固有的(hard-wired),正如意向性是内在固有的一样,因此不会经历任何这样的简化——即使从进化的角度来看,也可能不会。第二,如果默认语义学要确定模块化的模式,它可能是官能模块性而不是吉仁泽主张的社会功能模块性。然而,最重要的是,就目前而言,默认语义学没有做出任何声明以主张自己属于模块论阵营。它既没有包含假设,也不包含逻辑推理,更不包含经验证据以确保一个研究承诺。就方法论进行一个小结:除了宣称一个模块,还有很多方法可以解释推理中的捷径。[①]

任何与关联理论的进一步比较都为时过早。关联论从来没有对信息的来源有任何解释。正如卡彭(Capone,2011:1749)所观察到的,"尽管关联理论

---

① 也请参见吉布斯和沃德(Gibbs and Order,2010)关于反对大规模模块化的分析。

把自己限定为向语义模板添加语用增量，默认语义学则为我们提供了这样的整合可能受到影响的理论原则"。它基于组合性并合表征的思想，精确地给出了构建算法的原则。从关联理论当前的发展现状来看，与之进行对比可能涉及一个范畴错误：关联原则主张坚持以句法为驱动的研究对象，这个研究对象由（通常）扩展的句子逻辑形式组成，通过允许在（真值条件）表征层面出现隐喻概念，使得整体上迈入首要意义研究的道路非常缓慢。默认语义学没有共享这个历史的铺垫性工作：重述一下，它聚焦明晰或隐性表达的首要意义，以及这个研究对象的概念表征。

2.2.4 词汇/语法/语用的互补：一个例证

2.2.4.1 时间属性的表达方式

在特定的一种语言内或跨语言的视角下，表达一个状态或事件的时间指称可以通过很多途径实现。在跨语言中，一个时间概念可以通过不同方式表示。同样，在单种语言内，也有很多方式用于谈论时间。这些途径包括从使用时间的词汇和语法标记词语（WS 过程），自动地给明显无时态标记的表达式指定突显的理解方式（CD 或 SCWD），到依赖听话人在特定语境中积极、有意识的推理情境的时间位置（CPI）。

时间概念化具有普遍性和文化依赖性两个方面特征。有一些普遍的概念是思考时间的基础，如记忆、当前的经验和预期，以及事件和状态的心智秩序。我们可谈论已发生或将发生的事情，或当前的事态，无论是已知的事实还是可能性。这是哲学和主要是现象学的组成部分。在语言表达的层面，"时间话语"（time talk）表明语言提供了一系列不同的方法来指代过去、现在和未来。这些手段包括时间的语法标记如时态、体态或情态，词汇标记如时态副词、时态连接词和其他小品词，以及证据标记。除了这些明显的当下可以采用的方式，还有语用手段：基于话语结构或情境进行诱导推理或诱导一个自动、默认的理解。外在明显没有时态的表达式可以获得有时态的解释，要么这样的解释在特定的语境中对说话人是突显的，要么那种语言中它们通常对于那个结构式是突显或默认的一种解释。重述一下，获得这样一种意义解读要么依赖于听话人在特定语境中对情境的时间进行积极、有意识的推理（CPI），要么依赖听话人自动、无意识地指派这种解读（CD，SCWD）。在此背景下，我提出了这样一个问题，即人们是否可以识别普遍的话语原则，基于该原则可进行策略类型之

第 2 章 意义的互动组合

间的选择或实现策略互补作用。① 例如,在表达时间属性时,英语主要依赖时态和时间副词。另一方面,泰语有时态和体态的可选标记和副词的随意使用,并在很大程度上依赖从共享背景假设中推理而来的情境意义,或潜意识把情境意义指派为默认理解。②

在下面的内容中,我将演示如何在默认语义学中表征时间指称,以及如何通过处理上面提到的各种外显和隐性的标记来实现时间指称的表征。我演示了我们如何通过将关于时间性的信息分配给不同的关于意义的信息源,和分配给不同的在产生首要的意图意义的表征中相互作用的过程,从而解释表达时间位置时的跨语言差异。正是这些信息源的普遍适用性、它们的互补作用,以及语用过程的普遍地位,使我们能够调和语言的多样性和普遍性。首先,我讨论了语篇中表达时间性的手段多样性,并用相关的例子加以说明。其次,对语用普遍性和过程普遍性问题进行简要讨论。然后,我构建了一些时间表达式的并合表征,一方面体现时间表征的语言手段多样性,另一方面反映时间表征依赖于概念的普遍性。

2.2.4.2 时间指称的载体

让我们从一个更广泛的角度来开始讨论这个话题。表达意义的方式多样性并不局限于时间指称,而是贯穿于整个概念系统。在一种语言中,通过词汇或语法显性表达的意义,可以通过语用推理或默认的意义结构赋值在另一种语言中表达。③ 重要的是,这种表达的多样性是一个广泛存在的事实,而不是一个例外。因此,任何有解释充分性的意义理论都应该认同这一点。例如,许多人对命题演算的基础知识有根深蒂固的看法,认为像连接、析取、隐含、等同和否定等概念有基础的地位,以至它们在所有语言中都必然被词汇化。然而,并非所有语言都有明确的等同于英语中"and, or, if...then"的表达式。在瓦里(Wari')的一种亚马逊的查帕库拉-万汗姆语和在泽尔塔尔(Tzeltal)地区的一种墨西哥使用的玛雅语言里,没有与析取词"or"直接对应的表达式。在马里科帕(Maricopa)地区,亚利桑那州的一种尤马语(Yuman)里没有与连接词"and"对应的表达式。在澳大利亚的一种土著语古古·伊米德希尔

---

① 此处的讨论使用了亚希乔特(Jaszczolt, 2012a)中的某些素材。
② 参见斯里奥塔伊(Srioutai, 2006)、亚希乔特和斯里奥塔伊(Jaszczolt and Srioutai, 2011)。
③ 也参见斯博尔多内(Sbordone,待出版)在分级形容词研究中关于这种互补作用的分析。

(Guugu Yimithirr)语中，没有与蕴含连接词 if 对应的表达式①。在这种情况下，我们必须解决的问题如下：①如果语言里没有一个词或语法结构用于表达一个概念，那么仍然有别的方式表达这个概念吗？②如果有，我们如何确信这些"别的方式"在表征意义过程中受到足够的重视？

继续讨论连接词的话题。似乎它们在语言中的缺乏或丰富并不妨碍相应概念的普遍性。正如冯·芬特尔和马修森（Von Fintel and Matthewson，2008：170）观察到的：

> ……然而，也许逻辑连接词普遍都不是通过词汇表达的。没有证据表明语言的区别在于逻辑连接词是否出现在它们的逻辑形式中。

就话语中时间属性的表达策略而言，这是出于方法论层面的考虑，因为它允许我们在语义系统和语言使用的不同领域中探索。对此，我们现在接着讨论时间属性的表达，以两种现象为例：①言据性/时间性混合在一起；②时态-时间不匹配。可举例来说明①。马特塞斯语（Matses）是亚马逊地区的一种帕诺语，该语言中存在一个理据表达系统，它要求无论什么时候一个过去的事件基于推理证据被表达，都要显性地具体表述信息的来源（参见 Fleck，2007）。尤其在句子中具体表达事件是多久前发生的，以及说话人在多久前获得了关于事件的证据。弗雷克（Fleck）把这种屈折变化策略称为双重时态。如（25）中，马特塞斯语的一个相关的动词屈折后缀与时间和证据性的信息结合在一起。Erg 表示"作格"，Dist. Past. Inf-Rec. Past. Exp 表示"遥远的过去的推理"与"最近的过去经验"结合在一起。传递的时间信息是，说话人不久前发现了这个小屋，而它是很久以前建造的。

(25) mayu-n　　　　　　　bëste-wa-　　nëdak-o-ṣh.
非马特塞斯语.印度人－作格　小屋－建造－　遥远.过去.推理－
　　　　　　　　　　　　　　　　　　　最近.过去.表达.3
"说非马特塞斯语的印度人（已经）建造了一个小屋。"

（摘自 Fleck，2007：590）

马特塞斯语有三个过去时态：最近过去时、较远过去时、遥远过去时，以及三个关于证据的区分——直接经验、推理、猜想（参见 Fleck，2007：589）。标记结构 nëdak 表示远距的过去时，指一个月以前与说话人婴幼儿时期之间的

---

① 参见莫里和范德奥韦拉（Mauri and Van der Auwera，2012）和埃文斯和列文森（Evans and Levinson，2009）。

任何一个时间段,并与推理证据结合在一起。而 o 标记最近的过去时,通常指刚好说话之前的瞬间到一个月以前这段时间(尽管在某些语境中使用了更宽范围的一个时间刻度),并且与经验的信息源结合在一起。合起来,我们就获得了标记结构 nëdak-o,它把时间指称的两个方面进行结合,即关于小屋建造的远距过去时和关于发现小屋或获得信息的最近过去时。以此类推,我们可以获得该语言中其他组合的标记结构,如最近的过去推理或远距的过去经历,这样就产生了总共 9 个关于过去时间指称的标记结构。

弗雷克(Fleck)指出,通过观察可发现,这些差异在将来或现在时间情形中并不重要,这就部分解释了这些区别只出现于指称过去的时间。针对我们的研究目的,有趣的是,在马特塞斯语中必须以双重时态表达的内容在英语中通常用一个语法/词汇策略得以实现,或当获得证据的时间在语境中是明显的,则通过语法/语用策略得以实现。此外,若我们也采用三分法以标记过去时态,在英语中我们则需要额外的语法/词汇或语法/语用混合策略,这样就可用一个语法/语用/词汇的混合策略以表达(25)的组合表达式。粗略的想法如(26)所示。

(26)汤姆[很久以前]建造了一个房子。[我[刚刚]从你的话中了解到/推测到他做了此事。]

很容易构想出这样的对话场景。其中,方括号内的信息,不管是外部的或内部的信息都是冗余的。就时间指称而言,语言语法化或词汇化内容的所有差异更加有力支持如下的观点,可用口号的形式表述为:一个话语中无论含有什么信息内容都必须在它的意义表征中呈现出来,这与信息如何获取没有关系,即与何种信息源或何种过程产生某一信息没有关联。(25)有一个概念表征,如图 2.3 所示。其中,信息"很久以前"和"正如我刚刚推测"(那种影响的某种结果)是通过 WS 过程获得的。为了论述清晰,我没有表征与格结构的细微之处,并把"bëste-wa"视作一个单位。同时,基于"动作者"的涵义,把"mayu-n"视为"主语"。

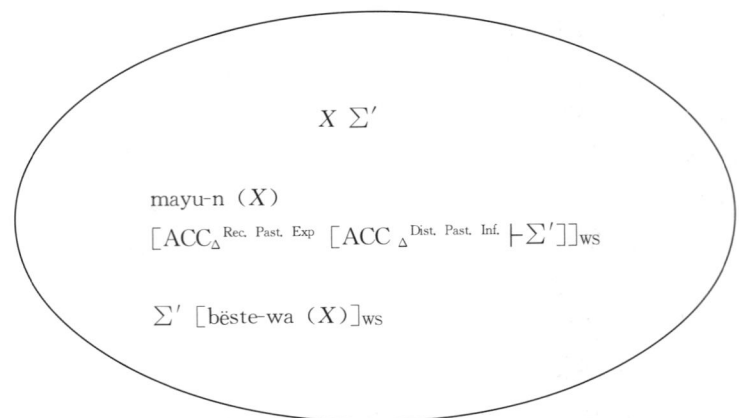

图 2.3 例（25）的信息总和（Σ）：mayu-n bëste-wa-***nëdak***-o-ṣh
（摘自 Jaszczolt, 2012a: 116）

在对等的英语表达式（26）中，这个双重时间属性和证据的来源要么没有通过意图表达出来，要么在某些情形下通过 CPIpm 推理而来，也或视之为理所当然的（SCWD）。

我们转到现象②，时态−时间不匹配。这些现象在许多语言中广泛存在，这是有充分理由的。例如，当一个说话人对将来时间的指称使用现在时，这个现象被称作无时态标记的将来时。这个选择的动因可能是说话人想强调未来事件发生的可能性很大，或改变计划或时间表有潜在的困难，如（27）所示。

（27）周一首相在格拉斯哥。

（28）所示的将来进行时是与此相似的一个现象。

（28）周一我在植树。

如（29）所述，通过与过去时间指称一起使用的现在时态形式获得生动的或历史性的现在状态，是另一个不匹配例子。

（29）这是昨天发生在我身上的事情：我来到办公室，并看到这个家伙站在我的办公桌旁，微笑着。我对他说……

从概念或语义的分析视角，它更适切被称为*过去叙事*的现象，因为其语法形式是通过与将来进行时或无时态的*将来时*进行类比以指称过去可能发生的事。

简而言之，在英语中，未来或过去的时态不需要映射到未来或过去的动词形式上。此外，有些语言的时间指称没有语法标记（普通话），或者这个标记是可选的（泰文）。这个事实进一步证明，所有的关于时间的信息，无论其来源是什么，都必须一视同仁。接下来我将讨论在默认语义学中对之如何表征。我们需要一个"理论鞭子"来驯服和征服这种多样性，我们将看到默认语义学能够胜任这项任务。

在我们对默认语义学的论述中，组合性必须被接受为概念结构的一个属性。因此，基于这里所采用的对语义学的识解（语言互动的语义学），它也是语义学的一个属性，这是显而易见的。在此背景下，让我们考虑语义普遍性的概念。冯·芬特尔和马修森（von Fintel and Matthewson，2008：142）引用了强有效性假设和可翻译性理论，这两者都归因于杰罗德·卡茨（Jerrold Katz）。强有效性假设说，"每一个命题都是每一种自然语言中的某一句话的意义"，这是一个形式语义学家一厢情愿的想法，而且不需要太多的证据来反驳它。其次，更宽松的可译论认为，"对任何一对语言，其中一种语言里的任意一个句子 S，以及对任意一个句子 S 的任何一个涵义，在另外一种语言里至少有一个句子 S'，σ 是句子 S' 的一个涵义"（同上：143）。这个论点又过于严格了，因为我们可以见证如下的一个事实，即语言广泛使用词汇/语法/语用的互补特征。只有当我们用术语"话语"代替"句子"，并采用一种激进的语境观识解语义学，它才是可行的。另一方面，冯·芬特尔和马修森（von Fintel and Matthewson，2008：191）指出，"尽管在词汇语义或语法上存在非平凡的差异，但语言通常表现出惊人的相似真值条件"。这对他们来说意味着语义普遍性是合理的。语义普遍性可被理解为普遍的语义组合性原则（然而，对其辨别存在很大的问题），或被理解为格莱斯的话语理解原则。

现在，埃文斯和列文森（Evans and Levinson，2009）认为过程原则正是我们一直寻找的普遍性。但这里我们有两个选项。我们可以在形式语义/语用概括的领域内，或在过程概括的领域内寻找这些原则。例如，如果我们采取动态语义学的研究进路，并把越来越多的源自语境的信息纳入形式化表征，我们则选取第一个策略选项。如果我们采取后格莱斯的研究进路，进而在语义研究中坚持基于意图的语境观，并把语用推理的结果纳入真值条件表征，则我们可能仍然选择聚焦最后的表征结果，或聚焦各种过程，这些过程产生了这个语用充实的表征。埃文斯和列文森同意后者。正如他们所说，"对我们的生成派评论家而言，在结构表征层面找到了普遍性；对我们而言，则是在过程的层面"（同上：475）。简而言之，方法论问题是，普遍原则是否应该包括对过程的概括。正如默认语义学早期的分析所表明的，默认语义学确实把它们包括在内，但只是作为组合性结构语块总和（Σ）的触发器，而不是对意义本身进行概括的核心。在这一点上,我们与埃文斯和列文森的观点有很大的不同。[①]

英语中的时态-时间不匹配如下面重复的例子(27)~(28)所示。这些例子为默认语义学提供了适切的检验平台,因为不仅时间属性不能从语法时态直接推导获知,而且与该时态存在标准关联的时间指称也不可以。

(27) 周一首相在格拉斯哥。
(28) 周一我在植树。
(29) 这是昨天发生在我身上的事情:我来到办公室,并看到这个家伙站在我的办公桌旁,微笑着。我对他说……

(27) 和 (28) 对于那些形式语义描述来说是相当有问题的,其中时间指称与句子的时态密切相关(参见如 DRT 理论中的时态特征)。在默认语义学中,语法针对其他途径的信息没有优先权,这样的不匹配不是问题。图 2.4 是句子 (27) 的表征。重述一下,图中的上标"tf'"代表"无时态标记的将来时间",并为 ACC_Δ 赋值〔注:ACC 是命题(并合表征)的可接受性算子,描写时间属性〕。

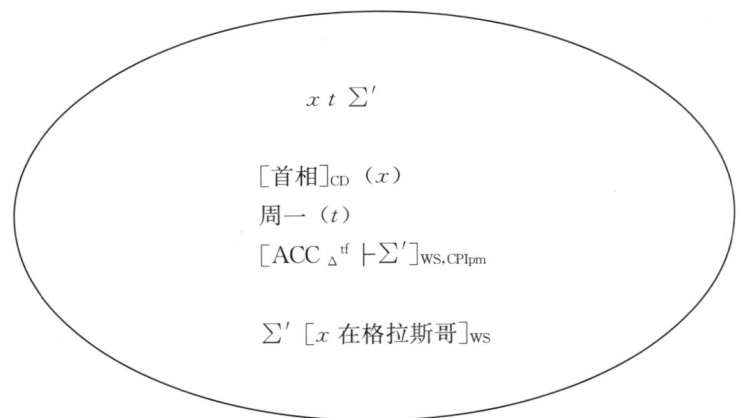

图 2.4 例 (27) 的信息总和 (Σ):"周一首相在格拉斯哥。"
(摘自 Jaszczolt,2012a:117)

例 (28) 获得一个表征,如图 2.5 所示。其中,通过 CPIpm 获知时间属性;上标"fp"表示"将来进行时"。

---

① 默认语义学并不赞同模块性的事实扩大了这个差异,参见 2.2.3。

第 2 章 意义的互动组合

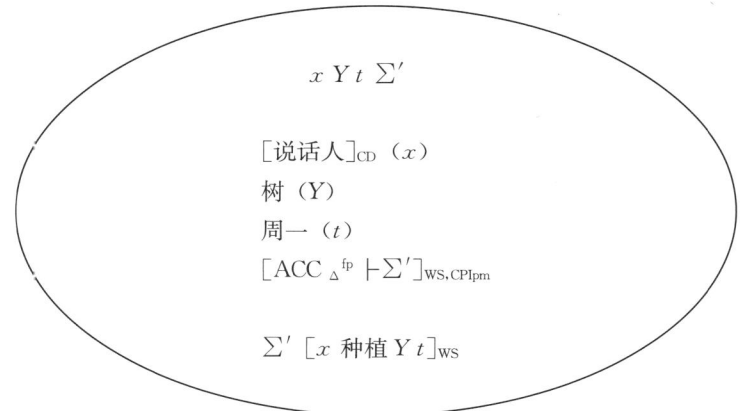

图 2.5 例（28）的信息总和（Σ）："周一我在植树。"
（摘自 Jaszczolt，2012a：117）

例（29）涉及对过去的叙述，可以用类似的方式表征：CPIpm 负责解释过去时间的指称，不管（WS 给予的）动词的语法形式。由于 Σs 表征的是整个话语，遵循父理论 DRT 中 DRSs 所采用的程序，该描述中的所有句子都将出现于一个表征中。

在无时态的语言与时态选择可有可无的语言中，时间指称的处理遵循同样的原则：其中，WS（词汇和语法）不提供时间的指称，时间位置归因于 CPI，CD 或 SCWD。即使 WS 提供了时间指称的标记语，这个指称也被其他过程的输出覆盖。[①] 总之，从这些例子可以看出，在默认语义学中，把关于时间位置的信息源分配给恰当的有贡献作用的信息源和相关的过程，则词汇/语法/语用之间的互补作用很容易被表征。默认语义学分析的额外优点是，它让我们在普遍主义/相对主义之争中有了自己的立场：尽管语言之间在选择表示时间指称的方法上有很大的差异，但时间属性总能被表征，因为语义学承认词汇/语法/语用之间的互补作用，并采用时间的模态视角，把时间属性视为某种程度上对事态的认知承诺——默认语义理论认可的其中一个信息源为该理论中描写时间属性的 ACC 赋予一个值 Δ。

如此解释的语言互动的语义学证明了有必要整合认知语言学和形式语义理论的思想，从而为该理论提供理论预测力。对于前者，我们主要吸收认知语言学在建构具有心智表征地位的语义表征时的思想；关于后者，形式语义学为我们提供了一个真值条件分析工具。例如，默认语义理论认同格登福斯

---

① 参见亚希乔特（Jaszczolt，2009a）。

(Gärdenfors，2014b：3) 的观点，即"表达式的意义不存在于世界中，也不（单独）存在于单个语言使用者的意向图式中，而是*浮现于语言使用者之间的交际互动中*"。在信息综合层面Σ，基于针对不同对象进行运作的过程，意义进行组合（顺便提一下，这些对象包含格登福斯明确指出的意义构建层次[①]）。这是实现这一互动程序的一种方式。

[①] 这些包括实践层级（无意向性交际的互动）、规则层面（语言中的，参见语言游戏或言语行为）、关于共识的协商（告知，提问）、意义的协商（关于语词和语言结构式的意义协商）。参见格登福斯（Gärdenfors，2014b：6）。

第 3 章　语境中的默认

他又喝了一口白兰地，说白兰地是在厚厚的容器的映托下，呈现圆圆的形状，甚是令人喜欢。他非常优雅，他没把这个容器称为一个杯子。他说，他第一次明白了，从最早的几年起，某些白兰地一定是用这种厚度的容器盛起来的，让它看起来好像有黏度，因而，它也是味道的一部分。

简言之，这种饮品的浓烈程度足可以致盲一个水手。

皮特·凯里（Peter Carey），《帕罗特和奥利维尔在美国》
2010，伦敦，费伯出版社（Faber and Faber），第 447 页

3.1　突显意义和默认意义

在第 1 章和第 2 章，我对语境论的一个范式进行了辩护，它的理论思想以首要意义为基础，认为首要意义反映了一个典型听话人捕获到的、一个典型说话人表达意义时的意图。我称其为基于突显的语境论。同时，我认为语词具有突显意义，突显的意义有时独立于情境的内容，从而避免了意义消除论（meaning eliminativism）的陷阱。接下来，我尝试调和语境自由的突显论思想和基于语境内部结构的突显论思想，后者在默认语义学中被视为默认的、自动的关于意义的理解，是通过 CD 和 SCWD 过程实现的。[①] 我提出的第一个问题是：突显的词汇义和默认的话语义是兼容的概念吗？在默认语义学中，自动（默认）解释和推理解释被视为潜在的听话人遵循的替代路径，以捕获说话人意图传递的信息。必须强调，默认解释是以过程，而非以语言系统为基础：默认只针对某些说话人发生。甚至在某些情况下，尤其是消息被自动捕获时，默

---

① 本章进一步阐述了我在亚希乔特（Jaszczolt，2011）提出的关于突显的观点。

认也只在这些说话人身上发生。然而，在某些情况下，其他的说话人采用的是一个有意识的推理过程。这就是默认语义学理论中的默认与基于语言系统的默认的区别。后者分别由格莱斯和列文森提出，并把它作为他们各自的 GCI。在默认语义学中，不会发生"默认撤消"。默认只是阐释话语意义的两条可能路径中的一个，有时被采纳，而有时没有被使用。

例如，如果我们言说（1）中的话语（此处重复第 2 章的例子），语境的突显很明显区别于语境自由的突显：在观看《辛普森一家》时，普通观众会自动地将"荷马"与卡通人物联系起来。

（1）约翰尼和山姆坐坐在电视机前正谈论荷马。

指称是突显的，"荷马"的意义是通过默认的过程获知的，但语境自由情形下与"荷马"关联的指称则不是突显的——至少对大多数受过良好教育的说话人来说是不突显的（假定，对某些人来说可能是这样）。同时，正如乔拉（Giora，如 2003，2012；Peleg and Giora，2011）的实验证据表明的，无关的意义也不同程度地被激活；它们在词汇层面产生了"分级突显"现象。因此，有必要把这个现象纳入话语意义——默认语义学中的首要意义——的组合性解释中。调和语境自由的突显和依赖语境的突显，使得有必要采用一种有大量心理主义描写的解释方案，这是 3.3 要讨论的议题。

从历史的角度，除非受到语境的压制，格莱斯的 GCIs[①] 通常是紧随发生的对意义的理解。它们是命题性的，被理解为是隐含的思想。格莱斯感兴趣的是这种常见的隐含和所说句子之间的关系；他不感兴趣的是这种隐含的产生过程。在当前的研究环境中，语境论者的任务是非常不同的：即使我们不以话语加工的心理语言学理论为目标，我们也必须解决主要信息的合成性问题，以及这样的问题：在话语解释过程中，首要意义是如何以及在过程中的哪一个点产生的？在第 4 章，我们将对产生自动意义建构的单位提出更精确的建议。现在，让我们集中讨论突显概念本身。在（2）～（5）中，我们对意义的阐释超越了词条的字面意义内容。但只要仔细观察，这个结果是通过不同的方式实现的。

（2）有一些人（→$_E$ 一些但不是全部）喜欢伊恩·麦克尤恩。
（3）医院病房有一个新护士（→$_E$ 女护士）。
（4）冰箱坏了并且（→$_E$ 因此）所有食物都浪费了。

---

① 格莱斯（Grice，1975），也请参见霍恩（Horn，2004）。

第 3 章 语境中的默认

(5) 给这些装饰品使用银抛光剂（→$_E$ 抛光剂用于清洗银）。

在（2）中，我们有一个标准的霍恩层级，其中"一些"表示"一些，但不是全部"。然而，根据默认语义学的观点，这是出现在很多语境中的关于"一些"的一种理解，但却是基于这个特定语境和话语情境的一种理解。如果我们把"充实"归因于词汇项本身，我们则必须面对语境中的撤消问题，其中，"一些"仅指一些（可能是全部），如（6）所示。

(6) 如果你想成为部门主管，你的一些同事必须支持提名。

似乎"并非所有"的解读（如果有的话）是以一个比单词本身更大的单位为基础的。有时，当与道义情态并置的时候［如（6）］，甚至整个短语"你的一些同事"不能保证出现级差解读。因此，更谨慎的说法是，级差解读有时是自动的，有时是经推理出现的，有时它根本不会出现。总的来说，比起对级差的关注带来的启示，级差并不是一个理论层面的有趣现象。

其次，职业的名称，如"护士"或"秘书"被视为激活了默认的解读："女护士"或"女秘书"。列文森（Levinson，2000）把这些视为局部的、逐步到达 GCIs 的推定意义。毫无疑问，这些职业主要是女性从事的。因此，可以合理地推测，在许多语境中这种对假定的性别进行填充可能会自动产生。但它又不是在所有语境中都出现的，由此，它最好被描述为一种自动的理解——一种默认语义学意义上的自动理解，即对当下的情境和说话人而言是自动的，而非总体上针对任何说话人和任何语境的那种自动解释。再者，"秘书"描写了一个相当宽泛的职业范围，在某些工作场景中则不是默认为"女性"。相反，可能随之而来的是默认为"男性"，也或自动产生与性别没有关联的解读。当出现这种情形的时候，似乎最好把之视为一种 SCWD（社会、文化和世界知识的默认），因为它反映了我们被灌输的关于文化和社会的假设。

例句（4）表明了连词"和"（and）的因果关系解读。在文献中这个解读和表时间关系的"和"常被作为默认解释的案例进行讨论。在这种关系明晰的情况下，有很大的倾向将这种因果关系和时间关系的解读归因于句子的并列。在默认语义学中，我们常常把它们归因为 SCWD，因为常识告诉我们，激活这种理解的是物理定律，这种理解常常是自动的。默认语义学也能解释听话人（如一个儿童）必须执行有意识推理（CPI）以捕获因果或时间关系的情况。

例句（5）中的"银抛光剂"是标准化合物。列文森（Levinson，2000）已在假设意义的总括术语（他的 GCI）下讨论了这些案例。重复一下，他的例子包括"面包刀""菜刀""钢刀"。① 它们被引入来证明复合词中形容词和名词成分之间语义联系的多样性,但同时也证明了语义联系的可预测性。这似乎将语用解释的默认性和领域延伸得有点太远了。与可从语言系统推导出的语义内容相比,语用意义必须是"软"(soft)的意义;它们要么必须是可撤消的,就像格莱斯和列文森的 GCIs 情形,要么它们必须是由语境激活的,如同默认语义学理论的自动理解的情形一样(语境驱动的默认)。但这些复合词显然比这更强大:它们的意义很难被撤消;它包含的内容不只是推定的关于意图解释的假设,因此不属于默认的范畴,而属于词汇语义学的范畴。

总而言之,似乎自动解释可以更强或更弱,它们可以归因于不同类型的过程,这些过程呈现了话语的整体意义。根据列文森的解释,用相关的启示式规则分析例子就应该可以解释自动理解的出处。(2)的处理过程遵循 Q-启示式规则(没有说的就是不想说的)。换言之,如果有一个更强有力的表达本可以使用,但没有,则有强有力的理由推断,对于同一个句子,强有力的术语被较弱术语替代,句子的值将为假。(3)~(5)遵从 I-启示式规则(被表达的仅是传统观念的例证)。换言之,如果更丰富的意义是显而易见的,就不需要详细说明,则列文森(Levinson, 2000: 5)的下一个例子[我们的例(7),即重复第 2 章的例(21)]也被视为由 I-启示式规则控制。

(7) 我不喜欢大蒜。(→$_E$ 我讨厌大蒜。)

因此,I-启示式原则被应用于一个混合的案例:不需要一直持有的社会固有观念;一些人知道但其他人不知道的物理规律;与词汇复合词相关的强意义;以及对整个短语的解释,如(7)。事实上,它就是一个混装的袋子,不仅涉及意义的来源,而且还涉及这个意义的强度和它产生单位的性质。很难看到一个人如何通过这种方式来获得一个关于意义的规范的解释。充其量,人们可以尝试敷衍地描述谈话的事实,但那肯定不是解释,不是具有预测力的理论。

总而言之,会话默认是日常谈话中的一个事实。因此它们应该得到解释。然而,它们没有构成一个统一的现象。它们有不同的来源,不同的强度,在解释的渐进过程中出现在不同的地方——即使是在不同的语境中说出的同一个句子,或甚至是在同一个语境中但不同参与者评估的同一句话,也是不同的。我们在这里有语境敏感性和评价敏感性,但这不止是文献中已广泛讨论的事实(Predelli, 2005a, 2005b; MacFarlane, 2005, 2014),它是针对理解过程本身

---

① 参见列文森(Levinson, 2000: 5),以及前面 2.2.1 中的例子(16)~(18)。

第 3 章 语境中的默认

的语境敏感性和评价敏感性，因此已经远远超越了广泛讨论过的案例。

接下来，如果标签"默认"适合这样的理解，问题就会出现。就默认语义学而言，这只是术语方面的问题：在没有有意识推理过程的帮助下，自动得出的理解就值得称为"默认理解"。然而，这个关于术语选择的战略重要性也不应被低估。自从格莱斯提出了一般隐含的概念，文献中针对他的默认的、语境自由的语用意义的合法性就充满了热烈的讨论。把格莱斯的范式理解为哲学辩护是相对容易的，这与语言学-语用研究范式追求的不同，前者仅仅概括会话中的事实。这种哲学思想后来被语言学家所接受，并以列文森的启示式规则的形式发展成一种古怪的混合体。在这种混合体中，对过程的关注开始成为这一理论的一个重要组成部分，这也许是社会科学进步中的一个怪象。正是在这一点上，问题出现了：一个人不可能同时具有语言系统管控的 GCIs 和具有心理现实性的 GCIs；第一个应必须是算法规则决定的，而后者应一定要比列文森的 GCIs 弱得多，并且是不可以撤销的［尽管原则上是可废弃的，以解释误传递（miscommunication）的情形］。

这就是默认语义学在理论上对"默认"一词的辩护。事实上，不存在列文森式的基于语言系统的推定意义，也不存在格莱斯式的基于句子的 GCIs，这并不意味着没有哪种意义值得贴上"默认"标签；轻松、自动的理解和需要付出努力的、推理的理解之间存在着重要的质的区别。这就是默认语义学中引入该标签的目的。

默认意义在哲学、逻辑学和语用学中有一个悠久的、值得尊重的传统地位。默认推理这个术语捕捉到结论的自动性，普遍出现在洪堡（Humboldt）、叶斯柏森（Jespersen）和卡西耶（Cassier）等人的著作中。更接近现在的是，巴赫（Bach, 1984: 40）把它描述为一种推理，它包含不借助思考和决策而可废止的一个步骤："……除非你认为某样东西可能不对劲，否则你尽管接受它。"这个人类推理现象也与默认逻辑有关：如果已得出结论 A 并且 B 可以通过假定获得（尽管 B 不能被证明），则可以得出结论 C。这为默认增加了一种亚信念特征：默认语义学理论中的默认是自动的，具有通识性质，当然也是突显的。[1]

"突显"这个术语需要更多的关注，因为在我们目前为止的讨论中，它已

---

[1] 关于默认推理，另见赖特（Reiter, 1980）、韦尔特曼（Veltman, 1996）、托马森（Thomason, 1979）、本菲尔特等（Benferhat et al., 2005）、艾伦和亚希乔特（Allan and Jaszczolt, 2011）、亚希乔特（Jaszczolt, 2006a）。相关的概述性介绍，请参见亚希乔特（Jaszczolt, 2006b, 2009c）。

经应用于语境突显（默认语义学理论中的突显），和词汇的、语境自由的突显（乔拉的分级突显）。我们都需要用到这两者，它们都是语用层面的、非单一的用法。我们通过非单一推理处理词汇项。① 为词条赋予意义有多种渠道，它们关涉到我们的经验、人类推理系统的属性（以及与此相关的大脑结构及其运作）、语言的知识、当下的交际目的，以及各种外在和内在的因素。正因为这样，很难把它放入一个形式化分析的模型。但是对当前我们讨论的要点而言，我们所需的是重新认识到这样一个事实，即正如有一个语境突显一样，也有词汇突显，因此有理由将第一个归因于 SCWD，将第二个归因于 WS。

现在，默认语义学在这个二元区分中提出了一个问题，因为，当它通常产生一个信息性很强的理解，它与说话人说出话语时心智状态的高度意向性相关，如一个信仰报告中"涉物"（de re）相对于"涉名"（de dicto）的解读，或限定摹状语中指称性相对于归属性的解读，原则上它也与信息性强的、语境独立的对词项的理解相关。例如，在识别"奶牛"的上位和下位术语中，很可能下位的术语是通过信息补偿被解读的。② 在表现出典型效应的模糊术语情形中，如"红色"，典型的"红色"（"鲜红的红色"）可能被激活。③ 这种现象最好归因为意向性属性，而归为最强的"相关性"和最强的"信息性"——或，按照默认语义学理论的术语是 CD 过程，则更具有理由。简言之，CD 将与 WS 相互作用，为可撤消但很强的词汇项赋予意义。这些突显意义可以有不同的来源，它们是来自默认语义学中标示的信息源。

所以词汇突显的问题仍然没有被解决：正如 CD 可以产生一个突显的词汇意义，SCWD 也可以。被广泛讨论过的原型理论也预测到了这一点。例如，正如 CD 可以让"鲜红的红色"产生一个语境自由的意义，SCWD 也可以让"护士"产生一个语境自由的意义："女性护士"，或让"青少年"产生语境自由的意义，即"叛逆的、模仿流行明星着装的年轻男孩或女孩"。我们在默认语义学的并合表征中如何反映这个事实？答案是：我们不这样做，而且有充分的理由。首先，听话人常常不知道在信息组合过程中，说话人大脑里出现的突显意义是什么。第二，这些突显的意义不必与接收到的信息的突显意义相匹配。第三，正如乔拉所证明的，这些意义不一定与当前的信息相关：

---

① 参见亚瑟和拉斯卡里德斯（Asher and Lascarides，1995）对默认推理的讨论、普斯特乔夫斯基（Pustejovsky，1995）对诱导推理的讨论、乔拉（Giora，2003）对层级突显的讨论、艾伦（Allan，2011）对概率推理的讨论。

② 注意：此处这个过程不被视为是歧义的消解办法。

③ 参见伯林和凯（Berlin and Kay，1969）。

第 3 章 语境中的默认

> ……更突显的意义——编码的意义在我们的头脑中是最重要的,因为其规约性、频率、熟悉程度或原型性——比不突显的意义更快被获知,并达到有效的激活层面。那么,根据分级突显假设,无论语境信息或作者意图如何,编码意义一旦出现都会被获知。
>
> 乔拉(Giora,2003:10)[①]

以这种方式定义,则它们并不总是进入综合(Σ)表征中所描写的组合过程。当它们进入组合过程时,它们则被置于一个适切的灵活的"语词意义"概念之下。后者是第 4 章的主题,但这里讨论的是一个不同的问题:如果存在这样的可撤消的词汇意义,而这些词汇意义又确实在全部综合(Σs)表征的组合过程中有贡献,那为何我们把它们归因为 WS 而不是 CD/SCWD? 总的来说,如果它们的来源事实上属于 CD 或 SCWD,那为何我们把它们指派给词库而不是语用推理过程? 在第 4 章我们将把它们归因为词库——一个灵活的语义存储库,它使得降级到词汇分解层面的努力是多余的。正如词汇语义学的历史预先警告的,这种努力在任何情形下都是注定要失败的。对现在来说,这是回答的要点。

回到突显的意义,现在很明显,术语"词汇突显"本身有两种不同的用法:词汇突显独立于语境(当然包括不顾语境的作用而呈现出突显的情形,这种情形下,突显激活的意义没有作用于组合过程)和词汇突显由语境触发。我们关注第一种用法,表明它与默认语义学中对突显的理解是一致的,但只是针对可称得上是"语境自由"的突显的情形。当这种突显用于意义的组合时,它就与默认语义学兼容并产生了联系。由于"一个人心智中最重要的内容对另一个人而言不一定是最重要的"(Giora,2003:37),所以一个人不能假定其心智中最重要的内容可被另一个人获取。正因为如此,它本身不能进入话语互动的画面。相反,它仍然属于过程心理学范畴,而只有当它碰巧对应于彼此共享的假定观念,它才是语境论语义学家关注的内容。用豪格(Haugh,2008,2011)的话来说,会话中的默认源自浮现的意向性:它们依赖意义的共同建构过程。[②] 因此,当对话中的默认因对话过程而被对话者分享时,会话中的默认将包含乔拉的突显意义,因为随着会话的进行,出现语词的理解(WS)被吸纳的过程,或在社会互动中建构复杂概念的过程。

但是,从我们在这里所捍卫的理论区别的角度来看,语境自由的突显在另

[①] 另见亚希乔特和艾伦(Jaszczolt and Allan,2011)中的讨论。
[②] 另见托马塞洛(Tomasello,如 2008,2009)对共享意向性和合作中人类交流的起源的讨论。

一个方面也有用，因为它证实了有必要根据第 1 章我们追求的方式修订字面/非字面的区别。正如乔拉（Giora，2003：33）根据她的实验数据所观察到的：

> 虽然字面意义往往是高度突显的，但它们的字面性不是突显的一个组成部分。由于使用频率或经验熟悉度等因素，判断一个意义是突显的标准或准则只与它在记忆中的可及性有关。

考虑到无论是概念分析还是实验研究都没有成功地分离造成理解偏离的"字面核心"，这种为独立于语境的激活而提供的经验支持证明了一种更加基于函数的词义研究方法，这也同时支持了我们在第 4 章把 SCWD/CD 驱动的和 CPI 驱动的语词意义划入 WS 信息源的决定。

3.2　首要意义与明晰/隐含之分

突显在默认语义学中起着重要而多方面的作用。第一，它的特点是默认的、自动的，但同时也是通过 CD 和 SCWD 获得的理解中依赖于语境和说话人的成分。第二，它的特点是，基于我们所称谓的"言外的字面性"，我们重新解释语词的意义：虽然不存在与非字面意义有清晰区分的字面意义，但对听话人而言，由于他/她的特有经验，存在清晰的、首要的突显意义，但该意义不必与当下的交际目的相关。第三，基于对话者共享的经验，还有突显的词汇意义，这样就有助于意义的共同建构和话语理解的组合过程。

基于这种解释，突显还有另一种（即第四种）展示其特征的方式。默认语义学的并合表征为首要意义建构模型，这种意义是被捕获到的说话人意图表达的和交际的主要信息。重述一下，这样的首要意义跨越了明晰/隐含的区分：它们可以是被明晰或隐性传递。这种对首要意义和"其他"意义、次要意义的区分相对于明晰/隐含内容的区分正是由突显的特征决定的：主要的消息是最突显的消息，尽管它不一定是交际中被最明晰传递的。它不必是一个默认解读；它可以依赖通过默认得到的某些属性，但也可以依赖通过推理得到的某些属性。考虑一下（8）的情形，首要意义利用了描述语的指称性解读（通过 CD 实现的一种默认解读），但与该语境中的隐含内容有关联。

（8）［菲奥娜和杰克站在当地一个书店的一个橱窗前，看着伊恩·麦克尤恩（Ian McEwan）的一部新小说，《儿童法案》。菲奥娜说：］
伊恩·麦克尤恩是我最喜欢的作家。

第 3 章 语境中的默认

这里的（但是当然不是唯一的）首要意义可能是菲奥娜想买这本小说，或期望杰克为她买这本小说。通过 CD，专名获得强指称解读（表示对这个人有某种形式的了解，或更可能是针对他的小说作品），而整个信息是通过 CPI 获知的。它突显的是第四层涵义中最突显的信息（突显$_4$）。

在这一点上，语境论阵营中的"修补论者"[①]会寻求外部证据，以证明相对于明晰/隐含意义的区分，一个首要/次要意义之分在意义的真值条件理论中有存在的理由，如第 1 章和第 2 章的概念分析为此提供了强有力的论据。其次，也有通过问卷调查方式收集的关于"所说"的心理现实的证据。[②] 最后，某些证据可以通过考察可撤消性的性质被获取。我现在转向讨论后者。

为了进一步支持在默认语义学中解释的首要意义范畴，我们必须证明，对可撤消性产生影响的不是明晰/隐含区分，而是首要/次要的区别。正好突显可以帮助我们做到这一点。格莱斯（Grice，1975：39-40）提出了各种各样的众所周知的标准以界定会话含义（conversational implicature），其中之一就是可撤消性："所说"不可撤消，而隐含可以撤消。一些明显的例外现象使其追随者修改了标准。但从本质上来说，该测试经受住了时间的考验，仍然可以作为我们想要的区分的可靠标准。[③] 接下来，我简要总结格莱斯的可撤消性测试，然后对最近某些想要破坏它的企图给予反驳，之后把它应用于讨论"修补论者"采用的明晰/隐含之分和默认语义学采用的首要意义/次要意义之分。后者经受住了这个测试。作为测试的副效应，首要意义/次要意义之分反过来检验了测试的有效性。[④]

根据格莱斯（Grice，1978：44）的观点，有两种方式可以撤消假定的会话含义。首先，当隐含 p 的一个话语之后可以出现"但是非 p"或"我不是有意暗指 p"，则一个假定的隐含是明确可以撤消的。这种撤消是明显的，因为它发生在实际的话语情境中。[⑤] 实际上，这种潜在的隐含要么首先被撤消，要么首先被阻止。另一种方法关涉语境的可撤消性，当有可想象的场景时，这种潜在的含意就不会出现。不同的地方在于，这把实际的撤消情况与理论上可能

[①] 参见第 1 章。
[②] 参见先前讨论中的参考文献，如尼考尔和克拉克（Nicolle and Clark，1999）；施奈德（Schneider，2009）。
[③] 但请参见卡彭（Capone，2009）对关联理论中外显意义可删除性的论述（第 1 章对此进行了反驳）。
[④] 接下来的论述发展了亚希乔特（Jaszczolt，2009b）的观点。
[⑤] 参见豪格和亚希乔特（Haugh and Jaszczolt，2012）中的主题"把意图归因于说话人"，以及列文森（Levinson，2000）对这种显性删除的普遍性的论证。

不是这种隐含意义的情况放在一起：其实这是两种非常不同的测试。乍一看，显性的撤消更可靠，因为它针对说话人的判断可很容易进行检测，而语境撤消为调整场景留下了空间，这样就不存在有问题的含意。

然而，对于我们的目的，主要观察到的必须是这样设想的撤消不限于格莱斯的GCIs。当从说话人的角度来看这一现象，也存在潜在的特殊隐含〔尽管根据霍恩（Horn，2004）的口号，说话人用暗指，听话人用推理，我们把它们称为"潜在推理"〕。回到（8），我们很容易联想到菲奥娜会继续说，如（8'）：

（8'）伊恩·麦克尤恩是我最喜欢的作家。但我不是建议我们现在就买这本书。我们去买Kindle电子书吧。

尽管测试很有用，但它很容易扩展到这种具体语境里的潜在隐含。因此，对支持GCI/PCI之分的论证没有帮助。

格莱斯的测试是为了检测韦纳（Weiner，2006：128）的恰当场景。在该场景中，一个隐含据称是不可撤消的。相反，每一次撤消它的尝试都会使它更加强大。

假设爱丽丝和莎拉坐在一辆拥挤的火车上，爱丽丝显然体格健壮，四肢伸开，坐在两个座位上，莎拉站着。莎拉对爱丽丝说："我很好奇，你能否给别人腾出地方坐下。"

很明显，在这种情况下，莎拉对爱丽丝的行动能力并不好奇；相反，她讽刺地责备她自私的行为。现在，在韦纳的设想中，莎拉继续说："不是指你应该腾出地方来，我只是好奇而已。"（同上：128）。结果表明，尝试的撤消失败了，因此格莱斯的测试的可靠性崩溃了。

然而，这个论证是不可靠的。格莱斯没有说一个特定的、想象中的撤消阶段必须起作用，只是，一方面，有实际的撤消阶段起作用，另一方面，我们可以想象撤消会起作用的场景。当对如下的事实给予足够的重视，后者仍然有效，即句子用作表达一个隐性的请求，并带着讽刺口吻，那么撤消阶段就会看上去确实非常不同。首先，讽刺的使用必然产生用一个不同的、常常是相反的意义进行替换，其目的在于获得意图表达的内容。① 这为我们带来了如（9）的效果。

---

① 参见卡波基安尼（Kapogianni，2013）对讽刺可撤消性的新的分类及其具体分析。

第 3 章 语境中的默认

（9）我知道你能够移动一点点以腾出空间让别人坐下。

应用于此内容，（10）中所述的撤消符合格莱斯的测试，尽管其笨拙地证明了间接请求固化为这个言语行为的一种传统、常用的表达方式。

（10）但这不是请求移动。

因此，讽刺并不是推翻格莱斯标准的最佳测试案例。

其次，布勒姆-蒂尔曼（Blome-Tillmann，2008）正确地观察到，显性可撤消性和语境可撤消性应该分开，并制订了显性可撤消性和语境可撤消性的相关标准。但后来，他增加了一个非常古怪的要求，即两个标准都必须有效，以便将意义归类为一种隐含意义：

> 格莱斯认为，因为这两个原则阐述了出现会话隐含的必要条件，它们也为我们检测这种隐含不出现的情形提供了有用的办法：格莱斯认为，如果结果是两个原则中至少有一个没有被满足，则我们可以确信我们遇到的不是一个会话含义的例子。
>
> 布勒姆-蒂尔曼（Blome-Tillmann，2008：157）

很难理解格莱斯的观察，即隐含内容能通过两种方式撤消，可合法地变成一个严格的、分叉为两个不同方向的要求。同样很难理解的是，明显的撤消如何适用于与"拟构"场景一样的标准。它们确实是非常不同的测试。其中一个涉及情境意义（Mey，2001，2007），它是语境中的话语意义。另一个涉及句子的潜在意义。在这种情况下，似乎有一个更简单的方法，即聚焦讽刺的性质，这也为解决理解的内在层级问题之前解决外在层级问题提供了一个更一般的原则。①

然而，更重要的是，布勒姆-蒂尔曼引入"明晰*的可撤消性"，以修订连接词测试的要求，认为明晰的撤消阶段只出现在某些语境中。如果一开始就没有采用测试"连接词"的错误假设，就不会混淆格莱斯的"明晰"。但与现在

---

① 正如我在亚希乔特（Jaszczolt，2009b）中指出，格莱斯（Grice，1978：44）本人观察到这种测试是不可靠的，必须结合评判隐含地位的其他标准。例如，"评价的相对性"［如"（在某种光线条件下）这条领带是绿色的"］可以引起撤消操作，但这不表明可以合理地把撤消的意义称作隐含。同样，模糊性和非字面意义［"我给莉迪亚买了一个狮子（→$_E$一个玩具狮子）作为圣诞节礼物"］也允许撤消操作，这并没有表明撤消的意义具有一个隐含意义的地位。这就意味着：当一个意义是隐含意义的时候，它一定是可以撤消的。双重条件的强化并没有发生："现在，我认为所有的会话隐含意义都是可以撤消的。但遗憾的是，人们不可以把满足了撤消测试就视为一定出现了一个会话隐含意义。测试失效的一种情形与一个语词或语词形式可能有宽松或不严谨的用法相关。"格莱斯（Grice，1978：44）

看来不必要的修订相反,我们这里有一个宝贵的尝试来拯救格莱斯的标准。针对它的潜在作用的疑虑消除后,我们现在可以用它来测试相对于首要意义的显性突显意义。①

首先,我们将为"修补论者"所采用的明晰/隐含之分简要评估可撤消性中的差异。正如第1章讨论的,自从20世纪80年代中期起,后格莱斯语用学中占主导的一个论题就是识别格莱斯没有识别的对"所说"的贡献的类型。当"修补"语义表征在充分展开的时候,不同类型的贡献要素也被识别出来。简言之,那些关于意义的语用特征对被言说句子的逻辑形式进行修改后就产生了明晰内容,而语用过程在产生具有单独逻辑形式的独立思想时,则产生了隐含内容②。在(11)的场景中,(11a)是明晰内容,而与(11b)吻合的一个命题则是最突显的隐含:观众不喜欢这个钢琴独奏,正因如此,这个独奏不成功。(符号"→_I"表示隐含)。

(11)(杰克和菲奥娜谈论菲奥娜的钢琴独奏会)

杰克:表演成功了吗?

菲奥娜:有些人鼓掌。

(11a) →_E一些人(但不是所有人)鼓掌。

(11b) →_I我的独奏不太好。

在这个场景中,(11b)作为隐含内容起到首要意义的作用。另一方面,(11a)要弱得多,最多可被视为(11)中传递的一个次要意义。让我们考虑一下首要的、隐含意义的可撤消性。一旦(11a)获得"充实",(11b)很难撤消。我们可以尝试(11c):

?(11c) 有些人(但不是所有人)鼓掌。但这并不意味着这个表演不好:大多数人都赶着乘最后一班火车离开。

原则上是可能的,但(11c)作为对比赛质量问题的回答听起来很奇怪。作为一个回答,它是无关紧要的,因此违反了会话连贯性的原则。现在,撤消

---

① 在亚希乔特(Jaszczolt,2009b)中,我也已经讨论了撤消与仅仅自我纠错的重要区别。在①中,第二个句子有两种功能中的任一功能:激活潜在的解读"恰恰20磅"或自我纠错。①今天我在书上花了20磅。事实上,我花了20磅60便士。这种选择可能是由内容和/或语境支配的,以及可替换"事实上"的表达式之可能性支配的。例如,②中的否定标记使得"自我纠错"解读是唯一(或至少是最愿意的)选择。②今天我在书上花了20磅。不,我花了20磅60便士。

② 这种过时的争论的一部分就是寻找标准以区分"所说/明晰内容"与隐含内容。参见卡尔斯登(Carston,1988,1998)和雷卡纳帝(Recanati,1989)。

第3章　语境中的默认

(11a) 通常是可行且容易的，如（11d）所示。

(11d) 有些人，实际上每个人，都鼓掌了。

但是，当（11b）中的首要意义出现时，就更难理解了。在（11d）之后，除非在撤消次要意义之后，我们"把隐含带回来"，否则"音乐会不是特别好"的隐含通常不会产生，也就是说，通过重复如（11e）中的明确内容来加强它。

(11e) 一些人鼓掌了。事实上，我认为每个人鼓掌了，但我仍然认为我的表演很糟糕。

在这个场景中，次要的、明晰的内容是可以毫无难度地被撤消的。

即使从这个适度的例子中，我们也可以得出一个初步的结论，即影响可撤消性的不是一个消息的明晰/隐含地位特征，而是它的突显程度。根深蒂固的隐含义是不可撤消的，而通过语用充实形成的明晰内容在没有充分固化时是可以撤消的。不用说，这让我们可以推测，（11b）中的隐含义不能被轻易撤消，因为它是首要意义的构成成分。让我们思考另一个例子：文献中被广泛讨论过的源于巴赫（Bach，1994）描述的一个场景。一个小男孩割伤了手指并哭了起来，他的妈妈的反应如（12）所示。

(12) 你不会死的。

"修补论者"展示的明晰内容如（12a）所示。

(12a) $\rightarrow_E$ 这个男孩不会死于这次割伤。

另一方面，默认语义学选择针对主要的意图表达的内容建构模型，在这个案例中，主要的意图传递的内容对应于类似（12b）或（12c）中的一个隐含意义。

(12b) $\rightarrow_{I/PM}$ 没有严重的事情。

(12c) $\rightarrow_{I/PM}$ 无须担心。

同样，如先前的例子所示，试图撤消会产生可疑的结果，如（12d）所示。

?(12d) 你不会死的，但看上去有点严重。我们应该赶紧把你送到医院。

如果这个惯用表达式"你不会死"只从字面意义上理解，则撤消会生效。否则，它会与言外之意内容和言后行为内容产生一个冲突。

在亚希乔特（Jaszczolt，2009b）论著中，我也讨论了瑞茜和亚瑟（Reese

and Asher，2009）提出的带偏见的问题所引出的一些证据。由于词条"曾经"呈现的否定极，句子（13）呈现了一个针对否定回答的偏见态度。

(13) 菲奥娜曾经满意过吗？

问题中出现的否定会引起反向效应：（14）传递了一个肯定的答案。并且，（15）中因出现了"也"（too）[与"也"（either）相反]，甚至更加强调这一点。

(14) 菲奥娜没生气吗？
(15) 菲奥娜也没生气吗？

另外，（16）通过使用附加疑问句传递一个问题和一个断言。

(16) 菲奥娜没生气，是吗？

他们指出，传递的"偏见"不是 GCIs，因为它们是不可撤消的，如（17）所示。

?(17) 菲奥娜曾经满意过吗？我并非指她从来没有满意过，我只是问一问。

带偏见的问题的突显意义很难被全部撤消。比较一下（18），该例源自瑞茜和亚瑟（Reese and Asher，2010：5）并被稍微做了改动。B 通过提出一个带偏见的问题，突显地表明他/她不同意 A，强烈隐含（18a）。

(18) A：我对这件事没有信仰。
   B：难道你不是一个共产党员吗？
(18a) →$_{I/PM}$ 你的政治信仰偏向共产主义。

(18a) 中的隐含意义是首要意义。因此，根据我们的预测，它是很难被撤消的——确实如此，如（18b）所示。

(18b) A：我对此事没有信仰。
   ?B：难道你不是一个共产党员吗？不过，我不是说你有政治信仰。

让我们现在考虑一下隐含意义，这些隐含是为次要意义服务的，旨在检查它们是否有同样的固化度。基于这个目的，我们对（11）中的对话进行了修改，但场景是一样的。该对话摘自伊恩·麦克尤恩的小说《儿童法案》，如（19）所示。

(19)（杰克和菲奥娜谈论菲奥娜的钢琴独奏会）

杰克：演出成功了吗？

菲奥娜：是的。房间里挤满了人，并且都站起来为我鼓掌。

明晰的内容与（19a）中的相似。这个内容也是菲奥娜传递的消息的首要意义。重述一下，默认语义学的并合表征为话语建构模型，因而 $\rightarrow_E$ 可以捕获多个句子的内容。

(19a) $\rightarrow_{E/PM}$ 菲奥娜的钢琴独奏会很成功。音乐厅里挤满了人，并且大家站起来为她鼓掌。

正如在通常的话语中那样，（19）可能出现一系列或强或弱的次要意义，它们在这种情形下对应于隐含意义。（19b）可以很容易被视为是它们的其中之一。"$\rightarrow_{SM}$"表示"传递次要意义"。

(19b) $\rightarrow_{I/SM}$ 菲奥娜对她的表演很开心。

但（19b）中的次要意义可以很容易被撤消，如（19c）所示。

(19c)（杰克和菲奥娜谈论菲奥娜的钢琴独奏会）

杰克：演出成功了吗？

菲奥娜：是的。房间里挤满了人，并且都站起来为我鼓掌。但是我对我的表演不开心，它不够出色。

因此，与服务于首要意义的隐含意义不同，服务于次要意义的隐含意义似乎很容易被撤消。让我们再举一个例子。（20）具有如（20a）中所述的明晰的首要内容。并且，我们假设在这种情况下，（20b）可能是次要意义。

(20) 菲奥娜推了杰克，并且他摔倒了。

(20a) $\rightarrow_{E/PM}$ 菲奥娜推了杰克，结果他摔倒了。

(20b) $\rightarrow_{I/SM}$ 菲奥娜对杰克很生气。

同样，撤消（20b）是相对容易的，如（20c）所示。

(20c) 菲奥娜推了杰克，他摔倒了。但她并不是故意这样做的，不管大家在这种情况下怎么想。

与（20a）中的首要明晰意义相比，（20b）中的意义固化度更低。当明晰内容用作首要意义时，撤消并不容易，因为考虑到使用频率、规约用法，或可预测性，填充的意义常常有很高的固化度。大多数情况下，说话人通常对交谈的共识基础做出正确评估,从而不会发生误传信息的风险。例如,撤消(20a)中"并且"(and)的因果解读是非常困难的,如(20d)所示。

　　[?](20d) 菲奥娜推了杰克,并且他摔倒了。但他摔倒不是因为她推了他,而是因为他在湿地板上滑倒了。

　　重述一下,事实上,明晰内容扮演了首要意义的角色,正是首要意义使明晰内容有程度较高的固化度。

　　类似的撤消例子可以被认为是其他可能的次要意义,例如"菲奥娜脾气不好",或者甚至采取不同的思考方向,"菲奥娜不可能故意这么做"。正是这些隐含作为次要意义的地位使它们的固化度较低。

　　让我们暂时回到明晰内容作为首要意义的例子。很明显,当明晰内容不要求过度脱离句子的意义,则固化程度是可以预测的,因此试图要进行撤消的难度也可以预测,如(19)和(19a)所示。但是,即使在(20a)中语用贡献更大的情况下,(20d)中的撤消也被证明是很难的。就语用层面而言,它不是良构的,因为它揭示了第一个连接词是不相关的,并且明显有误导作用。另一方面,如(11e)所示,当明晰内容与"修补者"提出的所说出句子的丰富逻辑形式相对应时,它作为次要意义时则更容易被撤消。①

　　综上所述,我们现在已经考虑了四种可能的撤消:作为首要意义的隐含内容撤消,作为首要意义的显性内容撤消,作为次要意义的隐含内容撤消,作为次要意义的显性内容撤消——在后两者出现的场景中,隐含的首要意义要么阻止,要么没有阻止撤消。我们可以得出结论:首要意义/次要意义之分经受住了撤消测试:首要意义是根深蒂固的,因此很难被撤消,而次要意义要弱得多,因此是可以预见的,其固化程度不高,我们更有理由认为,它很容易被撤消。

题外话:概念分析方法述评

　　我们在这个论证中使用了几个相关的场景。这一阶段出现了关于方法论的问题,即通过使用可撤消性测试,是否首要意义/次要意义之分与明晰内容/隐含内容之分的测试应该采用更广泛的实证研究——要么使用口语语料库中的真实例子,以查明我们确实发现了什么类型的撤消,以及我们没有发现什么类型的撤消,或者使用一种带有一系列相关场景的问卷调查方法,这样我们就可以得出一个定量的结果。然而,这似乎是一个严重的"过度杀戮"(overkill):

---

① 在整个讨论中,表达式"撤消内容"指的是撤消其作为一个意图表达信息的地位。

第 3 章 语境中的默认

当把预测作为一个可信的假设，就需要进行经验验证。另一方面，当一个概念分析表明意义的突显和固化，同样，弱化和可撤消性是息息相关的，用证伪的方法证明所提出的相反的假设是错误的，那将浪费时间和资源，同时也是方法论上的错误。可悲的是，后格莱斯语用学恰恰犯了这个错误：格莱斯认为隐含是可撤消的，这一观点过度延伸到了后格莱斯对显性内容与隐含内容的区分上。[①] 人们完全忘记的是，格莱斯本人会把这种被充实或修饰过的明晰内容称为隐含，因此可撤消性对它们是适用的。因此没有理由支持格莱斯对隐含的可撤销性的最初看法，或将其与后格莱斯的"明晰内容"并列在一起加以考虑。人们还忘记了，格莱斯感兴趣的是拯救意义的真值条件研究范式，所以，他没有过多关注那些位于可进行真值评价的"所说"之外内容的确切地位。因此，事实上某些隐含意义与主要的意图表达的内容相关，即事实上首要意义可以是隐含的，或再换一种不同的表述，即在那个时期，确实有间接言语行为在他考虑的范围之外。一个人不能简单地采用他的可撤消测试，并用于后格莱斯研究视角下"修补论者"关注的领域；相反，有必要认识到，我们采用它是为了一个非常不同的目标，事实上这是主要的意图表达的意义和次要的意图表达的意义的目标。在这种情况下，仅仅我们为数不多的测试不能给出一个与众不同的结果——我们不得不承认它几乎处于"循环"的痛苦之中：突显和充实是息息相关的，就像弱意义和撤消一样。更糟糕的是，那些没有发现"不惜一切代价的突显"和固化之间明显相关性的人，同时在坚持固化和固定命题之间有相关性。当然，对于那些割断突显和明晰内容之间的联系，并指出这种明显相关性的以言语行为为研究导向的人来说，情况要好得多。

让我举一个实验的例子，该实验的痛苦之处在于测试一个显然不值得测试的理论，因为仅通过默认语义学主张的概念分析就可以揭示其缺陷。多兰等人（Doran et al., 2012）跟随其他同样误导的实验论倡导者的引导，试图通过证明 GCI 并不总是所说内容的一部分来诋毁 GCI。正如我们在前面的论证中得出的结论，这是完全不必要的。他们试图证明什么是明显为真的，因此不需要浪费资源或时间，也就是说，通常被归类为 GCI 的意义属性不会自动纳入明晰内容中。根据结构式的类型，他们得出数值，15% 和 63% 的所说内容可理解为 GCI 类型。特别是：

> 关于真值条件的意义，我们发现没有 GCI 类型被一致地纳入"所说"

[①] 参见如伯顿-罗伯茨（Burton-Roberts，2006）对显性意义的可撤消性的分析，即它是位于格莱斯的最小"所说"内容与格莱斯的隐含意义之间的一个层面。

内容之中。同样，我们也发现没有 GCI 类型被一致地排除在"所说"内容之外。因此，我们可总结出，对每一种 GCI 类型，参与者只在某些时候仅将相应的隐含纳入"所说"内容之中，这意味着说话人能够获得一种不包括 GCI 的理解——也就是说，GCI 不影响话语的真值条件意义。

多兰 等（Doran et al.，2012：145）

  这一结论是完全可以预测的，并且与简单必要的事实相对应，正如仅通过概念分析所显示的那样。[①] 仅凭论证和举例就可证明，如果一个人所寻找的是一个具有心理可行性的范畴，而不是如他所愿的一个适用于描写一个语言系统力量的结构，则列文森对 GCIs 的理解就过强了。在意义理论中为确保意义建构的心理合理性，我们能够保留 GCIs 的角色的唯一办法就是接受：是的，确实存在语境自由的语用层面派生的意义，即默认语言学中自动的、默认的意义。但这些意义不是一经列举归纳后就永无变化。它们是语境自由的，产生相反的模证据（modulo evidence），但它们并不总是出现。例如，指称的或涉物（de re），或预设的解读是由于人类推理系统的特性（心智状态的意向性）而出现的，但它们并非总会出现。因此，更准确的说法是，不要将其简单地称为"语境自由"，而也许是"语境自由$_{CM}$"，其中下标"CM"表示上面 1.6.1 提出的认知最小论：存在一个默认的、虚构的和假定的语境，标示了这种表面上是语境自由的意义。

  多兰等人（Doran et al.）问了一个错误的问题，因而没有注意到他们的结论有一个更重要的推论，即 GCIs 自身不会形成一个范畴。事实上，人们可以使用他们的证据来精确地论证这一点；他们的 GCIs 在其突显、可恢复性和固化度方面有显著差异。似乎更自然的做法是往前迈一步，把突显作为首要意义或次要意义地位归属的主要标准，从而放弃"所说"/GCI/PCI 之分。

结束题外话

  为了继续采用当前的分析方法，我们需要两份最终的声明。首先，我在这里所证明的不是可撤消性提供了区分主次意义的必要和有效的标准，而是在突

[①] 在亚希乔特（Jaszczolt，2009b）中，我也指出仅通过举例进行论证是理论语言学中的通常做法，是一种适切的研究方法。可接受的证据来自直觉，乔姆斯基学派的研究者把直觉理解为说话人的认知状态，它源自语言能力，如根据德维特（Devitt，2006，2010）的理解，直觉是潜意识的、非反思性的判断，并形成了中央处理组织对刺激的反应。所以，尽管对直觉的定义和源起是一个有争议的话题，但在理论语言学中直觉的"地位"是被广受维护的。

显、主要意义和它的固化之间有很强的关联性,这里分析为它对撤消的抵制。接下来,相关的问题出现了,即堆积反例是否与这种方法兼容。设计一个场景,在这种场景中,假定的意图意义被撤消是一项简单的任务,但需要在论证中引入另一个变量,即说话人意图表达的意义和听话人捕获的意义之间的差异。然后,默认语义学的理论概念——首要意义、典型说话人意图表达的意义和典型听话人捕获的意义——则不再适用。相反,我们将进入心理语言学、话语误解、会话中断以及信息背景不匹配的领域,我们在第 2 章已讨论过将它们从这里排除在外有充足理由。撤消的模式确实非常不同,但我们也会进入一个完全不同的探究领域。默认语义学中心理主义的问题确实是一个重要的问题,因为有人会问心理主义是否从根本上被接受,或根据弗雷格的思想,它被视为一种"腐蚀性侵入"(corrupting intrusion),人类心智和人类行为的不足"传染"给了理论探究。乍一看,采用规范性的必备要件和采用典型说话人和典型听话人的视角可能表明我们遵循了弗雷格的思路。情形将是,为话语建构模型要求更加细微的态度对待心理主义的"污染"。在话语建模中,探究的对象是突显的意义,不考虑其形式和来源。这是我现在转向要讨论的主题。

3.3 心理主义:一种"腐蚀性侵入"

一种规范的如默认语义学一样的话语意义研究范式不应该受到语言心理学的困扰。作为一种规范的范式,默认语义学远离了如下情形,包括误传递、识别共识基础时存在不足、会话中断、语言知识不足或识别语言使用的共同习惯方面存在不足。但同时,它不可能远离启示式规则和概括过程对心理合理性的要求,或在话语建模(即以并合表征的形式)过程中使用这些启示式规则时不可能不考虑心理合理性。对该研究领域的理解要求对下面的一个问题有深思熟虑的态度:应该考虑多少加工过程心理因素?从显而易见的方法论视角,回答将是:尽可能少到建构恰当表征所需要的程度;在组合性分析中意义的成分应该被分配给正确的加工过程,并且成分本身必须是准确的:单词、短语、句子,或某些成分碎片,等等。这就是为何在整个这个理论工程中,我们特别关注将信息分配给相关的"过程",从而确保在问题出现的地方我们采取正确的决策。

可以说,这种方法论立场表明了对心理学的根本拒绝:我们不是谈论会话的"混乱"方面,而是探寻组合性,并为这种语用的、互动的组合过程制定规则、标准或启示式规则。在弗雷格试图从心理学的角度净化逻辑和数学之后,心理学被确切地理解为是一种污染,不是一种净化,主观的不是客观的,不科学的而非科学的,不可靠的而非可靠的,推测性的而不是被证明的,等等。① 而在现代科学中,赋予心理主义贬义的内涵是不再恰当的,因为心理学有科学的方法解释人类行为中看似混乱的东西。在研究方法上,要求限制一个语义理论中的心理学内容似乎仍然是一个必要条件:通过将研究对象限定为规律性和概括性,我们只允许考虑"心智的"方面,其前提是,心智的方面成为这种顺从性会话行为的基础,并为心智方面的描写增加解释充分性。

语言的形式化分析借鉴了弗雷格的观点,即不倾向于主观的心智表征,或尤其是带有复杂的情境特征的实际思维过程。在他的《概念文字》(*Begriffsschrift*) 中,弗雷格(Frege,1879a,1879b)对判断的逻辑形式进行了分析,从而在理解逻辑方面取得了突破。它由现在众所周知的函数-论元分析组成。该类分析中,从对象到真值的函数给出了谓词的意义。逻辑不再关注实际的人类推理,而被理解为一个数学系统。② 在《算术基础》(*Grundlagen der Arithmetik*) 中,弗雷格(Frege,1884a)强化了对心理主义的反对态度,指出逻辑的分析对象要摆脱主观和心理的影响;思考的主体获得定义或有效证明的方式是心理学的内容,而定义和有效证明本身属于逻辑学。他写道:

> 对一个想法的起源的描述不应该作为一个定义,对意识到一个命题时的心智和生理条件进行解释也不应该视为一种证据,也不应该将发现一个命题的"思想变化"与发现它的真值相混淆!我们必须要提醒自己,好像当我不再思考一个命题时,一个微不足道的命题不再是真的了。如当我闭上眼睛时,太阳已经熄灭了。

弗雷格(Frege,1884b:88)

其次,在他的《算术基本定律》(*Grundgesetze der Arithmetik*)第一卷(Frege,1893:202)里,逻辑中的心理考虑被称为"腐蚀性侵入",因为"为

---

① 这里扩展了亚希乔特(Jaszczolt,2008)对心理主义的讨论。

② 尽管弗雷格的影响一定不要被过高估计,但 1847 年布尔(Boole)的《逻辑形式的数学分析》已经为这个研究范式转向开辟了一条路径,其方法是通过把符号的代数运算从对符号的理解中解脱出来,而聚焦"它们的组合法则"(Boole,1847:3)。在某种意义上,现代逻辑的真正起源因此可以追溯到布尔。正如这个小型论著中引言里著名的开篇段落所论述的:"对熟悉符号代数理论当前动态的他们而言,他们意识到分析过程的有效性不是取决于对所用的符号的解释,而只取决于它们组合的法则。"(同上)关于函数-论元的分析也请参见贝克和哈克(Baker and Hacker,2003)、格林(Green,2006),或斯大马斯茨基(Stalmaszczyk,2006)。

第 3 章 语境中的默认

真"与"被认为为真"是非常不同的。在《逻辑》(*Logic*)(Frege, 1897/1969: 243)中,"逻辑的"与"思想和感觉"形成鲜明对比,因为:

> 逻辑关系到"为真"的法则,不是把某样东西视为真的法则,不是人们如何思考的问题,而是如果他们想不要错失真值则他们必须如何思考的问题。

弗雷格(Frege, 1897/1969: 250)

这种新的逻辑概念对于语言理论的重要性不可能被夸大,因为运用模型论和真值条件,很快谓词逻辑就成为对自然语言意义进行形式分析的元语言①。后者(真值条件)由戴维森(Davidson, 1984)从塔尔斯基(Tarski)那里成功引入到了语言学研究。②

这些都是形式逻辑作为语言分析工具应用的起源。我们现在已经开始采用真值条件法,以及从谓词逻辑及其扩展中衍生出来的各种形式语言,来研究一个更具有"语用特征"的研究对象。在默认语义学的激进的、基于突显的语境论视角下,该研究对象与"典型的话语意义"相关:典型说话人想表达的并且由典型听话人捕获到的意义。这就出现了一个显而易见的问题:像默认语义学这样的话语解释模式如何与弗雷格的反心理主义相适应?在分析自然语言意义时,对心理因素的禁止是否延伸到了激进的语境论?在亚希乔特(Jaszczolt, 2008: 36)的论述中,我认为在我们界定研究对象和方法的前理论阶段(pre-theoretic stage),心理主义在语义学中是必要的:

> ……在真值条件为基础的语用学理论中心理主义是必要的,目的在于为至少如下前沿议题的实验研究提供所需要的养分:①应该采用的研究视角:说话人视角、听话人视角,或一个典型说话人与一个典型听话人互动的视角;②语用推理或默认充实操作的单位;③相对于有意识的语用推理,默认理解的定义和界定,以及④什么内容可以作为主要的意义并对其建构模型。这就大大缩小了研究的范围。

我不再确定事实的确如此。在自然语言语义学中心理主义的前理论应用还不是心理主义,可以说,它是方法层面的心理主义或一种元心理主义的形式。一方面,如果我们根据特拉维斯(Travis, 2006b: 125-6)的假设,在逻辑规律这个主题上采取任何立场都已经是一种心理主义形式,因为它渗透着人们

---

① 参见蒙塔古(Montague, 1974)、帕蒂(Partee, 2004)。
② 另见亚希乔特(Jaszczolt, 2002a)的第 3 章和第 5 章。

如何把握逻辑规律的立场。这样定义的话，心理主义也影响到解读上述引用的弗雷格的论著。另一方面，从广义上讲，人们可以认为，对心理因素如何与科学研究的特定领域相互作用采取任何立场也是一种心理主义形式。如果是这样的话，心理主义渗透到默认语义学整个理论工程之中，事实上，渗透到自然语言语义学和语用学的整个语境论和后格莱斯理论工程之中。同时，默认语义学的规范性让心理主义陷入困境，因为它不是我们关心的对一个真实的物理话语的实际理解，也不是我们关心的对一个真实说话人的实际意图的理解。后者是心理语言学的领域，它包括分析误传递和会话中断的原因——我们把该领域与一个规范的、可形式化的话语意义理论谨慎地分开，这种话语意义理论的特征是它在方法论层面要求组合性，以及需要组合性有预测力。典型的说话人和典型的听话人是理论层面的构体，它们汇聚了人类的会话经验，从而产生概括性和启示式规则。正是如此，默认语义学是不受心理学影响的。但由于研究对象的特殊性、会话中互动要素的意义、会话的参与者，默认语义学弥漫着心理主义：我们为之建构模型的不是抽象的意义，而是交际行为中使用的意义。

不过，这一论证中还有一步。正如我们在这3个章节中所讨论的，交际行为的意义几乎囊括一切：唯一值得追求的语义学理论是一种关于语言互动中的意义的理论，如本书的书名所示。这是因为有多种原因与组合性、突显、心理现实性（再次注意元心理主义）有关。这些议题在1~3章里有详细讨论。但是，这主要是关涉下面的问题，即与将语义学界定为仅与语言系统有关的意义研究相关的问题。本书第4章在分析语词的意义时将对此进行更详细的讨论。如果我们采取语言互动的语义学囊括一切的立场，那么毫无疑问，心理主义的整个问题开始变得不适用于语言语义学：所有的意义都是语言使用者如何使用这种语言，从话语中抽象出来的意义是不存在的。正如我们在第4.1节中详细讨论的那样，默认语义学允许存在语境自由$_{CM}$的概念。但这些概念是流变的，以至于不能进行字面/非字面的区分。① 虽然 WS 与交际中所使用语言的句法结构有关，但意义的组合却发生在概念结构（心智表征）层面，并且，这些结构不遵循句法限制；它们不一定遵循所说句子的逻辑形式，这与"修补论者"的各种尝试从而让它们看上去好像在这么做是相反的。默认语义学的并合表征说明了如何构建这种无句法约束的概念结构。认知语言学范式中的一些现有方法也是如此，尽管采取的方式不同。

现在，如果概念结构构成了最恰当的，也许是唯一的语义分析层次，那么

---

① 参见1.4和4.2。

第 3 章　语境中的默认

关于心理主义的问题就不适用了。在减去心理主义过后,则必须有一个探究的对象提供给客观主义的和"纯粹"的规范语义学。我们已经证明,语言互动的语义学才是核心,不存在任何"减法"的可能性。

在某种程度上,我们正朝着与弗雷格相反的方向前进:他为新的、不受主体影响的逻辑奠定了基础,为形式语言学提供了有效的支持论据,而我们的出发点是把形式语言视为一种描写途径,它不是用来获取演绎推理的模式(或至少不仅仅是和并非是抽象中的模式),而是用于获取人类复杂的推理方式,以及推理中的捷径——人类会话互动中非单一的逻辑。默认语义学试图捕获这些模式,这样的话就比认知范式有一个优势,因为它不需要脱离形式语义学的方法;它把突显的、首要意义作为研究对象,为其提供的表征与 WS 采用的逻辑形式没有相似之处,或相似之处很少,但同时使用了建构于谓词逻辑之上的形式语言及其他对模态与时间的扩展,并主张采用组合结构。

合拢起来,针对我们此处讨论的语境论语义学的背景,让我们再分析一个来自弗雷格的论述。

> 如果给一个地理学者一份关于海洋学的论著让其阅读,这本专著从心理学上解释了海洋的起源,他毫无疑问会有一个印象,该论著的作者错失了要点,论述本身以奇特的方式超越了对事物本身的描述。(……)当然,海洋是真实的,数字却不是。但这并不妨碍把数字视为客观的东西,这才是重要的。阅读这个著作(参见下文,KJ)使我能够衡量到心理学对逻辑的破坏程度……
>
> 弗雷格(Frege,1984:209)

这个段落源自弗雷格对胡塞尔的《算术哲学 I》(*Philosophy of Arithmetic*,I)的评论。其中,胡塞尔用心理学对数字进行解释。现象学当然是弗雷格从主观上"净化"的主要目标。但回顾一下对交际行为的研究历史,从后期维特根斯坦、言语行为理论家奥斯丁和塞尔,到语境论的后格莱斯范式,我们不得不承认他们在分析心智状态的意向性和讨论意义如何被赋予和如何被外在化的过程中都受益于现象学的思想(参见 Husserl,1900-1901)。在胡塞尔的《逻辑研究》(*Logische Untersuchungen*)中,心理学和形式研究的共存是自然的和有充足动因的。一方面,我们拥有赋予意义的心智行为的相关性(aboutness),另一方面,我们第一次尝试一种范畴语法(《Husserl 的研究 IV》(*Hussel's Investigation IV*),同上)。意识行为的意向性进而宣告了言语行为理论的产生,而语言的形式分析则宣告形式语义学的到来。似乎弗雷格的禁令不应该渗透到自然语言语义学中。在自然语言语义学中，探究的对象是心智表征，方法是形式化的。在自然语言语义学中，在认知层面对组合意义的识解有较好的阐释力："受心理学污染"的意义是唯一存在的意义。

但是，在这里，语言互动的语义学遵循了弗雷格设计的思想：在《思想》中，弗雷格（Frege，1918-1919：342）说，逻辑的领域不是"研究个体拥有的心智和意识内容"，而是"研究心智；是抽象心智（单数形式）而不是心智之和（复数形式）"。弗雷格的思想是基于类似的原则来识解的："尽管思想不属于思想者意识的内容，但他的意识中一定有针对思想的东西"（同上）。这个更为宽容的立场包括格莱斯的理想化意义$_{NN}$、列文森的推定意义、默认语义学理论中的典型意义和并合表征，甚至包含胡塞尔的赋予意义的行为；它们都是关于心智以及理想化交际行为中的意义。从这个意义上讲，我们又都属于弗雷格学派。

题外话：最小论和语境论——共存还是选择？

在第1章和第2章中，我们评估了最小论观、语境论观和索引论观中"修补观"的基本原理，以及默认语义学理论中首要意义驱动（以及言语行为驱动）的关于真值条件内容的立场。我们还指出，最小论（这里包括格莱斯自己的范式）与语境论的兼容问题在文献中已被详细讨论过（参见如 Saul，2002）。这产生了一个共识，即它们可以共存，因为它们关注不同的研究领域。例如，格莱斯对典型的互动参与者（默认语义学也采用了这个特征描述语）感兴趣，而博格在她的最小语义学中感兴趣的是由语言模块性和坚持演绎推理原则限定的语言系统。然而，当下对心理主义的讨论为这个欣欣向荣的图景产生了一些质疑。我们可以问一个问题：心理主义是否渗透到所有的立场中？如果答案是"是"，那么共存观可能不是一个经受得住辩护的立场。当我们发现的都是元心理学时，它可以被拯救，这是本节早些时候讨论过的方法层面的心理主义；重述一下，元心理主义涉及理论假设、研究对象和必要原则等的选择。然而，如果我们恰当地对待心理主义知识，那么可以说，"早上持有一个最小论观，下午持有一个语境论观"可能不是一种内在一致的理论体系[①]。为了保持一致，我们必须证明这两个问题有着不同的研究对象，如早上研究历史句法学议题，下午则研究（共时）句法理论。它们相互有呼应，但目的不同。然

---

① 另见1.6.1中对认知最小论的讨论。

第 3 章 语境中的默认

而，在格莱斯的理想化的意义、非敏感语义学、最小语义学、真值条件语用学、默认语义学和各种形式的索引论的情况下，意义的分析或多或少地依赖语境。它们都建立在一个命题上，即一个进行真值条件分析的单位。因此，它们必须允许一定成分的来自话语情境的干预。不管是自由充实还是只是通过语法手段填充空缺的槽位。正如第 5 章将讨论的，语法并不能为一种最小的、据称基于系统的结构提供可靠的解释。索引词有许多不同的用途。从自然语言中用作索引词的单位的角度来看，原来索引与非索引的区分不过是哲学家虚构出来的而已。最小论的识解观和语境论的识解观之间没有明晰的界线。不管是通过解决指称和歧义或远不止这些使用，它们都是"心理化"（psychologize）的意义。

如果是这样的话，那么问题就出现了，多少"剂量"的心理主义是正确的？面对最小论与语境论之间的层级性区分而非二元区分，似乎有两种可行的方案：与最小的"腐蚀性侵入"相关的，最小"剂量"，或最大"剂量"，在后一方案中，我们捕获的是意图意义，并使它必要时针对说话人的意图具有敏感性。

基于命题的解释中最小"剂量"不起作用。重述一下，因此，要获得一个命题，它不仅必须建立在从语言系统衍生出的意义上，而且必须利用依赖情境的、尽管是语法驱动的意义。但是，如果像巴赫（Bach，2001）的激进最小论那样，命题论被抛弃了呢？我们仍然有机会填充与稳定的语义角色关联的槽位；正如他所说，这些槽位"由语境"提供（如"我"），而不是通过说话人的意图"在语境里"提供的（如"她"）（同上：32）①。所以，再次强调，研究对象仍然是说话人的一些基本意义，而不是语言系统中的意义。但是，如果没有命题，即使是简单的句子（如"她很高兴"），且没有相关的真值条件分析的可能性，这个提议也不属于我们的研究范围；相反，与我们上面列举的清单相符合的研究对象是巴赫（Bach，1994：273）的隐含意义。它们"超越了（他主张的最小的，KJ）所说的内容，但不像隐含意义。隐含意义是附加的'所说'之外的命题，隐含是建立在所说内容基础上的。"这就是贯穿讨论过程的语境论和贯穿讨论过程的心理主义。那么，针对我们关于语境论的"剂量"问题的答案是，在这两个选项中，它是最大的而不是最小的方案。该方案中我们针对真实的、首要的、突显的、意图表达的意义建构模型。

在回答我们关于相容性的主要问题时，必须得出这样的结论：心理主义渗

---

① 引号表示强调，由原书作者标注。

透了所有采用真值条件分析方法的意义研究范式中。如果我们要用弗雷格的话,把"腐蚀性侵入"作为解决相容性问题的标准,那么答案必定是否定的。当然,心理主义是否应该被视为这种相容性的一个标准,是元语义学的一个问题,对此我们给出了一个肯定的答案。另一方面,是否心理主义可作为一个衡量语义理论本身的充分性的标准,则是一个完全不同的元语义学问题,而关于此问题,答案是否定的。

结束题外话

3.4 结语

突显是语言互动的基础。思想是直接和间接地、强烈地或微弱地被表达的。我们可以控制它们被传递的方式,并且我们也可以控制它们被传递的强度,因为我们知道信息通常是如何被传递的。我们带着先前的诸多经验和对经验的概括和抽象处理,以及带着对会话目标的期望进入话语的场景。突显是意义自动提取的终极状态,在话语中体现为两个层级。第一,它是词汇意义的特征,属于 WS。因为语词是灵活的,并且可以激活它们过去被使用的记忆。第二,它是话语和语篇意图意义的捕获过程的一个特征,属于 Σ 的层次,即信息并合的层次。作为沟通的基础,突显需要一个能抓住它的分析单位,但这个单位要超越对突显获得途径方式的划分。我们在首要意义中发现了这样的一个单位,它超越了后格莱斯理论中已经高度固化的明晰/隐含之分。我们也提供了证据以支持这个构体(即分析单位),这些证据源自可撤消性测试和针对替代解释的心理合理性。我们还发现,它在方法层面是最受欢迎的意义的建模对象。

第 4 章　词汇的界定

> 每个人都戴什么样的面具？我以为这些人站在我这边。但面具是我身边的一切——情形就是这样！
>
> 菲利普·罗斯（Philip Roth），《美国牧歌》
> 1998，伦敦，佳酿出版社（Vintage），第 353 页

4.1　动态的语词

在他的《再探思维的语言》（*The Language of Thought Revisited*）中，杰瑞·福多（Jerry Fodor）探索了意义的心智表征，并形成了一个常识性的主张，但通常也是经过努力思辨后形成的一个观点，即"指称是唯一原初的心智－世界属性"（2008：16）。将这一原则作为一个理论假设，为我们在本章中想要做的事情提供了一个跳板：评估自然语言的词汇到底是如何进入话语意义的解释过程。用默认语义学的理论术语来阐述，我们想知道在 WS 信息来源中"W"包含了什么，以及在 WS 过程中"W"对什么进行操作。我们首先必须注意到，上述陈述并非完全正确，因为在默认语义学中没有"W"类型的信息来源；而有一个 WS 信息源，这是有原因的：特定的词汇包含了它被允准进入的结构的信息（基于构式语法的解释）[①]，或如生成学派的观点，关于词汇允许创建的结构的信息。尽管一方面的生成语法学派和另一方面的构式语法对论元结构有非常不同的分析进路，但它们都一致同意一个原则：词汇和结构不仅仅是语言层级中的分析层次；它们更加紧密地联系在一起，这是独立于是否我们把它们描写为语言系统允许的、由形式句法清晰界定的语言结构，或者我们

[①] 在这里，构式语法通过词汇/语法连续统的形式提供了一种解释。

把之视为语言使用者创造的，并由话语目的和会话实践界定的构式。① 正如前三章的证据所示，尽管默认语义学有形式化的、基于命题和真值条件的分析基础，但针对这些形式化分析的客体采取动态的识解而言，它更倾向于构式语法的认知方向。这让默认语义学在某种程度上（但属于积极的）折中于它的研究对象与它的研究方法。在这里我们不涉及关于句法理论（甚至范式）的阐释力及其充分性的辩论；如果我们对之产生兴趣则只会离题太远。相反，我们将关注自然语言话语中使用的词汇，包括其灵活性、能产性，其流变的正确性的标准，以及相应概念的灵活定义。我们要解决的问题可以分为以下两个更属于理论内部的问题：

①参与并合表征建构的信息的哪些部分可归因于 WS？

和

②与其他信息来源相比，将信息归属于 WS 的标准是什么？

我举个例子，在（1）中，"国家"一词具有"该国居民"、"该国公民"或"该国大多数就业人口"的意义。

（1）国家对紧缩措施感到厌倦。

这个语词"国家"并不是严格的字面意义用法，但它也不是一个明显的隐喻："国家"通常用作一个抽象的术语或一个表示其居民的集合概念的术语，而不是指一个物理层面的、表示地理位置的术语。问题在于，听话人一旦听到这个句子如何处理"国家"这个词？这个信息是从哪里来的？它存在于词汇里吗？或它浮现于句子意义的组合过程中吗？或它来自语境：来自该术语中突显的默认意义或突显的场合意义？用默认语义学的术语阐述，这个信息是通过 WS 获得的，还是通过 SCWD 或 CPI 获得的？

当前，语义学研究中不同的研究进路和哲学研究文献里都以不同的方式探讨了词汇界定的问题〔参见如亚瑟（Asher，2011）、博格（Borg，2010，2012）〕。在本章，我们从默认语义学聚焦的信息来源和过程的视角阐述这个问题，并尝试以如下方式进行探讨。我们首先以第 1 章的分析假设为基础，即一个人能够承受的对词汇的最大程度让步，如基于我们现在所称的意义消除论（Wittgenstein，1953）的意义场合敏感性（Travis，2008），将是一个弱势选

---

① 参见如卢德洛（Ludlow，2011）对第一范式的讨论，以及克罗夫特（Croft，2001）对后者（即构式）的讨论。

第 4 章 词汇的界定

项。只有当明确表明,没有一种方案对一个词的某种形式的"核心意思"或其用法的规律性起到解释作用的时候,才求助于并应该采用这个选项。在 4.1.1 中,我将讨论为何这是要采用的最佳策略。接着,我将讨论"核心意义加上意义转移"分析方法产生的问题(4.1.2),然后再解决词汇中突显概念的实用问题(4.1.3)。接下来,我将通过上面②阐述的问题,即默认语义学标示的信息源和过程内容的边界,以讨论语境的作用和语境概念,进而转到本书中多处暗示的一个主张,即语境确定了用于语义分析的单位——所谓的"流变的特征"(character)[即语言意义](4.2)。然后,我回到我先前参阅福多的文献时指出的问题,即指称的语义地位,尤其是当一并考虑到默认语义学确认的其他信息来源和其他信息产生过程的角色时,语言互动中指称行为里词汇(和 WS)的角色问题(4.3)。接下来是结论,强化了词汇/语法/语用的互补作用,但同时证明它们之间存在边界是合理的——默认语义学中 WS,CPI 和 SCWD 之间存在边界同样是合理的。

4.1.1 词汇失效与语用开启

虽然福多说的"指称是唯一原始的心智-世界语义属性"可能是正确的(2008:16),但必须记住,他所说的是思维的语言:

> 可能没有充分的理由假定英语中有一个语义学;也许唯一存在的是心智语言。如果这是正确的,那么通常所说的英语句子的"语义层次"表征(或其"逻辑形式"的表征)实际上不是这样的东西。相反,它们应该被看作是从英语译成心智语言的表征。当然,心智语言中的一个句子翻译与其说是它的法语翻译,不如说是该句子的一种表征。如果不这样做,那就犯了他们过去所称作的"范畴错误"。

福多(Fodor,2008:219)

这种可能性与默认语义学主张的组合观是完全一致的,其前提是当我们假定并合表征是概念表征,由此即表征思维——思维语言中命题的思维,但它不仅通过自然语言的词汇和语法得以表达,也通过话语的情境和对话者之间的一些共同假设体现出来。但有趣的是,即使我们假设思维语言是我们所说的一种特殊的自然语言,这种观点仍然是完美的;我们要做的就是把组合性转移到语言运用层面和并合表征层面。现在,对于自然语言词汇,这给我们留下了什么呢?它留给我们的是两个选择:要么有一些概念不需要与所讨论的话语中使用的语言的词汇项一一对应,要么概念是语词的意义,但还有一些其他的东西:

与其他意义载体相关的概念，由那些其他载体引发的概念转移。换言之，我们必须对思维语言的概念层次或词语的使用层次进行分析。在建立于自然语言话语基础上的"概念分析"中，只有后一种选择对我们是开放的。

现在让我们假设有一些核心的"字面"意义，它们为话语中的任何话语解释提供了一个模板或起点。隐喻意义随后在脱离这种文字核心的过程中产生——例如通过临时的概念构建——一个动态的、在线的过程。该过程是在场景表明这种意义是意图表达时激活的。然后，这些过程要么不受任何形式化的约束（Carston, 2002），要么按照规则进行，这些规则被描述为是亚瑟（Asher, 2011）的类型组合逻辑（TCL）中概念形成过程的抽象化处理。后者包括了复杂的词汇类型，以反映出填充不同语法功能过程中出现的歧义——如（2）和（3）中的"摔倒"所示。

  （2）这次摔倒非常危险，你可能会受伤。
  （3）这个地面湿滑——难怪你摔倒了。

这些规则还包括涵义之间的关系，如（4）和（5）中"停止"和"完成"之间的关系支持稍有不同的语法模型集。

  （4）约翰修整完了花园/厨房。
 *（5）约翰停止了花园/厨房。

（摘自 Asher, 2011: 230）

在这个例子中，亚瑟的观点是，伴随语词的一组类型关系假设可以捕获结构之间的差异。不像"停止"，在及物构式中"完成"预设了施事主体的活动直接影响了客体。问题在于，普遍存在的因语境原因而脱离这种词汇规则使得形式化非常困难，而且，这个提议有可能陷入语境论观点，如卡尔斯登的临时概念构建或雷卡纳帝（Recanati）的自由、从上而下的调变：

  像雷卡纳帝一样的激进语用学家认为语境效应无处不在。我在此处阐述的观点更加谨慎，但TCL预言，在词汇的和组合性的语义学中只要有不明确的地方，就有可能存在语篇效应。在对"压制"的数据的讨论中，词汇层面的不明确性可能是常见的。①

亚瑟（Asher, 2011: 245）

---

  ① 压制指的是一个语词对另一个语词施加的影响，并改变其通常的意义。如在"我完成了一本书"中，"完成"对论元施加压制，使其承担一个事件中的角色：通常是读一本书，或某些情形下是写一本书。

然而，在将一个语词置于一种不寻常的模式或几种可用模式之一的过程中，抽象化处理还不允许我们建立我们所理解的语义学，即语言互动的语义学。它们允许我们尝试一种最小论范畴内的形式语义学，这种语义学与一种特定自然语言的可用的、良构的结构相关。但即便如此，问题仍然存在，因为每一种新的压制类型都在已经建构起来的系统之外，除非我们试图捕获它，甚至可以说在它发生之前就打算捕获它。这种抽象化的可行性确实很弱。此外，必须记住，与自然语言语义学的组合性有关的标准问题（如内涵语境）仍然存在，这使得该研究路径与默认语义学中互动的、语用组合性研究路径相比，或与福多提出的思维语言中的组合性相比，更不具有吸引力。

在许多方面，亚瑟的 TCL 与"语词有简单意义，但它们在结构中的槽位受到许多规则的限制"的最小论观相差不远。博格（Borg，2010，2012）把它称为"有组织的词汇复合体"，并由此产生"有组织的词汇语义学"研究方法。根据博格（Borg，2012：196）的观点，这是它的工作原理：

> "想要"（want）的意思是想要，但词汇包含比这更多的信息，还额外包含了规则，这些规则告诉我们语词能携带的论元种类，并且包括了与这些不同论元有关的组合规则。而根据当前的提议，这种额外的信息并非意义建构：人们可以在不知道表达式所需的论元的情况下知道"想要"的意义。毫无疑问，这种无知会导致各种错误，但似乎它们是关于"想要"是如何运作的错误，而不是关于"想要"意指什么的错误。

这个想法与福多一致，单词不会分解，而是将它们所进入的结构利用到语义调节原则中，例如"如果 x 是一条狗，x 是有生命的""如果 x 是蓝色，它是有颜色的"等——这是源于卡尔纳普（Carnap，1952）意义公设的一个著名原则。

但遗憾的是，该方案失败的原因似乎与意义公设失败的原因相同，也与亚瑟的 TCL 最终回落在激进语境论上的原因相同：语境效应太强，无所不在；它们的影响如此强烈，以至于只要我们采用足够创新的方法创造一个恰当的场景，则任何东西在词汇组合中都可发生。再者，我们还不清楚，假定词义可以从"知道如何使用它"中分开，我们可以从中获得什么好处？如果我要理解"想要"，那么当然，我理解的是，想要/渴望/愿望有一个客体，我能够从某人那里想要/渴望/愿望得到这个（物质的或抽象的）客体，或我为了某个人想要/渴望/愿望得到这个客体。尽管与这些概念相关的语言构式因语言而异，但这些概念似乎与"想要"的意义错综复杂地联系在一起。与博格的观点相悖，它们确实含有结构方面的信息——心智表征层面的结构信息（如多个 DRS 或多个 Σ），但也反映在句子结构之中。为了举例说明上面提到的三个"想要"的概念，我们可比较（6）~（8）和它们的波兰语译文（9）~（11）。译文中列出了相关的语法特征。

(6) 我想要一个冰激凌。

(7) 我想要你给我买一个冰激凌。

(8) 我想要莉迪亚吃一个冰激凌。

(9) Chcę　　　　　　loda.
　　想要$-Pres.Sg$　　冰激凌$-Acc$

(10) Chcę,　　　　　　Żebyś　　　　　　kupił
　　 想要$-Pres.1Sg$　　那$-$主语$.2Sg$　　买$-$过去式$3SgM$
　　 mi　　　　　　　loda.
　　 我$-Dat$　　　　冰激淋$-$宾格

(11) Chcę,　　　　　　Żeby　　　　　　Lidia
　　 想要$-Pres.1Sg$　　那$-$主语　　　莉迪亚
　　 zjadła　　　　　　loda.
　　 吃$-$过去式$3SgF$　　冰激凌$-$宾格

在波兰语中，想要某样东西与宾格有关；在英语中，从某人那里想要东西触发了一个受控制的 PRO（空范畴）结构式，在波兰语中则是一个补语从句。为某人想要得到它，也同样如此①，其具体的结构式在不同语言中是不同的。但很难想到有说服力的证据——不管是从普遍语法层面还是从语言实践的概念表征层面——以支持把结构从"想要"概念本身中分离开来。

总之，在一个规范的、基于规则的系统上的尝试不仅失败了，因为在一个语境中普遍存在绕过这些规则的自由，而且把它们独立地进行考虑，它们也失败了，因为把它们建构入语词并没有产生足够的概括性和抽象性，并且，不把它们建构入语词又会丢失概念本身的重要成分。

4.1.2　反对意义转移

看来，从抽象的核心意义到具体语境和情境中意图表达的涵义转移是行不

---

① 在生成语言学中，PRO（大写的"pro"）是一个空范畴，位于非限定从句的主语位置。

第4章 词汇的界定

通的。这就解释了意义消除论所具有的奇怪吸引力,它周期性地回到语义学和语言哲学的前沿:维特根斯坦的意义即用法论和特拉维斯(Travis)的场合敏感性通过诉者话语的"此时此地"特征,消解了这类位于任何抽象和系统之上的问题。但这并没有给我们一个语义学。在此,卢德洛(Ludlow,2014)提供了一个有趣的步骤,认为语义学不必精确。语词的意义内在地具有动态性,是没有被具体化的。事实上,我们对其使用影响("调整")它们:"人类的语言是基于一个会话接一个会话建构起来的东西"(同上:3),并且"我们通过会话对语言本身进行调整,也许是为了澄清即将出现的主张"(同上:4)。这个观点也隐含了词汇的动态建构观:根据卢德洛的观点,语言机制提供了一个基本的"骨架",基于这个骨架,话语参与者通过"词汇夹带"(lexical entrainment)在协作过程中构建词汇(Clark,如1996)①。这种动态的,认为本质上不受规则约束的观点使得一种语义理论上升到一个层次,在这个层次上,默认语义学实现信息的并合表征:语义学是关于话语的语义学,不是关于句子的语义学。卢德洛的观点预见了"一种可以计算话语(或,如果你喜欢的话,语符示例)语义值的理论——这些话语不是视为抽象客体的句子"。卢德洛的提议仍然只是一个具有吸引力但还未被发展的宣言。正如他所说,"这是明显的反卡普兰的观点,我不会在这里辩护"(Ludlow,2014:112)②。这正是话语互动的语义学,恰如默认语义学从事的研究领域,只是默认语义学区分了动态的语符类型的层次——一个介于卢德洛的语符类型和语符示例之间的层次——即下面要介绍的流变特征(fluid characters)。

现在,如果一个语义理论可以把这类观点作为建构的基础,并具有预测力,那么这些观点就是合理的。问题在于,很难明白允许词义有这么多的自由但依然能促成一个符合规范的理论:很可能行不通。并且,如果我们没有规范性,我们就没有预测力,也就没有形式化(注意,这一点也被卢德洛非常轻率

---

① 夹带是克拉克采用的术语,以描写协同行动过程中意义的浮现。默认语义学与这个观点有很多共鸣之处:"场景中海伦和山姆都在看一个迷宫图,并在电话里谈论这个迷宫图。这个迷宫的水平通道可用行、排、柱或路描写,垂直方向的通道也是如此。但一旦海伦已经使用行以描写水平方向的通道,那就设定了一个用法先例。从此,山姆必须使用行描写水平通道,并用其他的术语——如,柱或排——以描写垂直的通道。理由是:海伦的用法先例为山姆指称下一个通道提供了连带的最突显的方案,山姆必须遵照执行,否则就会产生引起误解的风险(……)。类似这样的一个'夹带'术语在会话中是普遍存在的——这是用法先例作为语言使用中一种主要协同资源的强有力证据。"克拉克(Clark,1996:81)。

② 我们将在第5章对此进行继续讨论,并在最接近卡普兰(Kaplan,1989a)自己的概念领域(即纯粹的索引词)中对卡普兰的研究方法进行"语用化"分析。

地拒绝了)。似乎我们现在只有一个选择：如果我们想要建构一种语义理论，允许其有依赖语境的自由，并同时认识到存在词义的事实，简而言之，"狗"这个词比"猫"或"食品加工者"更可能指狗，我们就必须从一个假设开始，即单词代表概念，但这些概念是基于特定情境的，这并不是因为它们根据某些明确的规则或受到语法可能性的限制发生了转移；它们也不是基于特定情境的，因为它们是在语言使用的过程中被建构起来的。相反，它们是动态的，因为它们的新用法鉴于过去的用法易受到影响；对过去的使用进行概括并不会产生抽象的概念，而是为新用途铺平道路。从这个意义上讲，克拉克和卢德洛（Clark and Ludlow）的各自任务是最接近匹配的。但他们没有解释这个共建任务是如何被界定的。重述一下，卡尔纳普的语义公设和博格的组织原则都不会奏效，因为它们位于一个错误的分析层面。相反，情境驱动的推理和社会、文化、科学驱动的默认理解似乎很好地服务于研究目标，以大脑结构驱动的认知默认理解也是如此。它们会告知我们"国家"可以表示它的居民，它的地理位置，或甚至表示报酬过低的工薪族人口，如上面的（1）所示（SCWD 或 CPI）；它们会告诉我们，定冠词表明了最强的信息量和由此产生的预设性解读，因为我们在谈论对话者共享的地理位置，即英国（CD）[①]；最后，它们要论证词汇/语法/语用互补作用的重要性，但与意义消除论不同，它们不会通过将特定类型的信息分类到 CD、SCWD 或 CPI 中，在已受损和未受限制的 WS 下消除三者之间的差异。

似乎艾伦（Allan，2011）关于词汇触发的单一和非单一推理之间的区别指向同一个方向。在（12）和（13）中"羔羊""山羊""豹子"和"狐狸"都有"相关动物的产品"的意义。

(12) 哈里（Harry）更喜欢羔羊而不是山羊。
(13) 杰奎琳（Jacqueline）更喜欢豹子而不是狐狸。

（摘自 Allan，2011：180）

这个意义是不可撤消的，可被描述为是一个单一推理过程的结果——尽管在实际中这个意义很可能是默认为自动产生的。同时，（12）和（13）的区别

[①] 这就是维森特（Vicente，2012）在他提出语词有丰富的语义内容，也即丰富的概念结构时似乎想要表达的思想；特拉维斯提出的场合敏感性不是足以可行的，除非每个涵义自身内涵丰富，包括百科知识和世界知识。然而，他的相当程序化的主张似乎与其他任何以成分为基础的观点一样受到广泛的反对：我们如何区分这样一个概念结构中的内容与被忽略的意义潜势？这类结构的可知性带来了另外一个问题。

第 4 章 词汇的界定

在于，第一个触发"相关动物的肉"的解读，而第二个触发"相关动物的毛皮"的解读，分别解释为（12'）和（13'）。

（12'）哈利更喜欢羔羊（→_E 吃羔羊肉）而不是山羊（→_E 吃山羊肉）。
（13'）杰奎琳更喜欢豹子（→_E 穿豹子皮）而不是狐狸（→_E 穿狐狸皮）。

这部分意义是可废除的，因而产生非单一推理过程的结果。非常难以想象出存在这样的情形，即"……的肉"和"……的皮"可以颠倒过来解读。然而，不难想象到一个特定的可以引发不同解读的场景，如（12"）和（13"）所示。尽管其前提是，复数形式比种属类光杆名词解读更加自然。想象一下，哈利在农场工作和杰奎琳在动物园工作，并且他们的主要任务是喂养各自的动物。

（12"）哈利更喜欢羔羊（→_E 喂养羔羊）而不是山羊（→_E 喂养山羊）。
（13"）杰奎琳更喜欢豹子（→_E 喂养豹子）而不是狐狸（→_E 喂养狐狸）。

同时，除非有一个特定的场景，则似乎很可能（12'）和（13'）标示的解读会自动产生。正因如此，它们才被归为"WS+SCWD"，因为吃羔羊肉和穿豹子皮服装的社会习俗知识为这些句子提供了这种突显意义（尽管，随着时代的前进和承认动物的权利，我们在这种情况下应该提倡人造皮！）。

这个现象类似于 3.1 中讨论的原型案例，即"青少年"或"红色"。在那里进行分析时我们的推测是，前者产生了一种对年轻男孩或女孩的刻板印象，即对父母和社会相当叛逆，可能模仿流行歌星的服装打扮自己。[①] 后者触发了"鲜红的红色"的原型：血红色。[②] 然后我们说，在它们的原型意义角色中，这些意义无须在并合表征中被解释，因为它们不总是有助于组合性的意图表达的话语意义的建构。但现在在本章我们感兴趣的是，如果它们确实做出贡献，那么在默认语义学中它们应该归因于什么过程？把"青少年"的典型涵义归入 SCWD，把"红色"的典型意义归入 CD 似乎是很自然的。但是，一个方法论问题出现了，通过这些细枝末节的分析，并区分词义的两种不同来源，我们获得了什么？一个优势可能是对语词意义的组合性解释——单一的和非单一的，对应于语言学核心意义和独立的心理学-逻辑的核心意义。后者包括如"一头

---

① 对组合性分析的尝试，请参见坎普和帕蒂（Kamp and Partee, 1995）。
② 原创性的分析请参见伯林和凯（Berlin and Kay, 1969）。

红色奶牛"情形中的"血腥的红色"以及"一头奶牛的红色"（red for a cow）——或甚至与我们对字面意义/非字面意义的模糊区分一致，如"红色"代表"看到红色"。另一方面，这样做的话，我们就必然略去了只是没有起作用的 WS：基于 WS，没有为词汇的突显意义做出贡献的词义不太可能通过概念分析或实验来界定。对于前者的证据，我们可以提及几十年前语义分解尝试的失败。① 对于后者，神经影像实验表明，神经活动对概念进行粗略分类，表明它们被宽泛地识解，以囊括语词和复杂表达式的隐喻和与具体言语行为关联的用法（Pulvermüller，如 2010，2012）。因此，似乎理论上更精确，方法论上也更谨慎的做法是保留词义的概念，以便将语境驱动的推理的影响以及不同来源的自动理解包含在内。简而言之，正如 3.1 所预期的那样，我们把这些意义放在词汇中，也同样放在 WS 中，而不会下降到词汇语义描写的任何更深的粒度层级（W）。

4.2 流变特征

4.2.1 索引性和语言使用

总之，话语的理解可以在不同程度上依赖语词的意义。有时，标准的、突显$_{CM}$的意义起到全部或大部分的这种作用——说话人存储于词库里受突显的、独立于使用语境被评估的意义。有时，邻近语词施加了雷卡纳帝（Recanati，2012b）称之为"单边的影响"；而在另外的时候，语境触发一种解释，这种解释实质上不同于语境自由情形下的突显意义。这种语境依赖层级性的一个方面与特定使用场合下形成的搭配紧密程度有关。它的意思是，在某一个语境中，基于语义组合性视角，一个语词是一个独立的实体，而在另一个场合下，组合的结果不会达到这种粒度层次，而停在词簇的层面。在习语中，对于某些复杂的隐喻、谚语和其他标准化的（甚至更多是完全规约化的）搭配，最恰当的是把参与互动组合过程的复杂结构视为一个单位，因为进入复杂结构以下的层级不会被反映在组合性的表征中。有趣的并非是存在着这些习语、复杂隐喻、公式化的表达式；在语义学、语用学和社会语言学中，这属于常识。有趣的是，一个同样的表达式可以在一个场合被视为一个单位，而在另外一个场合

---

① 相关的文献和讨论可参见亚希乔特（Jaszczolt，2002a）。

第 4 章 词汇的界定

在语词层面体现出完全的组合性。接下来,我将讨论这种单位的构建问题,以及在不同的语境中它们是可变的事实,并讨论这个事实对卡普兰严格定义的一个特征(character)的概念(即一个表达式在语言层面的意义)产生的影响。结尾时我指出,我追求一种与我的新的、动态(流变)的一个特征概念相称的语境概念。

首先,问题在于:哲学家喜欢严格的区分,如区分直接的指称表达式和只在某些使用语境中才有指称功能的表达式。索引词如人称代词和某些副词("现在""这里""昨天"),以及指称无歧义的专有名词属于第一个范畴,而限定摹状语属于后者。这种僵化的区分依赖于一个形式语义学家的美好想法,即根据表达式的指称角色,表达式可被归入清晰的语义范畴。其次,他们想严格管制语境的角色。举一个最著名的例子,卡普兰(Kaplan,1989a)在其提出的二维语义学中,区分了特征(character)(即来自语言系统的表达式的值)和内容(content)(该表达式在特定句子中的语义值)。一方面,有的表达式有一个语境敏感的特征,允许它们有一个固定的、不会随评价环境变化的内容。这些是索引词,如人称代词或副词"这里"和"现在"。另一方面,有的表达式有固定的特征,允许它们的内容可以随着评价的环境发生变化。这些是非索引词,如普通名词。但是,如果一个人乐于从语词的实际使用进行抽象处理,那么一切都没问题。但当我们观察人称代词和指示代词,以及普通名词是如何使用的时候,很明显它们与卡普兰的范畴不太一致;索引/非索引区分似乎是哲学家虚构出来的。我将在第 5 章讨论第一人称"索引词"相对于其他表达自我的方式的行为时深入讨论这一话题,但现在我将关注另一个与卡普兰区分有关的问题,即一个特征(character)的可辨性。当我们设法在概念结构和直觉真值条件的层面建构一种语义学时,特征(character)变得复杂起来,虽然语言层面意义与恰当内容的区分本身肯定是值得保留的。语言层面意义(即我们的 WS)引出了我们已经提及的一些问题:我们如何知道话语意义在特定语篇中的处理过程是在语词作为建构模块的层面进行的?有时,确实发生在这个层面,但有时却不是。即使人称代词"我"和"你"在公式化的表述中,如"……或我应该说"或"如果你喜欢","如果你原谅这个说法"似乎不会触发对内容的搜索;可以说,它们只作为特征(character)发挥作用,而不会试图选择说话人作为指称。这些情形如(14)~(16)所示。

(14)他很慢,或我应该说他是一个学习困难的孩子。

(15)如果你能原谅这个说法的话,它仍然是微不足道的钱。

(16) 如果你喜欢的话，我直截了当地抱怨一番。①

现在，如果真正决定一个意义理论的因素在于我们对语词和结构的用法，那么我们唯一自然的做法就是拓展卡普兰的有洞见的方案，使其适用于语词拥有的功能，而不是孤立的符号。这样的一种举措只是为过去 20 年语境论者所取得的进展打上一个印记，即识别被我们所称谓的"索引程度"：所有语词在某种程度上都是依赖语境的，可以说，所有语词都有可能潜在地被语境改变，由此它们渴求索引词范畴。可以说，有些语词比其他语词"更具有索引性"，但当一个人审视使用中的意义时，索引/非索引的区分并不成立。

正如本章在早些时候所讨论过的，在语境论的争论中出现了一种严肃考虑意义消除论的倾向。随着人们对词汇语用学兴趣的恢复，越来越多的证据表明，词汇意义中没有可以从话语语境中合法地抽象出来的部分。正如在亚瑟（Asher，2011）的讨论中所观察到的，即使我们允许存在一些默认的涵义，但它们必定是模糊的，很容易通过不易形式化的过程发生改变。因此，任何自然语言语义学都必须遵从并反映语词意义的这种可变性。因此，对那些专注于这种易变性的人的观点进行探析和调整似乎是明智的，因为词汇的这一部分显然在语义上是易变的，尤其是关注当前论辩中的先驱大卫·卡普兰（David Kaplan）的思想。诚然，他对依赖语境的意义的探究聚焦在标准构思的索引表达上。然而，面对语义学和语用学的发展，以及他最近对行为的分析，如分析语用含义丰富的词条"表示惊讶的哎哟"（oops）和"表示疼痛的哎哟"（ouch）（Kaplan，2008），似乎有理由认为，卡普兰的洞察范围比目前公认的要宽得多。②

卡普兰（Kaplan，1989a：505）把特征（character）定义为"从可能语境到内容的函数"。重述一下，"我""他""这里""明天"等索引词有一个语境敏感的、不固定的特征（语言层面意义）。非索引式（如改编卡普兰的例子，"2012 年所有活着的人"），都有一个"固定"的特征，因为所有语境中都激活了相同的内容。特征是他进行二维分析的第一步。为了理解"固定的"概念，我们进入理论的第二步，即内容和评价的环境。重述一下，非索引词在所有语境中都激活相同的内容。理解这一点的方法是，与"2012 年所有人都活着"相关联的一组人之间的差异，正如在一个特定句子中使用的那样，是不一定与

---

① 例（15）和（16）源自埃尔德（Elder，2014）基于英语国际语料库中的英国部分（ICE-GB）编制的数据库。参见埃尔德（同上）以及埃尔德和亚希乔特（Elder and Jaszczolt，2013）中的讨论。

② 某些扩展的讨论，可参见普雷得利（Predelli，2005a, b）。

第 4 章 词汇的界定

语境有关的,而是由于世界在不同的评价环境下可能有不同的可能性,或一组人有不同的外延。专名的情况更加复杂:它们真正具有歧义,并在语义前(pre-semantically)确立了它们的指称。它们有固定的特征和固定的内容(参见 Kaplan,1989a:562)。内容(内涵,intension)是从评价环境到外延的函数。换言之,我们在第一步(语境)中所做的决定能够识别内容,而第二步(评价环境)给出的内容可以被理解为与每个相关评价环境关联的各种外延。特征作为第一个维度的概念是真实的;正如查默斯(Chalmers,2006:100)所说,它"至少部分地被提出,是为了更好地捕捉一种表达式的认知或理性意义",并将其与"可能的情况"联系起来。它与先验知识有关。第二个维度是反事实的;它反映的是"本可能的情况"(同上)。

这就为我们提供了具有语境依赖(而非"固定")的特征的索引词,其内容不随评价环境变化而变化。另一方面,也为我们提供了有固定特征和非固定内容的非索引词。但正如我在本书的其余部分所展示的,这种严格区分是哲学家虚构出来的:尽管它对语言的概念分析来说很重要,但如果我们要在默认语义学中用它来模拟组合性的语言互动特征,则需要对它进行大量的调整——从而按我们的意愿去使用它,因为它为意义的两个维度提供了最佳的洞察力。

没有被普遍注意到的是,特征/内容的区分为迈向当代语境论提供了重要的一步。通常被称为索引与非索引表达式的特征(characters)并没有表现出极性差异:非索引词没有固定的特征,而另一方面,所谓的索引词没有固定的内容。另外,正如我在这里提出的,我们应该对意义研究采用更加动态的视角:假设一些意义组合规则在这个层次上运作,特征可以对应句法上简单的、单一词项单位,也可以对应于复杂的单位。这两个区分,即①固定与非固定,和②句法简单与句法复杂,使得特征(character)可成为一个涵盖性术语。在这个术语下,我们的灵活推理基础(Σ 中的 $[\cdots\cdots]_{CPI}$)和灵活的关于默认的产生基础(Σ 中的 $[\cdots\cdots]_{CD}$ 和 $[\cdots\cdots]_{SCWD}$)可以被包括在内。

让我们首先考虑进入语义组合的单位的长度。格鲁兹(Geurts,1999,2009,2010)提出区分隐含和"局部语用学",前者被视为一个整体的、后命题现象,后者负责其他类型的语用内容。例如,格鲁兹(Geurts,1999)把预设视为一种局部现象,与隐含不同。然而,正如我们看到的,把后者定义为整体的现象只是对术语进行了调整。必须记住的是,他把局部主义/整体主义的论辩应用于句子类型:如果一个句子通过局部的推理不能产生正确的默认理解,那么它构成了局部主义的一个反例,但也许有不同的解释;也许局部主义和整体主义不是唯一的选择。毕竟,他们在试图将话语过程纳入一个稳定的模式中都相当激进。一个更灵活的提议是根据具体的案例来评估这种现象。其中，"具体案例"指"话语的情境"，充分考虑特定说话人的意图和共享的交谈基础提出的要求。因此，"局部"或"整体"将是针对语境而言的"局部"或"整体"：尽管连词"和"的充实在一个语境中可以是局部的，但在另外一个语境中，它可能要求处理整个句子或甚至更大的话语语块单位。

从这些角度看，对于"局部的"而言，重要的是它的等级性：语用干扰可能或多或少是局部的，从而把后-命题效应视为一个特别的、有限的案例。考虑一下（17）。基于新格莱斯的解释，（17）在（18）中产生一个 GCI。然而，在直觉层面，如果话语产生一个更强的隐含意义，那么它很可能是（19）中的意义。

（17）伊恩·麦克尤恩认为人们喜欢他的一些小说。
（18）伊恩·麦克尤恩并不认为人们喜欢他的所有小说。
（19）伊恩·麦克尤恩认为人们不喜欢他的所有小说。

当我们认为隐含总是整体的并以句子为基础，则我们很难解释关于信仰报告句的直觉意义。同样，在（20）中，似乎隐含"有时但并非总是"必须是局部产生的，且发生在"有时"被加工之后。否则，我们将获得（21）中的理解，它不可能是说话人意图表达的意义。

（20）有时犯错比总是犯错好。
（21）? 至少"有时可能总是错的"总比"总是错"的好。

（摘自 Jaszczolt，2012c：213）

整体主义者可以用以下方式来应对这些问题。在（17）中，正是话语的相对非信息性触发了对（19）的强化理解，这与信息量有关的格莱斯准则或后格莱斯原则或策略一致。在（20）中，考虑到"有时"和"总是"在这个话语中所遇到的对比，所建议的那种解读完全是荒谬的，它触发了"有时"到"有时但不总是"的强化解读。

格鲁兹（Geurts，2009）基于常识性的解释来处理这类情形。但如果我们采用我们的局部主义程度的方案时，似乎有一个更好的解释。首先，（20）在被表达的时候，其重读可能出现在"有时"和"总是"上面，从而把两者置于对比的焦点。有可能"有时"本身在被表达时表现为平坦的语调，从而在"总是"被加工之前触发一个"充实"操作。但是，即使这种强调没有出现，对比焦点通过这两个量化表达式的并列来表达，并且，只要"总是"一词被说出，听话人就可以捕捉到对比焦点。这意味着，该话语中一直到包含"总是"的这

第4章 词汇的界定

一部分构成了一个单位（尽管在句法层面很明显它不构成一个成分），它允许对话语的涵义进行语用调整。

回到试图改编卡普兰思想以适合我们互动语义学的努力，似乎只有当我们遇到这样一个扩展单位时，我们才能谈论一个"特征（character）"。这个单位允许我们捕获适合这个用法场合的"有时"的意义。这种与特征依赖的动态推理基础相关的动态属性，将是我们在接下来讨论中通过逐步分析可以得出的结论。

接下来，格鲁兹往下继续讨论了一个案例，该案例存在更为潜在的问题。（22）被认为产生了一个如（23）中的格莱斯隐含意义。

（22）昨晚凯（Kai）吃了花椰菜或一些豌豆。

（23）并不是说昨晚凯吃了花椰菜或所有的豌豆。

（摘自 Geurts，2009：56，对 Sauerland，2004 的引用略有修改）

现在，由于 ¬（p∨q）等同于 ¬p∧¬q，（23）可以说等同于（24）。但这不可能是说话人想要表达的。

（24）凯昨晚没有吃花椰菜，也没有吃所有的豌豆。

研究文献里充满了局部论者提供的解释：列文森（Levinson，2000）使用了由词项"一些"触发的"推定"意义，基耶尔基亚（Chierchia，2004，2013）把"充实"追溯到语法的生成能力。其中，语法能生成"一些"的弱义和强义，再依据一个默认规则选择较强的那个意义。[①] 格鲁兹继续说道，问题是局部主义与默认主义之间具有稳定的联系，但没有理由这么做：确实，在某些条件下某些语词会触发局部的"充实"，但并不是它们接下来就总是那么做。让我们继续这场反对"默认局部主义"的争论。（25）的最合理的解读要求"有时"被局部地充实为"有时但不是总是"。

（25）如果您在变换车道时有时检查侧边的后视镜，这是不够安全的；您应该总是这样做。

格鲁兹指出，对"但不总是"（层级隐含）的充实不应出现在这种语境中，因为层级效应不会出现在向下蕴含的构式中，如条件句中的前提句（Chierchia，2004，2006）。他指出，列文森用这些例子来支持他的局部主义思想，但考虑到这种单一性，他不应该这么做。这似乎是对列文森关于局部主义

[①] 比较："昨晚凯吃了花椰菜或不是全部的豌豆"。

和默认主义立场的一个明显误解。列文森所谈的"局部的"是以语词为基础的,有时以语素或短语为基础;他从没有指"在一个合适的以语法语境为基础的语词"。他也没有声称存在与单一性相关的语法限制,以确保中止一个潜在的"默认推理"。这种语法限制是不正确的。任何情况下,在条件句的前提句中,"一些"的非强调用法被实现为否定极性词"任何",这是列文森很容易利用的一个事实。

另一方面,很明显,放弃强的默认主义主张有利于解释(26)中"一些"的用法。

(26) 如果一些人说你傲慢自大,你也许应该考虑改变你的行为。

(摘自 Jaszczolt,2012c:215)

在(26)中,"一些人"不会引发"一些但不是所有人"的推断(或对该问题的默认意义)。相反,似乎"一些人"与谓词"说"有很强的关系,从而产生一个标准化的表达式"一些人说",如(27)所示。

(27) 一些人说他杀了他的妻子并使其看上去像一次意外。

可以合理地假设,"一些"不是一个其独立的词义进入了组合过程的单位;也不是名词短语"一些人"。相反,建立推理的单位可能是"一些人说"。

概括地说,当我们采用任何句子的结构时,承载潜在推理的单位是灵活的:推理有时以一个语词为基础,在其他情形中则以短语或语素为基础,而在另外的情形中,则以其他类的一串字符为基础。这个字符串可以位于句层面以下,也可以对应于一个句子,甚至超越句子的边界。换句话说,不同的使用场合利用不同的推理基础,即进行推理(或自动调整)的不同单位。

看来,我们关于局部主义的立场将非常接近格鲁兹的立场,尽管各自有不同的理由。格鲁兹观察到,如(28)一样的句子产生了非局部的隐含:局部主义预测的是(29),而在会话实践中我们也会遇到(30)和(31)。

(28) 一些人喜欢伊恩·麦克尤恩的小说。
(29) 不是所有人都喜欢伊恩·麦克尤恩的小说。
(30) 说话人不知道是否所有人都喜欢伊恩·麦克尤恩的小说。
(31) 说话人没有针对"是否所有人都喜欢伊恩·麦克尤恩的小说"发表看法。

格鲁兹进一步提出了支持整体主义的更有力论据,但这不是当下我们感兴趣的;我们感兴趣的是基于不同长度单位产生的语用调整(这里有各种各样的

第4章 词汇的界定

称谓：层级隐含、GCIs、充实、推定意义）。这样一个单位的长度可以从一个语素到整个话语不等；通过虚构的例子可以很容易证明这种扩展单位的重要性。因此，正确看待局部主义/整体主义之争的方式似乎是，承认争论的核心单位是一个灵活的单位。这种灵活性源于推理基础的灵活性（或自动调整，取决于CPI或CD/SCWD过程是否在运作）。

接下来，让我们考虑另一个例子，局部主义的解释预测到了一个"充实"操作，但这个操作实际上不太可能出现。依据析取词突显的唯一性特征，（32）被视为产生了（32'）。

(32) 我更喜欢参观东京或者京都。
(32') 我更喜欢不去参观东京和京都。

（改编自Geurts，2009：64）

但为何我们被引导，以使我们相信（32）中应该产生唯一性解读呢？当然，它应该只可出现在这样情形中，即我们主张一个意义的静态观，并把一个抽象的单位，即一个句子，视为它的客体。从动态的视角看，很明显，随着话语的展开，听话人听到"我更喜欢……"的时候，以此为基础他/她建构了一个场景，即一个"愿望清单"的场景。在这个情况下，把"或者"理解为模态选择（"或也许"）的替换形式。灵活的推理基础捕获到了这一事实，因此，"特征"的概念也应该如此。因此，我建议，*正如推理基础是灵活的一样，特征（characters）也是灵活的*：它们对应不同长度的单位，是为当下情境而创建的，从现在起它被称为*流变特征*。它们是"流变的"，因为它们反映了话语展开过程中捕获意义的过程：有时，产生意义分配的单位只是一个词；在其他情形中，听话人必须等待更长的时间。

对于（20）这样的例子，格鲁兹并没有很好的解释，并为它们发明了一个标签，即"准-隐含意义"（2009：73），并将它们归类为"依赖语境的意义转移"（同上：75）。相反，按照我的基于灵活性和流变特征的解释方案，它们似乎是普通的例子，我们必须识别这些例子中进入互动过程的单位。换句话说，我们必须确定由WS提供的单位——该单位然后激活诸如SCWD、CD或CPI等过程。

具体地讲，这里提议的解释方案[①]以并合表征的处理单位为建构基础，这个单位是足够灵活的，可以反映话语理解的渐进特征（incremental nature）。

[①] 这是对我在亚希乔特（Jaszczolt，2012c）中提出的"流变特征"的进一步拓展。

这种灵活性允许我们避免出现过度概括语用充实，以及避免经常与之有联系但心理层面不合理的撤消操作，而这种撤消操作是列文森 GCIs 的一个弱点。虽然默认语义学不是一个关于处理过程的理论，但识别一个心理可信的单位对解释信息并合是必要的。因为没有它，我们就无法模拟话语意义的构建：默认语义学中识别的信息处理过程必须作用于某样东西。这个"某样东西"体现为 Σs 中方括号里的成分，它必须在概念结构层面匹配组合过程的成分。换句话说，虽然语义理论（如默认语义学）对实际的单位不感兴趣，但在一种规范的语义理论中，这种灵活单位的建构原则是必要的，它让我们能够为典型的说话人/典型的听话人的互动建构模型。

目前为止已提到一个特征，事实上它对流变特征有强烈的影响，那就是韵律。在（33）中，正是语调决定了特征的粒度。对"一些"的重读产生了不同于对"一些人说"重读的解读。而后者又不同于（33）带平坦声调时候的解读。这是我们先前例子（26）的一个变体。

（33）一些人说你的声音听起来很冷漠。

在这些解读中，被视为"特征"的东西是变化的。重述一下，我们在默认语义学理论层面对卡普兰的区分进行重新分析的时候，特征是流变的：在一个场合，"一些"是一个特征（a character），在另一个场合，"一些人"是一个特征，而在另一些场合，"一些人说"是一个特征。当然，作为特征，它们必然仍体现为类型（types），而不是示例（tokens）：它们涉及与词汇单位不同组合相关的函数类型，这些词汇单位可用于句子的建构①。但是，我们如何描写首要意义被间接表达并因此由并合表征突显的意义的情形［如（34）］?

（34）你应该改变与人交谈的方式。

WS 为给我们提供了（33）的基本的"字面的"意义，但这个意义表面上是次要意义，而（34）是主要的意图表达的内容。现在，当我们重新分析卡普兰的区分，并把之上升到并合表征的层面，则对应于特征的这个单位就是 WS 单位；直觉上，它似乎违反了卡普兰的二维语义学主张，但这正是我们得出的结论。而且，从一个激进的语境论和当下的研究目的来看，它是受欢迎的观点：我们有一个与语言层面意义对应的一个单位；它是动态的，专门为当下话语服务的，并且与语境相互作用，正如卡普兰的标准解释中的语言要素一样。事实上，卡普兰打算把"特征"用于分类的目的，以区分固定的/非固定的，

---

① 感谢塔德乌兹·西切尔斯基（Tadeusz Ciecierski）提醒我注意这个问题。

第 4 章 词汇的界定

以及非索引词/索引词,仅在证明坚持 20 世纪 70 年代占主导地位的研究趋势,从而把自然语言引入形式化分析的模式。如果自然语言拥有毫无疑问且没有例外地均可用作索引词的表达式,以及毫无疑问且没有例外地均可用作非索引词的表达式,本来这是可以的;遗憾的是,它们没有。正如我们必须承认单位长度的灵活性一样,基于第 5 章分析第一人称时的关键论点,我们也将不得不放弃索引/非索引之分。

其次,流变特征允许我们用更简单的术语重新阐释"默认"的意义。考虑一下(35)。在适当的语境中,通过运作 SCWD 过程,"莱昂纳多"(Leonardo)自动获得指称"莱昂纳多·迪卡普里奥(Leonardo DiCaprio)";在其他语境中,听话人听了电影标题《革命的道路》,必须通过一个推理将这个名字与演员联系起来。

(35)凯特(Kate)和莱昂纳多在《革命的道路》中表演得非常出色。

(摘自 Jaszczolt,2012c:221)

有趣的是,这里有两个因素相互作用:作为意义捕获基础的单位长度和意义被捕获的过程。这里有许多可能的组合。在一个维度上,听话人①听到"莱昂纳多"后可能局部地捕获到指称;②听到"表演",激活了可能的著名演员和名字"莱昂纳多"的联系,局部地但基于一个更长的单位捕获到指称;③整体听到电影的名字后捕获到指称。不用说,如果我们构建一个稍微不同的例子,并让电影标题早点出现在句子中,那么该标题可能触发局部而非整体的处理过程;与整体过程的关联只是偶然的。在另外一个维度上,听话人可能自动或通过一个有意识的推理过程获得指称。记住,(通过 CD 或 SCWD)自动获得的意义正是我们在默认语义学中所说的"默认"。于是,默认可以根据不同长度的单位产生:自动的指称分配可以在这个句子的话语处理过程中不同的阶段"启动"。现在我们可以把这种关系重述为一个原则,即默认可以基于不同长度的"特征"(character)产生。总之,*流变特征支持把默认意义理解为自动意义的成分*。CPIs 有灵活的推理基础,默认的 SCWD 和 CD 也有灵活的基础。这两者都证明了需要动态理解的单位,我们选择把这种单位称为流变特征。

4.2.2 语境的维度

卡普兰必须采用一个非常形式化的语境表征来进行二维分析,因为语境必须承担不同的关于语义的和语义前的角色。语境作为一个索引(index),包含很多参数,其中标准的参数有施事、时间、位置和世界。同时,语境是灵活的,因为额外的参数可以添加,以满足一个解释的需要。因此,就参数而言,语境是开放的。例如,我们可以添加评估点或角度点,以评估一个句子,如特拉维斯(Travis,1997)的例子"黄褐色的树叶被涂成了绿色"(1.3.2)。换句话说,"语境提供了所需要的任何参数"(Kaplan,1989b:591)。它是在真值和指称被确定之前被采用的,因此明显属于语义学领域。如果是这样的话,则没有任何东西可以阻止我们提出关于表达式类型的问题。而对于表达式的类型,语境可以扮演一个语义内的角色。然而,要被重新分析的正是它是*如何扮演这个角色*。它不足以区分语义前的角色、固定指称的角色和分配内容的角色。困难在于存在这样的事实,即如我们在 4.1 中讨论过的,索引性潜在地蔓延到每个语词中。此外,正如我们在 4.2.1 中分析过的,语词进入词簇后有"像索引词一样"的行为特征。在这一点上,一个更折中的语境的识解方案可能有用。

在格莱斯的意义研究范式中,语境属于语用范畴:它不易被形式化,而且正如后格莱斯语境论者所解释的那样,它经常影响"自上而下"的话语具有的真值条件内容,这种方式可以说不能被任何很好界定的"参数"捕获到。格莱斯的语境也具有扩展性:它们随着每个信息处理单元的增加而递增。但从它影响到话语的真值条件内容的角度考虑,语境也属于语义学范畴。从某种意义上说,卡普兰的语境索引恰恰是语境论所需的:它需要对语境信息的各个方面进行系统化和范畴化处理,以便我们检验语境论的预测力,如关注(36)中量词辖域限制的特定情况,从而帮助建构普遍规则或算法规则,并赋予理论规范性,从而具有预测能力。

(36) 每个人($\rightarrow_E$ 在房间里的每个人)对演讲感到厌烦。

重要的是要记住,对意义进行不受限制的调整(如充实)并非意味着采纳的语境概念一定是模糊和笨拙的。语境可以是最小的或可扩展的,它们可以包括非常少或更多的参数,这取决于对它们的要求。但语境的扩展性和多参数性并不排除对这些参数以及参数使用的条件进行明确的分类。然而,根据这一建议的进一步拓展是困难的,因为参数不会由语法或语义范畴(如代词、专名或通名等范畴)决定。它们也不会由语义功能决定,如一个索引词或一个限定摹状语。根据前一节中提出的灵活推理基础原则,它们将由被视为语境给定的"特征"决定。

现在,正如我在亚希乔特(Jaszczolt,2012b)中所说的,卡普兰在其论

第4章 词汇的界定

著《指示词》(*Demonstratives*) (1989a) 中所呈现的语境是一个元物理层面的结构：它被形式化为参数，非常简化，在确保指称和提供评价环境方面具有明确的特定作用。但是，在他的"后记"中，卡普兰 (Kaplan, 1989b) 介绍了所谓的"导向意图"（directing intention），其角色是把指示词的特征（character）与内容联系起来。这样的话，这个元物理层面的概念变得复杂起来。这一步让他的语境可以被重新解释为一个认知概念，从而衍生说话人的语义内容，即科尔塔和佩里（Korta and Perry, 2007）以及佩里（Perry, 2009）后来称之为*言内行为内容*——以将其与听话人捕获到的内容（他们*所说的内容*）区分开来。[1] 也许正是在这里，格莱斯和卡普兰的语境概念相遇了。我们需要它们相遇。它是我们的元语义学的必要条件，因为像默认语义学一样的一种规范的理论中，语境必须是形式化和参数化的，但同时要足够灵活，以帮助解释普遍存在的意义灵活性。

一直以来，人们强调语境在每一类表达式中都有一个重要的角色。当我们在自然语言词汇的使用中寻找语料时，即使是索引/非索引的区分也经不起考查。正如代词需要语境解析一样，普通名词、形容词和被言说的句子中其他要素也经常需要借助语境，如（37）所示。该例重复了4.1中的（1）。

(37) 国家对紧缩措施感到厌倦。

隐喻意义、指称转移（谓词转换）表明，指称的语境解析是普遍存在的，如（38）所示。

(38) 5号桌的牛排和腰子饼想再要一杯饮料。

索引性被重新分析为捕获语境依赖程度的一种手段。"语用化"的卡普兰的特征捕捉了自然语言使用中意义的混杂现实。正如第5章进一步说明的那样，在自然语言使用中，没有对索引和非索引进行明确划分，因此"未固定"和"固定"特征（character）之间也没有明确划分。在复杂词汇单位用作特征（character）的情形中，单一的词汇单位和复杂的词汇单位之间也没有一个有趣的语义区别。后一个结论似乎支持构式语法中词汇/语法是连续统的观点。

非默认语义学的激进语境观可能在此表示反对，认为没有必要提出一个"流变特征"的概念；流变特征仅仅是一种把语境论变成普遍的索引论的方法。但如果这个策略被证明为有效的话，它将为我们提供一种解释自然语言话语所

---

[1] 重述一下，在默认语义学中不必有这样的区分，因为被建模的意义被视为典型说话人想表达并被典型听话人捕获的意义，没有关注误传递信息的情形。这种识解是由规范性的必要条件要求的。

需要的对互动组合性的描写。*语用化的卡普兰特征，再加上语境的有秩序的概念，使我们能够洞察 WS、CD、SCWD 和 CPI 之间的相互作用*——前面两个反映在特征中，另外两个受语境的管制。此外，本章前面讨论的关于词汇的一些最近研究方法大致上是类似的：博格（Borg，2012）强调词汇中的组合潜势，亚瑟（Asher，2011）强调语境在创建（和转换）语义类型中的作用。与自上而下的自由调整相比，这两种方法都与普遍的索引性更兼容。在此，我们获得了一个二维的语义学，但它是一个二维的、互动的概念语义学。该理论中的特征是语用化的，并受一个功能性定义的调节。

必须指出的是，特征的这种语用化处理并不影响卡普兰的二维主义的核心原则，即内容是一个从评价环境到外延的函数。我们所做的一切就是让这个单位成为动态的和可变的，使其依赖言语行为的功能而不是仅仅依赖语言系统。的确，如果从句法的角度看，流变特征是难以捉摸的：它们不必是句法成分，给定一个同样的句子，其长度可随一个情境到另外一个情境的变化而发生变化。但这也是它们的充分性所在，因为它们反映了意义组合的动态性质。

正如我在这一节所展示的，这种动态的视角消除了局部主义与整体主义之争的必要性，相反为推理（CPI）的展开基础（unfolding basis）提供了一个视角，同样，为自动意义分配（CD 和 SCWD）的展开基础提供了视角。它还明确了自动处理过程的作用，允许它们被设想为对流变特征进行操作。

4.3 指称表达式和指称施事主体

我们的元语义学研究还没有完全解决话语中基本的指称问题。采用了真值条件、可能世界和模型论的形式语义学必须采纳一个可靠的指称概念。由于一个谓词可以对可能世界中的外延进行抽象概括从而获取意义，因此我们在这些外延的集合中植入的内容非常重要。长期以来（至少从罗素以来），人们认识到依赖真实客体的指称语义学的问题，并认识到（甚至更长的时间，至少自胡塞尔以来）采用心智客体带来的问题，语义学可以诉诸一个指称物在理论层面的一个构体，它同时吸取元物理和概念层面的思想，如 DRT 中的一个话语指称。在 DRT 中，话语指称是单个个体的形式化表征，它被理解为是一个原子或非原子单位——后者描写群组客体，其作用是作为一个单独的指称物服务于一个既定的话语。然后，DRS 条件在谓词的论元位置包含了这样的话语指称，

第 4 章　词汇的界定

并捕获了这样一种观点，即被表征的个体满足了谓词的要求。[①] 默认语义学直接采用了 DRT 的话语指称。信息总和表征（Σs）的最上面一行中，xs，ys，es 等表示话语指称。重述一下，默认语义学是 DRT 理论的"子"理论之一，它适用于语用单位，这些语用单位表征了意图表达的并被捕获的信息。正是这种表征的语用性质，使得有必要重新分析指称和话语指称的概念。

首先，并合表征不是表征独立于交际主体的命题，而是由典型的听话人捕获到的说话人的意图表达的意义，因此它们内部包括了指称归属的各种自然可能性，如关于指称的有偏见或部分的信息，或一个指称错误。在默认语义学的早期阶段，我提出各种论据和理由以阐释相对于归属性的指称性解读，以及相对于涉名（de dicto）的涉物（de re）的解读所具有的默认与突显地位，并一直主张把指称的强度与一个句子中突显的和非突显的理解联系起来（Jaszczolt，1997，1999，2005a）。这些表征也解释了指称的错误。例如，在涉及限定摹状语的信仰报告句中，（与 DS 识别的信息来源相反的模块证据显示）最突显的解读是涉物的那个解读，因为它对应与心智状态关联的最强意向性，因此也对应交际行为中最高程度的信息量。接下来也是一个涉物解读，一个关于特定个体的解读，但可以说是对一个"错误个体"的解读，它包含一个错误指称——在我的例子中，它通常是一个短语的错误指称，如"西班牙圣家族大教堂的建筑者"，"《奥斯卡与露辛达》（Oscar and Lucinda）的作者"，等等。尽管默认语义学采用的是一个典型说话人和一个典型听话人的视角，因此把一个规范的语义理论所要求的心理要素减到最低[②]，默认语义学也能应对错误指称的情况，这一事实证明了捕捉有关话语中指称发挥作用的事实的重要性，而最小的形式语义理论忽略了这一点。为了与基于突显的语境论采用的方向一致，默认语义学把并合表征理解为反映指称的行为，并反映指称行为的识别过程。假如一个说话人看到他的朋友正在 Kindle 上阅读《眼泪的化学》，却不能看到如在纸质版封面可以看到的作者名字，说道[如（39）所示]：

(39)《眼泪的化学》（The Chemistry of Tears）的作者是一个很优秀的小说家。他出了一本新作，《甜齿》。你读过很多伊恩·麦克尤恩的书吗？

从（39）可明显看出，说话人混淆了《眼泪的化学》的作者彼得·凯里和

---

① 参见坎普和雷尔（Kamp and Reyle，1993：61）。
② 参见 3.3 对心理主义的讨论。

《甜食》的作者伊恩·麦克尤恩。这不是一个语义理论应该排除在外的会话出错或会话中断的情况。这是一个关于语词灵活性的例子。注意，这里出现的场景中，听话人有两种选择：要么把指称复原为伊恩·麦克尤恩，但归因为说话人一定程度上缺乏关于他写的小说的信息，或把指称复原为《眼泪的化学》的作者，如当说话人真的喜欢这本小说，并且他对这本小说的评价是他把作者称为一个"优秀小说家"的主要原因，而与说话人可正确或错误地把其他信息归属于作者无关（包括一个正确或不正确的名字的属性）。在一个特定的场景中，我们无法判断哪一个是这种情况。如果听话人只是不知道，则我们确实遇到了需要修复的会话中断的情形，如（40）所示。

(40) 你指的是《眼泪的化学》的作者彼得·凯里吗？

这种情况下，（39）不对应一个完整的信息总和（Σ）表征。但是如果对话情境向听话人表明说话人想要表达的那个意思，那么指称错误的情形很容易处理，因为指称是通过 CPI 获得的。

我从 20 世纪 90 年代初开始就一直在讨论指称错误，这里不再讨论它们在默认语义学理论中的表征。我们感兴趣的是以下问题：话语中的指称是如何获得的？一个语言表达式在确保指称过程中的作用是什么？更一般地讲，与其他信息源相比，WS 在确保指称的过程中有什么作用？我们已经确定，由于默认语义学聚焦交际行为，而不是（像最小论者那样）关注句子，或（如"修补论者"关注的）语境中的句子，默认语义学必须捕获的指称意图是无论何时确实被听话人捕获的指称意图。这一必要条件源于典型说话人/听话人这一要求决定的：尽管一个指称行为或多或少被清晰地执行，但一个指称物是意图表达的，指称（reference）发生了作用。这个关于表征指称的立场也与最近在语言哲学讨论中获得支持的命题的观点是一致的，即被关注的命题不是罗素的、独立于交际主体的实体，而是心智状态的表征，或如索米斯（Soames, 2014）所称的认知命题或认知事件类型。一个命题包含关于交际主体"打算表征"的内容的信息，因为这可以构成"认知行为中编码的认知差异，而认知行为激活了命题被识别时的事件类型"（同上: 124）。关于真值条件的角色，尽管在索米斯的解释与默认语义学之间存在差异，两者都存在着与主体相关的命题的概念。

同样，霍索恩和曼利（Hawthorne and Manley, 2012）成功地将指称从语言系统中分离出来，认为指称属于认知机制，而不是名词短语的类型：非限定和限定的名词短语、指示词和专名都有指称和非指称用法，并且没有一种自

第 4 章 词汇的界定

然语言表达式可以被合法地称为"一个指称术语"。他们遗漏了第一人称代词"我",它是唯一一个可能用作真正指称术语的人称代词。正如我们将在第 5 章看到的,即使是这种让步也过于乐观:"我"有很多不同的用法,并非所有用法都有索引特征,正如非索引词也可以用于表达第一人称指称关系。他们用一个斯特劳森式的注解进行了总结:

> 一个悲观的选择就是关于指称的完全消除论:正如没有物质能够充分地把起到"燃素"的作用算作它的意义一样,也没有任何一种自然的语义可以作为"指称"的意义。
>
> 一个更宽容的结论是回避组合语义学中指称的任何基本角色,但更接近日常语言中使用的"指称"。在这种方法中,我们认为指称是说话者在使用名词短语的场合所做的事,并强调,即使一个人所支持的形式语义学分析类型并没有把一个客体与表达式联系起来以在组合层面计算真值的条件,这也是可发生的。
>
> 霍索恩和曼利(Hawthorne and Manley,2012:245—6)[①]

其他的选择包括,当"心智文档"指示它时,就以逻辑形式标记指称关系[②]。理查德(Richard,2011:276)在命题态度归因的语境中表达了类似的感受。其中,对一个人的思考方式的识别同样与用来表达它们的语言表达式的类型是分离的。相反,这种识别依赖于它们的"认知属性,以及如下的事实所折射的属性,即是否使用者接受或愿意接受相关身份"。

简而言之,关于指称与认知状态的联系的讨论又兴起了:它是话语指称而不是赋予了必要解释力的指称的抽象概念。对于一个具有激进语境主义倾向的语言学家来说,并不难理解指称属于认知过程,并且只有在处理这些语言表达式的过程中指称才与语言表达式产生联系:这正是默认语义学一直以来对指称的立场,当指称可以自动被获取的情形下,指称与表达式的语法类型没有关联,而是与认知默认过程有关;如果源于有意识的过程获得指称,则指称与 CPI 联系起来。但默认语义学超越了上述有哲学意味的观点表达的包容性,为话语意义的组合理论中的意识客体腾出了一个位置。接下来产生的问题,就指

[①] 另见艾伦(Allan,2013)。
[②] 另见埃尔伯恩(Elbourne,2005)。其观点是,代词和专名不是用于直接表示指称的术语,而是作为谓词,与限定摹状语共享语义属性。埃尔伯恩(Elbourne,2005)的观点是一种早期的功能观点,它不是那种跨越范畴的功能观,而是通过放弃直接指称,表明人们越来越不愿意把指称的语义与表达式的类型联系起来。

称的信息而言，必定涉及确保获得指称的认知状态的*内容*，尤其是说话人与听话人的心智状态可通约性（Commensurability）问题。在这里，默认语义学的成功在于方法论层面的主张，即一个理论应该对*典型的情境*建模：典型的听话人捕获的意义，并且是说话人想要表达的意义。应用于指称问题，它对典型听话人捕获的，同时也是典型说话人意图表达的*指称的表征*建构模型。虽然我们已经确定，进入组合结构的不是语言表达式，而是指称行为的整个结果，但我们还没有探讨那种"同时"在表征层面的条件下的性质。但也许我们不那样做也可以。一个限定摹状语的突显解读对应于指称性和强信息量的解读，并表征为一个专名，放在标记为认知默认过程的方括号里。例如，针对"《眼泪的化学》的作者"的强指称解读，我们获得表征［彼得·凯里］$_{CD}$。如（39）中（当听话人识别出错误）出现指称错误的指称性解读，其表征对应为［伊恩·麦克尤恩］$_{CPI}$[①]。其归属性解读对应为［《眼泪的化学》的作者］$_{CPI}$——"CPI"的理由是摹状语的默认、强指称解读产生了表征［彼得·凯里］$_{CD}$。这对我们把语义表征作为概念表征来说是要重视的唯一细节层次：个体及其捕获过程，它本身传递关于默认解读而不是非默认解读的信息。简而言之，并合表征可以捕捉到任何一个语词意义理论告诉我们的东西：为了相互理解，我们不必有相同的概念。

　　综上所述，话语条件结合话语指称把来自不同途径的信息和源于默认语义学识别的各种过程的信息组合在一起。任何类型的可以用于指称的表达式都有与之相关的各种话语功能。因此，不可能建构一个指称理论，使之依赖句法范畴，如名词短语，或甚至一个语义范畴，如一个限定摹状语[②]。相反，默认语义学对指称采用一个认知的，因此也是一个功能的视角。基于该视角，话语指称在适当的情况下与一个可识别的个体挂钩（即［伊恩·麦克尤恩］$_{CD/CPI}$），并对应于意图表达的、同时又被捕获到的概念表征。而在不适当的情况下，话语指称作为一个概念保留下来（即［《眼泪的化学》］$_{CPI}$）。这将使我们（在第5章）能够解释一个事实，即普通名词可以起到一个索引词的作用，而看上去像哲学家的一个索引概念在自然语言中的实现可能无法如预期的那样发挥作用。

　　对这一点，作出声明是应该的，因为我们在这里不关心说话人所指的各种客体。例如，我们可以把"她的表情的冷漠"，"老虎"视为一种自然的归类，

　　[①] 这个表征覆盖了上面提到的解释（39）时的两个场景。
　　[②] 需要注意的是，限定的名词短语不必扮演一个限定摹状语的角色：如一个限定的名词短语可以用于表类属特征。

第 4 章　词汇的界定

行为（表指示的"因此"），情境（"that" + 一个命题），等等。① 其理由是，从元物理学和认识论的角度来看，抽象的话语客体确实是一个值得讨论的话题。当我们关注产生并合表征的信息源和过程时，它们通常在某种程度上更简单：简单的抽象对象，如在第 2 章所述，"他的脸的红色"中"红色"或"她的表情的冷漠"中的"冷漠"是通过词汇突显和语境驱动的突显而获得的。除了与整个命题有关的歧义，不存在潜在的歧义，因为如话语（41）有时表达（42）中的首要意义，或甚至在一个恰当的语境里表达间接的意义，如（43）所示。

(41) 我的行李过重，导致登机延误。
(42) →$_{PM}$ 因为我的行李太重，我们的登机被延误了。
(43) →$_{PM}$ 我差一点错过飞机。

虽然这种指称的本体地位引起各种有趣的句法和语义限制，因此也值得进行一场语言学讨论，但功能分析显然倾向于把（42）和（43）视为首要意义。（41）抛掉的是 [X 的行李的额外重量]$_{WS}$ 或 [X 的行李的额外重量]$_{WS/CPI}$。与此同时，"我的"的指称物是在 X 的话语条件中被单独解释的，且 X 的话语条件表征"我的"。另一方面，在默认语义学的话语功能驱动的分析中（42）和（43）的表征明显更简单。

总之，我们可以推测，语言系统保卫的唯一指称堡垒可能是第一人称代词"我"。这是霍索恩和曼利（Hawthorne and Manley，2012：245）的初步推测。他们的结论是："……指称并没有我们想象的那么普遍，也许只有少许的表达式，如'我'，才是真正指称性的。"这就是为什么我们在最后一章的案例分析正是语言内在指称性的假定基础：英语中（并且，简要地讲，也基于一个对比的跨语言研究视角）的第一人称单数代词"我"及其担任第一人称索引角色的适切性。

---

① 参见莫特曼（Moltmann，2013）对抽象物体的分析和非常理想的分类。

第 5 章　索引词的消亡：一个案例分析

除去他身上闪烁的所有记号，那么他是什么人？人们站在每个地方，高呼："这是我！这是我！"每次你看着他们，他们会站起来告诉你他们是谁。事实上，他们不知道他们是谁或他们是什么人，就如他也不知道自己是谁或自己是什么。他们也相信他们自己的闪烁的记号。他们应该站起来大喊："这不是我！这不是我！"如果他们还留有体面的话，他们会这么做。"那不是我！"那么，你也许知道该如何在这个世界的闪烁的废话当中继续活下去。

菲利普·罗斯，《美国牧歌》
1998，伦敦，佳酿出版社（Vintage），第 410 页

5.1　表达自我（SELF）：序言

最后一章是一个案例分析：由于索引词常常在句法和语义层面被视为一个纯粹的指称例子，从为搜索一个指称提供词法和语义提示的意义上来说，索引词由此耗尽了它们的语义作用（被称为直接指称的一个现象），我因此追问，当在第一人称索引词的例子中进行考察时，这个直接指称的情形是否经得起考查？

思想、感觉、情感和态度可以用很多方式表达。对一个语言学家和一个语言哲学家来说，其感兴趣的表达自我的主要途径是语言交流。并且，在这个领域里，为此而采用的主要的表达式类型即为第一人称单数代词"我"，或是其他空主语的语言中对等的某些形态结构。另一方面，《牛津"自我"研究手册》(*The Oxford Handbook of the Self*)（Gallagher, 2011）没有包含关于自我的语言表达的单一章节。最接近语义层面的讨论是关于"体验"（embodiment）的思想［在卡萨姆（Cassam, 2011）的论述中，对自我的感知、思考与表现一定是体验性的］，以及佩里（Perry, 2011）讨论指称实现过

程中具体的"自我"视角。或许,其重要性在于自我表达(self-expression)是一个多方面的现象,不止是语言现象。正如我们在本章结束时可看到的,没有一种简单的方式来涵盖这个议题,因为说话人在谈话中无论做什么,都是通过他所做的选择来表达自我:是否进行对话、是否交流某种思想而不是另一种思想,以及是否使用特定的一种语言形式而不是别的形式交流思想。一个人不必用人称代词"我"来表达关于自我的首要意义。因此,我在说出(1)时可能想表达(2)中的首要意义。

(1) 这是一件卑鄙的事。
(2) →$_{PM}$ 我对你很生气/我对你的行为很失望。

在(3)和(4)中可见相似的情形。

(3) 时间晚了。
(4) →$_{PM}$ 我想回家。

即使在明晰的交际中也没有必要为此使用代词。(5)和(6)各自使用了一个普通名词和一个专有名词。在某些语境中这比使用第一人称代词更自然。

(5) [母亲对着正在哭的一个幼儿说:]
妈妈马上就来抱你。
(6) [一个幼儿对母亲说:]
汤米(Tommy)要喝牛奶。

这种现象并没有缩小到儿语和"父母语"(儿向语)现象。在(7)中,说话人使用一个可识别的虚拟人物的名字来确定自己是一个DIY专家。这些自我指称形式属于所谓的"冒名顶替者"(imposters)范畴(Collins and Postal, 2012)。

(7) 不要担心,修建师鲍勃会把它修好的。

此外,许多语言提供了介于直接和间接之间的表达式,如英语中的"one",法语中的"on"或德语中的"man",如(8)所示[①]。

(8) 有人可能说,他没有讲真话。

表示个人品位的谓词也可以说体现了一种介于两者之间的陈述,这种陈述

---

① 莫特曼(Moltmann, 2010)把这个现象称为概括过程中自我-指称的分离。

第 5 章 索引词的消亡：一个案例分析

不能被视为仅仅断言了自我。虽然这是文献中争论未决的问题①，但在描述的最常识层面，知道没有其他人可能喜欢"本和杰瑞牌的冰激凌"，说话人不会因为说出（9）而从这个信息中获益。在后一种情况下，说话人更有可能说出（10）。

(9) 本和杰瑞牌的冰激凌味道甜美。

(10) 我喜欢本和杰瑞牌的冰激凌，但很多人觉得太甜了。

在一种单一的自然语言中，有各种各样的表达式可用于表达自我（SELF），或更具体地讲，用于指称本人（oneself）。在基于突显的语境主义研究方法中（如默认语义学），首要意义不受逻辑形式的限制，因此对这种多样性的描述可以充分发挥其潜力。接下来我们首先基于*心智状态的自我归属*（*self-attribution*），简要讨论信息综合（Σs）中*自我意识*（*self-awareness*）概念对*自我指称过程*（*self-referring*）描写的重要性和对*属性的自我归因*（*self-ascription of properties*）在默认语义学中的理论表征的重要性。在讨论过程中，我们将论证采用这四个术语的必要性。然后，我们开始讨论本章的核心内容，即阐明：在自然语言中第一人称索引词没有获得可靠的实现；它似乎是哲学家虚构出来的。一方面，指称本人可采用索引词和非索引词。另一方面，英语中的代词"我"作为这种索引术语的一个标准例子，也可以具有非索引词的功能。此外，在某些自然语言中，即使涉及特别*用法*（相对于词项而言），也没有实现用第一人称索引词，因为用于此目的的所有词语也必然传达其他意义。最后，我为一些自我-指称过程以及报告自我-指称过程〔涉己（de se）〕的例子提供默认语义学的理论表征，这将证明需要一种语用手段丰富的语境主义研究方法来谈论本人（oneself），而不是寻找卡普兰的索引词在自然语言中的等价物。

5.2 第一人称视角

彼得·斯特劳森（Peter Strawson）在他的论著《个体》（*Individuals*）（1959）中主张人的概念的优先地位："人"是有意识状态和身体特征的结合体；意识判断是以人为基础的。作为一个原初概念，"人的概念不能分析为一个有生命的躯体的概念，或一个有体验性的灵魂的概念"（Strawson, 1959:

---

① 与此相关的文献非常丰富。文献引用和有趣的意义分析可参见皮尔逊（Pearson, 2013）。

103)。如果是这样，我们只能把心智和身体的特征归因于一个人，而不能通过它们来定义人的属性（personhood）。当然，可以这样总结：洛克（Locke）的解释，以及前面章节讨论过的现象学中最近尝试通过经验、记忆和期望对个人特征进行界定，并没有完全成功地回答这个问题——正如斯特劳森会认为，因为他们没有完全抓住概念的这一原初性。但是有这样一个原初的概念吗？接下来，我们将不再直接讨论形而上学思想，而只是从自我指称表达式的跨语言分析中得出一个适度的论据。这种语言分析将有助于对独特自我（unique SELF）的问题提出一些质疑。同时，在我们更感兴趣的语义学层面上，也会对第一人称索引词的构体提出质疑。如果后者经不起一个语言学层面的分析，则概念"我"作为一个"基本的索引词"的理由就被瓦解了；而且，可以说，如果它被瓦解了，则"人"相对于"人的特征"的原初地位也被瓦解了，而不管它是笛卡尔式的（"我$_{身体}$"与"我$_{心智}$"）特征，或基于不同的区分（"我$_{私人的}$"与"我$_{公共的}$"，"我$_{个体的}$"与"我$_{社会的}$"），等等。在下文中，语言学证据将为这些选择提供更多的启示。

指称本人（oneself）预设存在自我（self）的一个或多个概念。当我们说"我"的时候，我们是指一个人的意识状态、潜意识状态、身体，或所有这些状态同时出现，还是指其他的指称？例如，当洛克和他之后的许多人，通过记忆和期望诉诸对一个人的经验进行反思的能力，把经验延展到过去和未来，他们试图抓住自我（SELF）的这个基本角色：

> 当我们看到、听到、闻到、尝到、感觉、思考或决心做任何事情时，我们知道我们这样做了。因此，我们现在的感觉和知觉总是如此：基于这一点，每个人都是他称作自我的那个自己（……）。因为，意识总是伴随思考，并且正是这样使得每个人都是他称谓的自我，从而使自己与所有其他思考的事物区分开来；在这一点上，只存在个人的身份（personal identity），如，一种理性生物的相同特征；这个意识可以往后拓展，远至任何过去的行为或思想，远至可以获得那个人的身份的地方……
>
> 洛克（Locke, 1694: 39)

记忆的确很重要，把一个人置于现在和对一个人未来的期望也很重要。但是，正如舒梅克（Shoemaker, 1970: 276）正确地补充说，记忆和期望指出

第 5 章　索引词的消亡：一个案例分析

了个人身份的重要性，而不是帮助对它定义。经验和对经验的反思也是如此①。那么，自我如何被界定？

自我也具有永久性的特征，正如佩里（Perry，2002：212）所说：

> 与其他的大多数与主体相关的角色不同，身份是永久的。在生活中，我将面对很多事情；与许多人说话；待在许多地方；度过许多日子。但只有一个人与我一模一样，即我自己。

这个自我-视角随后反映在信仰的索引特征上：当我相信关于我自己的某样东西（涉己），（而不是只捕获那个信仰的对象）捕获信仰的命题则必须包括这种（基本的）索引性（Perry，1979）。② 佩里描写的一个众所周知的场景是，一个购物者试图抓住一个罪犯，该罪犯在超市的地板上留下糖的痕迹。这很好地证明了这种自我-归因的重要性③。

但在第一人称思想和第一人称话语中"索引性"指的是什么？依附其上的这个"我"是什么？为了回答这个问题，我们不将进行关于命题和属性的古老的哲学辩论。④ 相反，我们将从自然语言中它如何被表达的角度来探讨自我的概念，旨在表明语言没有证实一个独特的自我的概念。⑤ 为此，我将对索引性进行界定。在某种意义上，说一个信仰是索引性很容易：人们承认（11a）不同于（11b）。

（11a）我半个小时后有个会议。
（11b）同意担任本学期教务委员会主席的人在半个小时后有个会议。

如果我碰巧同意要去做此事（但在一定时候我却全忘了这事），那么指称

---

① 在此，我们的兴趣不是经验的地位以及它们与客观知识的对比。但另见如佩里（Perry，2001a）对他的*前物理主义*（antecedent physicalism）的讨论。

② 基于属性的自我归因而识解自我知识，请另见刘易斯（Lewis，1979a：521）："……有时属性的客体将起作用，并且命题的客体不会。有的信仰和有的知识不可以被理解为具有命题的特征，但可以被理解为属性的自我归因。"

③ "我以前在超市循着地上的糖的痕迹，在一个高高的柜台的一侧沿着过道往前推着我的购物车，并在这个柜台的另一边沿着过道又推回来，以寻找糖袋子破了的那个顾客，告诉他他正把这里弄得一团糟。围着柜台的每一次追踪，痕迹越来越厚。但我似乎不能抓住这个顾客。最后我才意识到，我就是那个我设法去抓住的顾客。"佩里（Perry，1979：3）。另见佩里（Perry，2012）对分离的人的概念和（通过知觉形成的）缓冲概念的讨论。

④ 关于这一主题的精彩讨论，以及使用"属性的自我归因"为涉己的视角进行辩护，请参见菲特（Feit，2008）。

⑤ 本章中，为表达第一人称的概念，自我（SELF）与 自我意识（EGO）在元语言层面使用。EGO 是一个更广的概括性概念，而 SELF 作为第一人称概念与一个涉己的思想相关。

可能是相同的。但是，涉己（de se）要素对于解释行为至关重要：我赶去开会或待在原地。尽管涉己相对于涉物（de re）的信仰会产生它们自己的哲学问题，有时也会产生与信仰报告句的语义相关的问题，但后者（语义问题）是接下来默认语义学要讨论的内容。① 我要解决的第一个问题是第一人称索引词的概念在语言层面的实现："我"是一个索引词，到底意味着什么？

它可意指不同的内容。首先，它可能蕴含一个索引表达式的概念范畴，在自然语言的表达式中有其对应的索引表达式。但它也蕴含有一个索引表达式的概念范畴，在自然语言表达式的*使用*中有其对应的索引表达式，或者它也蕴含了索引词是自然语言表达式。卡普兰（Kaplan, 1989a：491）在说"纯粹的索引词是'我''现在'，（在某种意义上）'这里''明天'和其他"的时候，似乎指的是后者。注意，他在脚注中补充说，这些是"纯粹索引词的用法"，他指的是如"我"的用法。但他接着补充说，他的理论是一种语义理论，是"一种词义理论而不是说话人意义的理论。它是基于所有有语言能力的使用者明晰或隐性地知道的语言规则而建构起来的理论"（同上）。简单来说，似乎"I"（我）是英语中特定的（the）〔或也许是一个（a）〕第一人称索引词。

在这一点上，*思想（thought）的索引性*，比起用于表达它的索引词，似乎在围绕自我而展开的争论中属于不那么有争议的方面。从形而上学和认识论到语言学的这一步可能是语言哲学的最大错误之一。正如我在下面所展示的，步骤的自然性（naturalness）是相当具有欺骗性的。

5.3　界定第一人称索引词

5.3.1　源自其他语言的一个观点

第一人称指称的标记显示出很大程度的跨文化多样性。东亚和南亚的语言里呈现出很多对应英语代词"我"的表达式。据报道，日语里至少有 51 个关于"我"的表达式（Tanaka, 2012）。如果包括过时的表达，根据一个不同的划分标准，则可能多达 116 个表达式（Christofaki, 待出版），而泰语里至少有 27 个（Siewierska, 2004：228）。这种多样性主要源自社会地位称谓语

---

① 关于语言学和哲学中对待涉己态度的研究，请参见如菲特和卡彭（Feit and Capone, 2013）以及菲特（Feit, 2008）。关于默认语义学中对涉己的信仰和报告句的语义表征，请也参见下面的 5.4 和亚希乔特（Jaszczolt, 2013c）。

第5章 索引词的消亡：一个案例分析

(honorification)：语词和短语用于表示"奴隶""皇家的奴隶""仆人""佛陀的仆人"，或泰语中的"老鼠"（妇女用，指社会地位较低的群体），以及其他表达自我贬低的形式是典型的第一人称标示语的用法，尽管它们没有传递与该名词或短语相关的概念。它们作为第一人称标示语的角色对我们的研究很重要，因为我们正是想为这类形式和第一人称索引词的概念现象之间建立确切的联系。其次，这些语言在用于标记第一人称时也使用空间指示功能，如泰语 $phŏm_1\ nii_2$（一个男性，这是），或越南语 hây（这里）。[①] 反身代词，如日语中的 zibun（自己）或越南语中的 minh（我）也用于这个目的。Zibun（自己）是一个有趣的标记语，因为它在日本平安时代（公元第9世纪）用作一个第一人称代词。在当代日语中，它表示私人的、"赤裸的"自我，而不是公共的自我。它也用作一个标识语符（logophor），以表达主体的观点。我列举了日语中的一些第一人称标记语，如下面的（12）所示（Hirose，2014，略有修改）。

(12)　　boku　　　　我 男性 非正式
　　　　atasi　　　　我 女性 非正式
　　　　watakusi　　我 非常正式
　　　　ore　　　　　我 男性 非正式/粗俗用法
　　　　atai　　　　　我 女性 粗俗用法
　　　　zibun　　　　我 私人的 "赤裸的"
　　　　otoosan　　　我 父亲
　　　　okaasan　　　我 母亲
　　　　sensei　　　　我 老师

这些标记并没有归纳完单维度的分类结果，因为当 zibun 表示私人的自我时，而其他的术语固有地渗透了公共的角色（Hirose，同上，脚注5）。此外，日语里有各种各样的反身代词，它们捕捉照应关系中的不同方面。例如，karada 在一个结构式"自己洗"中表示"自我 身体"，而 atama 或 kokoro 在如结构式"给自己找麻烦"中用于表示"自我 心智"。当把属性归因于"本人"的时候，zibun-zisin 表示施事主体基于自己本人的视角，而 kare-zisin 表示说话人的视角，如（13a）～（13b）所示。

(13a)　Akio-wa　　zibun-zisin-o　　semeta.

[①] 另见亚希乔特（Jaszczol, 2013b）。

Akio-*Top*   self-self-*Acc*   blamed.
  阿基欧（Akio）责备了自己。

(13b) Akio-*wa*   kare-zisin-*o*   semeta.
  Akio-*Top*   him-self-*Acc*   blamed.
  阿基欧（Akio）责备了他自己。

（摘自 Hirose，2014：109）

Zibun 和 *kare* 在这里起到视角标记作用，而不是用作反身代词。正如可以预测的那样，当用作直接宾语的时候，它们不可互换：*Kare* 不能发挥反身代词的作用，如（14a）～（14b）所示。

(14a) Akio-*wa*   zibun-*o*   semeta.
  Akio-*Top*   self-*Acc*   blamed.
  阿基欧（Akio）责备了他自己。

(14b) Akio-*wa*   kare-*o*   semeta.
  Akio-*Top*   him-*Acc*   blamed.
  阿基欧（Akio）责备了他。

（摘自 Hirose，2014：110）

就日语中的自我指称而言，这只是冰山一角。但即使这个简短的例子也表明，日语中第一人称标记语的区分不仅仅是社会语言学的研究议题：它们不局限于标示对话者社会地位的称谓语，而且关联到心智/身体、社会的/私人的，以及第一/第三人称视角等区分。虽然东亚、南亚语言中经常出现的这种形式上的多样性可以通过语法化过程来解释，但事实仍然是，在它们所处的语言共时状态下，它们与强制性的分类有关。因此，它们被广泛使用，并对应其概念的区分。但如果我们将其解释为是对一个纯粹索引词的简单语义角色的补充，则会丢失这样的概念区分。

没有迹象表明，一个索引术语的理解模式应该用于解释它们的语义特征，特别是除了意义的充实之外，这些标记甚至不是我们所理解的代词术语；它们呈现出既有名词也有代词的特征。人们普遍认为，要么①对代词没有恰当的定义，无法捕捉所有语言中人称-指称的特征，或②在某些语言中，如日语，没有人称代词，但有用作人称-指称的术语。它们的形态句法特征与名词的形态句法特征相似。达·米兰（Da Milano，2014）把它们称为"人称术语"。例如，它们允许被形容词、指示词和从句修饰，如日语中的"kono watasi"（这个我）。它们与亲属关系术语、头衔、专名或年龄-地位术语属于同一个组。

它们中的大部分来源于名词或指示词，如"*boku*"（我）（"奴隶">>"我"）或"我"（watasi）（相对于公共事务而言的私人事务>>"我"）（Da Milano，2014）。这些标记类似于名词，因为它们不形成一个封闭的类别，并且它们允许复数的形态标记。许多其他的东亚、南亚语言里也有这种情况，如泰语、韩语、越南语、缅甸语、爪哇语、马来语或高棉语。

现在，海涅和宋（Heine and Song，2011：619）评论说，如果这些形式确实是由普通名词发展而来的人称代词，它们将表现出失去了指称的功能。但是这些"代词"实际上是指称性的。所以，要么此处没有涉及语法化，要么必须扩展语法化的定义以能够解释这种情形。我们选择更符合常识的分类，也就是说，鉴于缺乏可以区分它们的决定性特征，代词和完全的词项属于同一个语法范畴。

这对卡普兰提出的"特征"来说是一个严重的问题。事实上，它是索引词范畴本身的问题，因为如果在各种自然语言中，我们不能辨别出与这种角色有着一一联系的词汇元素，那么这个角色就变成了一个在自然语言中没有获得支持的哲学构体。从这里出发有两条路：第一，我们可以推测，与哲学家的第一人称索引词相关联的自我意识（EGO），在交际中使用的概念层面并不普遍。东南亚语言应将证明存在一个关于自我意识的概念，如，自我意识_{心智} vs. 自我意识_{身体}或自我意识_{私人的} vs. 自我意识_{公共的}。这可能是一个原初的概念，因为词汇化并没有深入到概念的区分中。或者，我们可以编造一些可靠的语义分解，它们允许我们维持一个普遍的自我意识的概念，可能作为第一人称索引词的特征（character）被捕捉到。然而，目前还没有这种可靠的分解方法。第二，我们可以尝试把"我"的各种各样的日语、泰语的对等表达式归入第一人称索引词的普遍概念之下——一个语义客体，其特点仅仅是为了在语境中"找到正确的人"，非常接近并"代表它"，可以这样说：不多也不少。而这些术语传递的丰富的语义区分将不得不降级到一个附加的语用特性，或一个隐含意义的地位。

但这肯定不是正确的。它不可能是正确的，因为当我们咨询这些语言的母语者时，他们说，在使用这样一个术语中所犯的错误好似语言能力中的一个严重缺陷；这些形式是教给儿童和二语学习者的，对它们的强调程度不低于强调语法构式的正确性[①]。其次，由于这些意义不可撤消，所以它不可能是正确的。根据第3章提出的源自可撤消性论据，我们必然得出结论：这些意义属于

[①] 源于与李惠公（Hye-Kung Lee）的个人交流。

首要意义，同样也属于真值条件内容。

不承认这些论点正是哲学中尝试证明卡普兰的区分而带来的问题。在这里，我认为第一人称代词早已从卡普兰式的虚构中移除了。这里有一个来自卡普兰阵营的替代方案。人们可以尝试将"我"的意义的各个方面，或更确切地说，将"我"在各种语言中的对等物的意义的各个方面，与社会地位称谓语以及"我身体""我心智"或"我社会的"的区分一道从"核心"中分离出来。可以说，这个"核心"是由自我-指称行为的角色提供的。这确实可以保护索引词。这里，让我们尝试一下利用普雷德利（Predelli，2013）的带特征偏见的区分。他认为，特征（character）不能穷尽一个表达式的意义；也存在一个"偏见"，如儿向语中以听话人为导向的偏见，以及敬语（honorifics）中的称谓偏见。如与"娼妓"（prostitute）相对的"婊子"（whore），或与"同性恋"（homosexual）相对的"同性恋（基佬）"（faggot）等表述，除了包含由它们的特征捕捉到的真值条件内容，还包含称谓偏见；正如他所说，这种配对是"不可区分的特征（character）"（同上：97）。这样，他就可以宣称：

> 特征（character）的思想为一个表达式的常规意义的至少某些方面提供了一个形式化表征——那就是，基于语言规约性与那个表达式有关的某些方面的表征。并且，在自然语言情形中，有语言能力的说话人假定掌握了这些方面的特征。
>
> 普雷德利（Predelli，2013：11）

但问题是：如果一个人想把真值条件内容保留到最低程度，那么就把合法的、关键的词义的某些方面视为"偏见"完全排除了。普雷德利（Predelli）继续说道：

> 所讨论的这些方面与意义的那些构成部分有关[①]，这些部分使真值条件有差异：e 的特征（character）是一种属性，最终影响包含 e 的句子的真值条件的一种属性。
>
> （同上）

另一方面，当一个人选择语境主义的真值条件时，被归入"偏见"的东西可以保留在语义内容中。使用普雷德利的短语，后一个选项允许我们避免"切分意义"（portioning meaning）。它还允许我们避免内部不一致。普雷德利（Predelli，2013：101）承认，有些蔑称语确实与真值条件相关。所以，如

[①] 原书作者标记的强调。

第 5 章　索引词的消亡：一个案例分析

（15）中，"意大利人"（Italian）和"南欧黑肤人（意大利人的蔑称）"（wop）不是理论上所说的"不可区分的特征"。相反，应该是一个"偏见"的内容看起来像是与真值条件相关的内容。尽管这个虚构的例子带有轻微的人为特征，但（15）却抓住了相关要点。

（15）科西莫（Cosimo）是意大利人，但他不是一个移居美国的南欧黑肤人。

不用说，这也扰乱了最小论中与之关联的外延的思想，并且不能用任何关于特殊用途的资质（qualifications）来挽救它。我们再一次为我们支持的基于突显的语境论赢得了一两分。

我们暂时总结一下：我们有大量来自自然语言的证据表明，自我-指称关系不是根据与索引词相关的特征的所谓属性进行运作的。事实上，即使是在带有第一人称主语的句子中有性别标记的带曲折变化的印欧语，也属于是出现反例的那一组语言：波兰语例子（16a）和（16b）不只是为自我指称的作者提供了一个槽位。此处的自我表达式包括末端的时态、人称/数量/性别形态标记[①]。波兰语是省略人称型语言，在（16b）中，代词 ja（"我"）仅用于表示强调，如用于对比焦点。

(16a)　Prze-czyta-ł-am　　　　　*Dumę i uprzedzenie.*
　　　完成时－读－过去式－*1SgF*　　《傲慢与偏见》。
　　　（女性）我读过《傲慢与偏见》。

(16b)　Prze-czyta-ł-em　　　　　*Dumę i uprzedzenie.*
　　　完成时－读－过去式－*1SgM*　　《傲慢与偏见》
　　　（男性）我读过《傲慢与偏见》

性别标记只出现在过去时态结构（所有关联的体的变体）中和将来时的两种主要形式之一情形中，但在现在时态的形式中没有标记。而这就足以证明了我们的论点，它被标记在某些形式上：索引作为一个构项（item）不能被识别。正如我们所看到的，在许多语言中，索引作为一种功能也不能被识别。所以我们面临一个真正的困惑。

关于这一点，我们可以回到第一人称的假定的普遍地位问题上。如果它确实是语义作为概念而体现出的普遍性，那么至少根据威尔兹彼卡（Wierzbicka）的语义普遍性理论，它应该在所有的自然语言中都有词汇或形

---

① 注释中只标记了与当前讨论有关的那些语法区别。

态方面的实现。波兰语、俄语或法语的形态标记似乎能够经受住这一考验，因为形式不必只捕获自我意识（EGO）的概念。除此之外，还有一个代词 $ja/ja/je$ 实现了这一概念。但是，威尔兹彼卡还要求在不同的形式中存在一个无标记的变体（词位变体）。在这里，自我意识的普遍地位的正当性变得更加棘手。有性别区别的形式可被认为通过了威尔兹彼卡的测试，因为它们只反映了一个语言系统的要求，而且在总的语法形式中没有明显的我$_{男性}$/我$_{女性}$之分。另一方面，可以说，日语或泰语中的多种形式没有通过测试：我$_{身体}$和我$_{心智}$、我$_{私人}$的和我$_{公共}$的具有不同的意义，并且必须满足特定语境的要求。因此，它们中任何一个的任何默认或无标记的地位都不太可能被揭示出来①。

这种与自我−概念多样性相关的形式多样性也初步表明，也许当斯特劳森（Strawson, 1959）在提出人的概念的原初地位时，他忽略了以下可能性：①也许不存在一个人的普遍概念以适用于所有语言的说话人，或如果有的话，②人的概念出现在原子概念层面，而不是为专门目的交际中具体语言的概念层面（不同的称呼，如"为说话进行思考"（Slobin, 1996），概念的摩尔层面（molar level）（Levinson, 2003 等）。重述一下，在这个分析中我们不应该为任何一个立场提出具体的支持论据。立场②被默认为似乎更契合跨语言证据和概念分析的一种立场：在思维语言层面存在一个普遍性，只是不在跨文化比较中的自然语言结构层面。一个更大胆的提议可能是，当我们在跨语言中证明我$_{身体}$/我$_{心智}$之分时，被灌输的笛卡尔二元论便获得一些存在基础，正如（较少被灌输的）乔姆斯基的 I−语言和 E−语言之分通过我$_{私人的}$/我$_{公共}$的二元划分（通过本身是笛卡尔式的方式，它与我$_{身体}$/我$_{心智}$之分 是联系在一起的），获得了一些存在基础一样。但目前来看，做到这一点不容易。

现在，一个普遍的人的概念，即使在人类概念的某些层面可以被发现，它也还不是一个第一人称索引词：它可能仍然受到我$_{身体}$/我$_{心智}$之分的"气息"的污染，或其他某些概念特质的污染——只是在任何基于数据的研究②之前我们根本不知道而已。然而，为了论证，让我们假设在原子概念层面有一个符合卡普兰式的第一人称索引词的自我意识（EGO）。所以，如日语中的 *boku*

---

① 希罗斯（Hirose, 2014）的分析暗示了这样一个结果。斯里奥塔伊（Srioutai, 2008）对泰语中"某人"的词位变体的探索也暗示了这样的结果。但此处需要一个更广泛的，也许是基于语料库的分析。

② 该课题当前是在研状态，并受到 Leverhulme 基金的资助。该研究的部分内容支持如下的研究：《表达自我：文化多样性和认知普遍性》（剑桥大学），网址：www.mml.cam.ac.uk/dtal/expressing-the-self。

第 5 章 索引词的消亡：一个案例分析

("我_男性 非正式_")是一个可以分解成原子的分子概念：一个索引词，仅作为一个人的槽位，其语义成分包括"男性"，"非正式"，"公共的"。这就是克里斯托法基（Christofask，待出版）所说的伴随普遍概念的*自我的不同方面*。其中，表达式的两个方面，即普遍的和特定文化的方面，都体现在概念化中。但这还没有给我们提供第一人称指称。该指称作为清晰界定的成分，与语言互动的语义学（如默认语义学）中的意义组合相关。默认语义学的并合表征不会降低到诉诸语义分解；这类表征解释了思维运作层面的概念，而不管它是自然语言还是某些其他的思维语言。[①] 正如我们不打算对一个词项（如"狗""杀"或"单身汉"）进行分解，所以在表达自我情况下，我们避免去探究思维层面以下的东西。因此，即使在所有语言中都有第一人称索引词的概念对等物，它们仍然不属于语义分析的范畴，如这里所理解的，语言互动中意义的真值条件理论的范畴。

但是，我们是否有理由首先假设在原子层面存在纯粹的第一人称概念？请注意，有些语言完全没有代词的表达式，如阿库马语（Acoma）（新墨西哥）和瓦里语（Wari）（巴西，参见 Heine and Song，2011，对 Jeffrey Heath 的文献略有修改）。将这一点与观察到的一些语言中存在不符合代词/名词之分的标记现象放在一起，我们似乎在值得怀疑的基础上，试图从自我-指称一个纯粹的、以表示一个真正的人的仿似人物的做法中进行抽象提取，并将其包含在语义表征中。[②]

卡普兰期望一个索引用语的值只由话语行为的语境决定，这在文献中已作为"固定论点"（Fixity Thesis）进行讨论过（Schlenker，2003）。但似乎这不适用于像阿姆哈拉语（Amharic）一样的语言。在这种语言中，在如"约翰说我是一个英雄"的态度语境里，"我"可能指约翰本人而不是说话人[③]。自从施伦克尔（Schlenker，2003）起，后一种现象在文献中被广泛讨论，与之一起被讨论的是标识语符类（logophoric）代词的行为，包括支持不接受某些例子作为反对"固定论点"的证据。[④]

源自阿姆哈拉语的证据的价值至少值得商榷。事实上，阿姆哈拉语展现了

[①] 参见 2.2.2。
[②] 这就是在形式语义理论中索引词通常是如何理解的。有趣的是，DRT 保留了第一人称标记的"仿真"角色，解释了建构规则中的性别一致性。但这并不是说，一旦在另一种语言中遇到了新的指称标记现象，为更为知名的印欧语言提供的 DRS 就必须被复制。
[③] 另见施伦克尔（Schlenker，2011）、罗伯茨（Roberts，2014）。
[④] 参见普雷德利（Predelli，2011b，2014）。

自由间接引语的现象。在这种现象中，第一人称标记可以从当前话语的语境以及转述的语境中获取指称。有趣的是，语境转移甚至可以发生在一个句子中，如（17）所示。

(17) wändəmme　　käne gar　　albälamm　　　alä
　　 我的－兄弟　　"和－我　　我－将－不－吃"，　他－说
　　 我的兄弟拒绝和我一起吃。

（摘自 Leslau，1995：778）

这个构式是自由间接引语的例子。其对应的情境不必涉及兄弟言说"我将不和你吃饭"，或甚至"我不会去吃饭"的行为；它一定涉及某种相当于一个拒绝行为的表现形式。值得注意的是，无生命的主语也能进入这样的构式，如（18）所示：

(18) mäskotu　　　aləkkäffät　　　　　alä
　　 定冠词－窗户　"我－将－不－开着的"　它－说
　　 "这个窗户不会打开。"

（摘自 Leslau，1995：782）

但事实上，阿姆哈拉语的情况可能比当前解释方案表明的情形更简单。一方面，即使我们在这里没有出现直接引语，但信息也包含某种形式的引用的情感（quotative feeling）[①]，因为它反映了主体的思维过程，这些过程就像说话一样。请注意，在无生命主语的情形中，只有当物体与说话人的意愿产生互动时，构式才被允准：窗户不会打开，木材不会干燥，等等。可以说，当相应的活动与这个人相关时，第一人称是动词表达的概念中固有的。[②] 这一点在语法中有所体现，如（17）所示。在（17）中，*albälamm* 把它作为一个概念融入报告句中——从第一人称的角度思考，"我拒绝吃"。问题仍然是如何解释这样的一个事实，即在这个句子中我们也发现有 *käne gar*（"与我一起"）——表面上，第一人称宾语与第一人称主语并置在一起，但这不是处理这个句子的正确方法。要做到这一点，就要从英语的角度进行分析，把它表达情境的方式转换成阿姆哈拉语。而我们则应该从对比基础——对比研究的比较平台出发，或从解释一个独立的概念开始，看看它是如何在阿姆哈拉语和英语中实现的。通过这种方式，我们很可能得出这样的结论：阿姆哈拉语在思维层面上的概念化非

[①] 源自与约塞普·蒙伊什图（Yoseph Mengistu）的个人交流。
[②] 同上。

第5章 索引词的消亡：一个案例分析

常严密。对（17）的重新分析最能抓住这些话语背后的概念化，这似乎就如（17a）所示。

(17a) wändəmme   käne gar   albälamm   alä
　　　 我的-兄弟   和-我   "我-将-不-吃"，   他-说

让我们从莱斯劳（Leslau，1995：777）中再选一个例子，如下面的（19）所示。

(19) yäsəra gʷaddäññoččeche   käne gar annəsäramm   alu
　　 我的-同事   "和-我 我们-将-不工作" 他们-说
　　"我的同事拒绝和我一起工作。"

正如莱斯劳（Leslau，1995：778）指出的，这句话可以被重新理解为"他们说，与我，我的朋友们，'我们将不工作'"。现在，引用里的唯一实质内容是"我们将不工作"。在阿姆哈拉语里，以简单未完成形式出现的动词"说"（alä）有多种功能，其中很多功能是不能被翻译或想象为"说"。它通常传达意图，或甚至，在无生命主体的情况下，是意图的隐喻性解读：是从说话者角度观察到的意图，而这些对象的行为可能违背说话人的意愿。因此，回到(17)和(19)，"我将不吃"和"我们将不工作"确实是引用语，但仅仅是在反思思维语言的意义上使用，即拒绝和说话人一起吃，或拒绝一起工作的施事主体不必说出这句话。她/他可能只是以一种表示这类拒绝的方式行事。这种用法的一个很好的例子就是动词"忽略"：在"他忽略了我"中，我们没有说"我正在忽略你"的言语行为，而交际时的情境会用动词 alä 来表达。

现在，施伦克尔（Schlenker，2003）使用下面的论据以支持选择这些例子的非引用语地位。他说，因为阿姆哈拉语译文"我没有听到他告诉我带什么"在构式"什么 带来 他 告诉我 我没听见"中有一个构型"带什么"（参见 Schlenker，2003：68）。引用观会被排斥：说话人没有这样说，他也没有发布一个命令"带来什么！"。正如施伦克尔（Schlenker，2003：69）所说，"存在一个间接问题的事实表明嵌套的从句不是被引用的"。但证据并不那么有力。当我们回到这个例子的原始来源（Leslau，1995：779）时，我们可以看到一个更符合常识的重构："我没听到他对我说的话'带来什么？'"。"带来"可以理解为是引用的。并且，因为它是一个回声构式（echoic construction），"什么"替代了被请求的对象。再换句话说，我们的理解是"我没听见［他对我说：

[''带来什么']]"。只有"什么"没有被引用；根据我所了解到的信息①，"带来"被处理为一个命令，回应第三方发出的命令，后面跟着没有听到的东西。因此，它可以被理解为引用语。所以，反对引用语的证据确实是可疑的。

总而言之，似乎语义事实可以说是，主语赋予第一人称视角，第一人称视角则不能与相关动词剥离（参见"窗户"和"打开"、"兄弟"和"吃"等），这通过如下的事实得以印证，即动词 *alä* 似乎用于反映概念而不是（或除了）言语行为的内容，并使第一人称结构在逻辑上和概念上体现为直接表达思想。我们可以用以下方式来看待这一点，对于阿姆哈拉语语法中存在的某些内容，英语必须通过概念转移来呈现，并选择说话者的视角，而不是所讨论的活动或状态中施事主体的视角。②综上所述，在阿姆哈拉语的例子中引用语解读似乎清晰可见，因此，我们不会将其用作第一人称索引表达的语用多样性的证据。

5.3.2 来自英语语言的观点

我们现在将更近距离地观察英语，只聚焦英语及其奇异的各种关于自我的表达，以便收集更多的支持证据，表明第一人称索引词被归入了哲学家虚构的领域——虚构对概念分析很有用，但对追求合理心理现实性的自然语言语义学却没有帮助。为此，我们可能需要复述之前讨论中分散的一些观察结果，并在继续讨论的过程中添加一些新的观察结果。

比较著名的是，卡普兰（Kaplan, 1989a：491）坚持认为，说出"我"且指向其他的某个人是"无关或疯狂"的表现。但是，与此处相关的是，说出"我"并指向不同"时间片段"中的自己似乎也是常见的，如（20）所示。

> （20）[情境：说话人和她的朋友在观看度假时拍摄的一段家庭录像]
> 看，这只山羊要攻击我，但我不知道是我，因为我一直认为这是一扇窗户，而不是镜子。所以，我试图找出如何打开窗户来警告她，直到……

书面便条上的时间变化也可作为例子，如（21）所述。

> （21）[场景：秘书将便条钉在办公室门上]

---

① 源自与约塞普·蒙伊什图（Yoseph Mengishtu）的个人交流。
② 我将把 *alä* 的语法化设为一个开放的问题，因为失去语义内容的问题与我们的讨论无关；重要的是，这些结构中均存在与反映的意图有关的语义内容，或与反映了客体对说话者意图的抵抗的语义内容。

第 5 章　索引词的消亡：一个案例分析

我不在。下午两点回来。

尽管通过语境作为规约化的背景（Corazza，2004）或通过说话人意图（Predelli，2011b）提供了一些解释，但这显然是受污染的"我"的情形。正如克拉特泽（Kratzer，2009）讨论的［如（22）所示］，把"我"用作一个约束变量也是很常见的。她把之称为"假索引词"，因为"我"的第二次出现在语义上是不确定的。

(22) 只有我承认我做错了什么[①]。

不过，假的索引性特征在跨语言中没有很好的概括性：表达这种"概念绑定"的更常见的方式是反身代词，如相当于（23）的波兰语例子（22a）或（23a）所示。[②]

(22a) Tylko　　ja　　　jedna　　　　przyznałam　　się
　　　 只有　　我　　唯一 *SgFNom*　承认 *SgPastF*　*Refl*
　　　 do　　　（swojego）　　　　　błędu.
　　　 to　　　*ReflPronSingMGen*　 错误 *SgMGen*

(23) 我是这里唯一能照顾我孩子的人。

(23a) Tylko　　ja　　　jedna　　　　tutaj　　potrafię　　zajmować
　　　 只有　　我　　唯一 *SgFNom*　这里　　能 *SgPres*　照顾 *Inf*
　　　 się　　　swoimi　　　　　　dziećmi.
　　　 Refl　 *ReflPronPlInstr*　 孩子 *PlInstr*

假的索引性的不同用法有利于我们当前的论点：第一人称指称的标记是混杂的，表现出基于特定语言的模式以及不同的句法角色，而这些角色从一种语言到另一种语言是不同的。同时，尽管这种构式具有依赖特定语言的特点，但我们能够收集到一个普遍的概念特征：约束变量代词（bound-variable pronouns）可能不具有指称性，但它们传递了从连接词到回指词变化中带有的自我意识（self-awareness）。在这个意义上，可以说，我们证明了自我意识的

[①] 另见施伦克尔（Schlenker，2003）在第 89—90 页讨论"仅仅"的类似于句法连接词的角色。也请参见来自省略研究中关于约束变量用法的论点："不仅我承认我做错了什么，彼得也承认了。"

[②] 源自克拉特泽（Kratzer，2009：188），对帕蒂（Partee）的引用略有修改。

语法标记①。

这不是一个对英语中"我"的用法进行彻底讨论的地方。但足可以说，正如"我"具有不同的意义，甚至有不同的句法功能，所以自我指称的标记本身可以是多样化的。让我们首先返回到 5.1 中词汇的示例。(5) 和 (6) 中的儿向语和儿童说话证明了在它们用于第一人称标记语过程中普通名词的用法。②(7) 是一位 DIY 专家的话，表明这一现象也延伸到了职业领域，与日本的亲属关系术语和职业术语不同，后者承担着"公共自我"的标记（Hirose，2014）。其次，我们已经提到了总括性的、分离的自我指称现象，如 (8) 所示（重复为下面的 (24)）。

(24) 有人可能说，他没有讲真话。

莫特曼（Moltmann, 2010：440）把这种概括性的自我-指称解释为代表个体的说话人，而说话人把她/他自己识别为与这些个体一致，或与说话人模拟的个体一致。尽管我们可以毫无疑问地找到与"一致"特征相矛盾的例子③，但分离和概括性是当然存在的——其目的或是分享大家普遍感兴趣的信息，如 (25) 所示，或者为了保持礼貌的融洽关系，如 (26)。

(25) 周末可以在那里免费停车。
(26) 一个人不应该窥探别人的事情。

在莫特曼（Moltmann）看来，任意的（非控制的）PRO（空代词）执行了类似广义自我指称的功能，尽管这里从"第一人称属性"中分离的程度似乎更大一些，如 (25a) 和 (26a) 中的解释所示。

(25a) ［空代词］可以在周末免费停车。
(26a) ［空代词］窥探别人的事是不对的。

---

① 我在亚希乔特（Jaszczolt, 2013c）的 3.1 更详细地讨论了自我指称的语法基础。
② 在这个语境中必须注意的是，儿童的自我-意识是随着他们对第一人称代词理解的进展而发展起来的［参见如科拉扎（Corazza, 2004：177）］。但是，发展心理语言学的这一事实并不能使人们观察到，普通名词和专有名词用于自我-指称的有效性大大降低——尤其是，正如下面的例子所示，这种现象并不局限于儿童话话和儿向语。
③ 正如我在亚希乔特（Jaszczolt, 2013b：61-2）中所说，自我识别似乎是一个程度问题，正如在这里重复为①-③的例子所示：句子①表现出最高程度的"自我认同"，甚至可以通过反讽来增强；③体现出最低程度，因为它陈述了一个客观事实。②是一个居中的情形，因为它表达了说话人的道德立场——或者至少是说话人支持某种行为规范的事实。①有时人们会怀疑所谓的"自由时间"是否存在。②一个人不得在人的背后说闲话。③一个人可以乘电梯到达帝国大厦的顶部。

第 5 章　索引词的消亡：一个案例分析

接下来，"如果我是你""处于你的位置，我会……"也属于分离的范畴，尽管从默认语义学的角度分析时，它们的功能更受限制，因此其重要性较小。他们很可能传达表示建议、推荐和其他以听话人为导向的礼貌指示语的言语行为，因此与没有第一人称标记的间接首要意义相关。与反对为并合表征施加句法约束的观点一致，那么综合的过程（Σ）将不包含代表说话人的话语指称。例如，(27) 可能产生 (28) 中的首要意义。

(27) 如果我是你，我不会担心的。

(28) →$_{PM}$请不要担心。

通常使用的免责声明可用在这里，因为人们发布指令的灵活性也允许第一人称解读。

总而言之，留给我们的只是一个简单的事实，即不同语言采用了不同的视角[我们在雷卡纳帝（Recanati，2007）之后使用的概念]。有时，就像阿姆哈拉语一样，主体的视角在语法中是如此根深蒂固，以至于它能够承受增加说话人新的视角。而在其他情况下，它在显著的、共享的知识中是含蓄地存在的。对于这样的知识，报告句（通常也是各种认识态度）的语境只能在表面上覆盖它[1]。虽然阿姆哈拉语解决方案很好地处理通过语法表达意图[第一人称代词统一理解为"涉己"（de se）]，而英语依赖语用推理或默认理解，使语法结构可能更容易产生歧义的理解。但正如我在其他地方所说（Jaszczolt，2012a），词汇、语法和语用手段同样适用于表达意义。因此受到"劳动分工"的制约——或者，正如我所说的"词汇－语法－语用互补作用"。简而言之，"视角"是以一种或另一种方式表达的。因此，在默认语义学中，它属于语义表征的内容。

现在，对于罗伯茨（Roberts，2014）来说，视角选择的变化表明，所谓的*信念中心*，如与原始情形相反并与报告句的情境有关的信念中心，在不同语言中的等级不同。有时，在一种语言中不同的谓词也有不同等级[2]。一个信念中心是"由信念施事 a 和时间 t 组成的有序配对：⟨a, t⟩"（同上：32）。信念中心可以随着话语的发展而改变。并且，这些变化可以在索引表达的定位中反

---

[1] 请参阅如罗伯茨（Roberts，2014），了解使用不同解决方案解决视角问题的语言中广泛的例子。例如，在扎扎其语（Zazaki）中，许多不同的索引词只要出现某个动词就发生概念转移，而在斯拉夫语（Slave）中，只有第一人称和偶尔第二人称索引词会发生概念转移，但发生在各种各样的动词出现的情形中。某些类型的概念转移是必须发生的，而其他类型的概念转移是可有可无的。其他被讨论的语言包括内兹帕斯（Nez Perze）、维吾尔语和日语。

[2] 非常感谢 Minyao Huang，让我关注这部论著。

映出来。这个提议是建立在斯托纳克尔（Stalnaker，1978）和刘易斯（Lewis，1979a，b）的中心世界思想基础上的。其中，中心也可以在语用基础上被采用，旨在为当下进行的话语服务。在罗伯茨（Roberts，2014）的语义学中，信念中心是话语中心的理论建构基础：一个 DR-理论（Kamp and Reyle，1993）的话语指称和一个时间组成的配对〈d, t〉：

> ……我只是假设，在话语中，我们跟踪那些被理解为在话语进行的那一点上被视为中心的话语参照物。在施事的层面，施事主体的信念视角与之直接相关，同时，在 DRS 意义上，相应的话语参照物在逻辑上是可获取的。不同的语言可以（当然可以）使用不同的机制来标明哪些实体在（施事）这个意义上被视为中心。我认为，当讨论多个信念主体时，它们的相对突显性是跟踪相关度和突显性的普通机制的一个功能。但更重要的是，对某些态度谓词的信念模态语义来说，语法因素在确定哪些中心是可用的、相关的和首选的等方面扮演首要的核心角色。
>
> 罗伯茨（Roberts，2014：61）

这些中心可以随着话语的发展而转移，因此索引术语的特征不会被一次性地分配内容：它可以转移。这是由她提出的"视角转换功能"捕捉到的。① 然而，由于阿姆哈拉语的情况似乎终究是引用的，而且由于索引性似乎不符合特定的一类表达式，而是正如我们在这里所说，它形成了一个功能，因而似乎需要一种不同的动态分析方法。我们需要的不是让索引表达式的定位随着话语的发展具有动态性（如阿姆哈拉语这样的语言确实是谨慎的，它例示了一个毫无疑问的非引用性的概念转移），而我们需要的是对整个词汇的动态描写。在很大程度上，其定位受制于①语言系统的原则，②规约化的预设，以及③具体语境的机制。

此外，罗伯茨（Roberts，2014：79）把她的视角转移功能扩展用于分析限定和非限定摹状语——依据的是她把照应语的使用作为索引使用的次范畴。但是，如果指称表达式与各种"场合索引词"直接共享基于语境转移的属性，那么似乎会是，转移终究是一个多余的概念；变化的指称和动态的指称分配是词项本身的特点。正如它们是普通名词发挥索引功能时候的特点一样，它们也是卡普兰（Kaplan）所列举词条项目的特点。从更广泛的角度来看，索引性

---

① "视角转换函数 P 把一个语境、一个中心和一个相似的话语参照 *d* 作为论元。在给定的语境中，中心是一个基于特定时间的施事主体，其信仰视角也随之形成。并且，话语指称将与已经发生意义转换的 NP 有共同的标识。"（Roberts，2014：79）

第 5 章 索引词的消亡：一个案例分析

是一个表达式的功能，这个表达式可以属于各种语法类别。因此，虽然事实上在处理"我""你"或"这里"时，我们通常假定有一个语境突显的个体或地方被指称，但在普通名词的情况下，我们可以在语境中推断这样的定位。索引性的定义需要拓宽和语用化。

换言之，不仅"固定的语境和特征（character）在经验层面是不充分的，因为在解释话语的过程中，语境的变化可以影响到对索引词的解释"（Roberts，2014：83），而且，作为索引词的东西本身就是依赖于语境的。这种依赖关系分为两类：传统上被列为索引词的表达式（因为它们的非索引用法，包括"一个特征的指称用法"，如仅是语词的语言意义的指称并不罕见）和传统的非索引词，它们可以采用有不同调变程度的索引功能，这个范围包括从"蠢人（muggins）"（Manning，2013）或"木乃伊"等表达方式，到在不寻常的语境中以不寻常的方式被压制而成的表达方式。这里更重要的不仅仅是追踪话语的指称。

现在，斯托纳克尔（Stalnaker，2014：121）提到了一个场景，约翰·佩里（John Perry）说："我在和鲍勃·斯托纳克尔（Bob Stalnaker）谈话，但他没有意识到他是在和我谈话。他以为我可能是弗雷德·德雷克（Fred Dretske）。"分析如下：

> 这里发生了一个转移：试想，约翰正确地认为这个世界与我的信仰是一致的，在这个信仰中，我与之交谈的人是弗雷德·德雷克。约翰的话中"我（宾格）"指的是那个世界中的佩里，而"我（主格）"指的是德雷克。

但有人可能会合理地认为，"挑出的（指称）"只是一种描述。这正是语用化索引性的全部意义所在："我"可以表现得像一个摹状语，就如摹状语可以执行"索引功能"。总而言之，斯托纳克尔（Stalnaker，2014：2）的说法完全正确，即"……不依赖语言的对态度及其内容的描述对于充分理解话语是（……）重要的"。5.4 介绍的默认语义学并合表征是捕获此类概念结构的一种方法。

5.3.3 自我的呈现模式

接下来让我们考虑一下属性的自我归属（self-attribution）。可以说，涉己（de se）思想可通过必然性展示涉己，也可以偶然地被展示出来。第一种包含的自我归因（self-ascription）不能被误认为是对其他人的归因；换句话说，它们通过对错误的识别产生抗错性。通过错误识别产生抗错性（immune to error through misidentification，IEM；Shoemaker，1968）是一些第一人称思想的特征，即那些不可能被错误地归因于自我的思想。例如，当我认为我头痛时，头痛不可能属于我以外的人。另一方面，当我透过一块玻璃板看且相信玻璃板是一面镜子，并认为我戴了一条红围巾时，这在一个适当的场景中，我可能是错的：站在玻璃板另一边一定距离的人，长得很像我，正戴着一条红围巾①。雷卡纳帝（Recanati，2007，2012d）把第一种称为隐含的"涉己"（de se），因为它们被判断为"涉己"是通过合并自我-归因而不是属性的归因。属性的归因被视为归因于本人（oneself）。换句话说，它们是"固有的涉己"。就雷卡纳帝（Recanati，2012e：57-67；2013）所谈论的心智档案而言，自我的档案包含两种信息：不会出错（固有的涉己）和或许会出错的概念信息（外部的涉己），例如我出生于1963年。

在英语中，含有受控空代词（PRO）的句子似乎表明不会出错。例如，若（29）被如实地说出，则其情形是，当说话者直接把写文章的属性归为自己，而不是说，在阅读到文章顶部的名字时，才确认她自己与作者身份相同②。

（29）我记得［空代词］写过这篇文章。

但是，正如希金波坦（Higginbotham，2003）指出的那样，通过调整（29a）或（29b）中的结构，IEM就很容易被破坏。

（29a）我记得我写过这篇文章。
（29b）我记得在这篇文章上写过。

我在其他地方（Jaszczolt，2013b：63）把这种现象称为"衰减的涉己（de se）"或"可被记起的程度"，因为（29）是基于一个事件记忆的表达式，而经过调整的版本可能只是报告了一个有点被误解的事实：可能是我的项目合作伙伴写了这篇文章，或者我可能做过笔记，但实际上定稿不是我写的。不用说，关于衰减和形成多种解读的进一步迂回方法是大量存在的。

现在，杰森·斯坦利（Jason Stanley，2011：87）指出，虽然第一人称控制的空代词（PRO）传递了心智状态的自我归属（在我们的语义学行话中，

---

① 注意，IEM不是专门适用于涉己（de se）思想，但可以说，IEM影响整个的单一人称思想（Wright 2012）。关于最近对IEM的讨论，请参见普罗赛尔和雷卡纳帝（Prosser and Recanati，2012）以及卡珀朗和德弗（Cappelen and Dever，2013）。

② 参见如雷卡纳帝（Recanati，2007）；斯坦利（Stanley，2011）；福列斯库和希金波坦（Folescu and Higginbotham，2012）。

第5章 索引词的消亡：一个案例分析

也是属性的自我归因），但第三人称控制的空代词（PRO）却没有。事实上（与Corazza，待出版的观点不同），例（30）不能保证是这样的一个情形，即一个5岁的莉迪亚（Lidia）正努力地把自己想作一个未来的科学家；她可能只是对科学实验感兴趣。

(30) 莉迪亚想［空代词］成为一名科学家[①],[②]。

因此，无论是索引性本身，或甚至空代词［PRO］，都不能很好地保证不会出错。原因比看起来更简单：正如一个自然语言表达式作为一个索引词在程度上有差异，因为在许多语言（和语境）中，即使是标准的第一人称代词也包含了混合其他的概念内容，因此一个人做出的第一人称陈述也有程度上的差异。人们不会错误地判断在思考"我头痛"时所经历的疼痛是谁的，但在"我的腿交叉着"（文献中经常引用的一个例子）的情况下，IEM只描述那些通过本体感受获得的思想；如果一个人透过一个玻璃窗，相信它是一面镜子，则IEM不能被保证。接下来，我们转向讨论非IEM的案例，这些案例肯定会有更多或更小的确定性。因此，它们是一种渐变特征。所以，就我们目前的目的而言，在"我"作为表达自我的一个"挂钩"的可靠性中，渐变特征是可以被"勾住"的。因此，也可以在受控空代词［PRO］结构的可靠性中"勾住"（hung）渐变特征。

接下来，我们用事实动词和非事实动词来揭示我们的态度。事实的一类（对听者）带有强烈的承诺，非事实的一类在一定程度上分离了所述事情的状态，如（31）和（32）所示[③]。

(31) 我知道伊恩·麦克尤恩写了《黑狗》（*Black Dogs*）。

[①] 另见曼森（Manson，2012）关于不同的态度知识的讨论，包括无意识的愿望：在"显然（所以我被告知）我想要X"的意义上，这些也可以被视为"我想要X"。虽然曼森（Manson）将这些案例排除在他特定的研究主题之外，但它们似乎提供了一个重要的例子，阐明了"我"的多种用法（参见"我不是想要x的人，而是我内心的另一个人"）。

[②] 科拉扎（Corazza，2004：348）提出了这样一种观点：一个人只有在掌握了准索引词的时候，也就掌握了索引词。换句话说，我理解①的前提是我能够理解②中"她"与"莉迪亚"共指，即她充当准-标识语（Castañeda，1967）。①我很开心。②莉迪亚认为她很开心。可以这么说，这是因为要完全理解自我的概念，一个人必须能够理解他人的概念。显然，在此处分析中这个讨论通常被忽略了：虽然"她"在②中的唯一角色是挑选共指，但①中的"我"具有不同的角色——可以说，当我们的语义学要像默认语义学一样表征意图表达的和实际表达的内容时，这些角色在语义层面是非常重要的。

[③] 请注意，"事实性"是一个我贴在动词上的标签，而不是心智状态的标签，因为知识和确定性不是以简单的方式联系在一起的——请参阅大量关于高风险与低风险情节的文献，并从相对论的角度展开的讨论，如布勒姆-蒂尔曼（Blome-Tillmann，2013）。

(32) 我相信菲利普·罗斯写了《愤怒》(*Indignation*)。

"我相信"因礼貌原因而用作言外之意语力的间接表述是一个相关的现象①。

总而言之，尽管形式语义学家经常试图将自我－指称与特定的角色、功能、认知状态联系起来，以寻找明确的一一对应关系，但谈论自己，即使是单独用英语来评价，也充满了相当混乱的用法和尚未解释的现象，如从自我_{私人的}到自我_{公共的}的变化中自我_{心智}的承诺程度或"迈向外面"的程度。我们似乎有充分的证据来确定，例如，基耶尔基亚（Chierchia，1989：28）试图概括我们在这里称之为*自我指称*(伴随着*自我意识*和属性的*自我归属*和心智状态的*自我归因*) 的"本人（oneself）的认知通道"从"（非代词的）指称表达式的理解中被系统地排除"而产生的效应，这一做法经不起推敲。我们已经看到，名词的范畴，如亲属称谓或职业称谓，形成了相当系统化的自我－指称角色的用法——这不仅存在于英语或日语中，而且还可能是一种相当广泛存在的模式。如下的两种情形都不是"与空代词［PRO］（不定式和动名词的空主语）有系统和明确联系的"本人（oneself）的认知通道（同上）：存在第三人称做主语的例子，其中完全不存在这种认知通道，和存在认知通道在不同程度上被展示的例子。其次，正如基耶尔基亚所说，自我－指称确实是"系统地存在于显性代词的理解中"（同上），但这些代词也允许其他功能，以及允许掺杂与它们的功能共存的其他概念。

第一人称索引词的概念所享有的良好声誉受到各种外在论的支持。毫无疑问，"未污染"的索引词通过区分固定和非固定的特征（character）和系统化处理语境在理论中扮演的角色，从而简化真值条件语义学。在这里，斯托纳克尔（Stalnaker，2008：130）提出一个外在论的观点，即自我－知识意味着就像从外部一样看待自我：

……因其内容而具有个性化的心智句子具有外在于心智的本质属性，因此对于思考"思想"的人来说，这些句子是不可理解的。

在这里所讨论的特定的研究领域中，进行语义分析的最成功的方法是将 DRT 中所谓的"外部定位要素"包括在内：即我们可以将话语指称与之联系起来的个体。确实，这样做就意味着冒主观主义语义学的风险，即一种不超越心智客体而进入现实的概念分析。但这种对客观性指称的依赖，即使是对第一

---

① 参见卡普宾（Kauppinen，2010）。

第 5 章　索引词的消亡：一个案例分析

人称的陈述，也会消除第一人称和第三人称视角之间的对比。并且，从真值条件内容的视角看，最终把第一人称吸纳入后者。除了默认语义学之外，所有的最小论和语境论都是如此。默认语义学把言语行为视角和真值条件方法结合在一起，允许包容本章举例展示的概念"污染"。重复一下，考虑到那些反对分割不能有效分割的内容而提出的证据和论点，意义的这些方面没有被视为隐含或外部的内容，而是被视为真值条件内容本身的一个部分。在下一节中，我们将通过一些并合表征的例子以演示如何在实践中进行这种分析。

另一个还原论的论点来自个体经验的公共有效性。查默斯（Chalmers，2010）认为存在一个重要的涵义（sense），在该涵义中，第一人称的经验并不特殊，因为它可以被他人复制；它不能直接分享，但可以与其他人的经验相比较和并置，即"……结合许多受试者的报告进行交叉验证通常是简单明了的"（Chalmers，2010：53）。在哲学和认知科学中，有大量的论据反对第一人称思维的特殊地位（参见如 Wright，2012；Carruthers，2011），但将其与自然语言的论据结合起来使用将是很困难的：第一人称经验具有特殊的地位，即使这种地位可以简化为与其他经验处于相同的被观察视角，但这并不意味着它在自我-概念层面上就不那么特殊了。自然语言允许我们指称自我的方式实则为我们提供了洞察第一人称经验的途径。

总之，我们可以看到，形态句法中没有直接的证据表明索引词是语义理论中最合适的自我-指称的表征方式。也许卡珀朗和德弗（Cappelen and Dever）在他们的《非本质的索引词》（*Inessential Indexical*）（2013）中，当认为索引性不是解释自我意识（EGO）的必要条件的时候，他们是正确的。也许索引性和视角观的引入仅仅是"不完美的施事主体在试图客观地和非个人视角下对世界进行表征过程中产生的可预测的结果"（Cappelen and Dever，2013：182）。如果是这样，要么将观察视角的缺陷留在语义研究之外，要么通过调整内容将其纳入。默认语义学的基于突显的语境观对其进行了调整，但保留了对索引性的功能观：自然语言的词汇与哲学家的索引词从来不存在精确的关联；后者是理想化的概念，它没有跨语言研究的证据支持。索引性作为默认的自我-意识来实现，充其量只是自然语言表达的一个短暂存现的特性。

也许我们需要的是一种更为精确的语义表征，就像我们对弗雷格（Frege）信念报告句所做的分析。对于弗雷格的例子，一种语境论语义学需要有与涵义（sense）或呈现模式等同的术语。我的建议是，为了捕捉自我指称我们需要一个语义表征，通过它去捕捉思考本人（oneself）的方式，或者说，自我呈现的模式。在话语中，对本人的指称是通过词汇、语法或语用策略来实现的，它不仅表现出跨语言的差异，而且在一个单一的语言系统中也提供了相当多的实现方式。这些差异不仅与社会地位称谓或身/心差异有关，还与强调自我的程度有关，而不是与强调针对其他个体所做陈述的概括性、预测性或有效性程度相关。非人称的"一"(one)构式或非人称证据表述"似乎"就是这种程度分级的很好例子。这种调弱后的承诺甚至与表达的类型无关：第一人称代词也可用于此目的，例如在"我认为"或"我相信"的非正面陈述语中。此外，代词本身偶尔也可以充当除直接自我指称之外的功能，例如指称一个"时间片段"中的本人或在所谓的"假索引词"中使用的约束变量。其次，即使是通常与本人(oneself)和 IEM 有较强联系的空代词［PRO］结构，也不总是与这种认知状态相关。有了这些证据置于我们面前，似乎表示自我指称和自我-归因的最合适方式是一个充满语用知识的语境主义方案，该方案一方面能够捕捉词汇、语法和语用知识的互补作用，另一方面，它能够捕获谈论自我的程度。在下一节中，我将展示默认语义学的并合表征如何将此想法付诸实践。

5.4　默认语义学中的涉己（de se）思想和涉己报告句

在语义内容中包含涉己视角有很多优点，其中最重要的是能够表征属性的自我-归因和属性的他者归因之间的概念差异，从而也能表征心智状态的自我属性和其他属性。丰富的语境论的内容也更准确地表征自我指称行为的使用：我们谈论我们自己时已经假设了一个恰当的自我概念，无论是公共的、私人的、身体的、心智的，或无差异的（undifferentiated），更不用提在有些群体话语中（此处仅举一例），即与社会尊重或社会权力等级相关的更为细微的区别。在下面的讨论中，我们假设，由于将使用默认语义学的并合表征来捕获这一丰富的内容，那么，涉己视角必须包含在一个基于命题的解释方案中，而不是像早期对建议的主语的讨论那样，归入"与本人的关系"①。我们会把关于本人的涉己和涉物（de re）之间的差异识解为具有真值条件层面的重要性，但这些差异与一个命题相关。该命题表示意图表达的并被捕获的思想，同时也是概念（并合）表征所表征的命题。

让我们回顾一下 5.2 中提到的场景。知道（11b）并不能让我以知道（11a）的方式行事。尽管在我们的场景中，我是同意担任本学期教务委员会主

---

① 参见刘易斯（Lewis，1979a）。

第 5 章　索引词的消亡：一个案例分析

席的人。区别在于，在（11b）里，基于我们的场景，我不知道"我知道了解（11a）指的是什么"：比如，我忘记了我已经同意担任主席，只是出于接受一个第三人称观角下的信念。然而，在指称语义学中，在内容的层次上没有区别：（11a）和（11b）都被表征为（33），其中"h"代表"半小时内开会"[①]。

(33) $\lambda x\,[h\,(x)]$（卡西亚·亚希乔特）

正如佩里（Perry，2001b）所说，在"正式的"、指称性的内容层面没有区别——指称性内容也被他称为"默认的"内容。它之所以是"正式的"，是因为它捕获了语言系统给予的意义——共时层面它相当稳定的词汇和功能应用规则。但只有当我们假设对一个人称代词提供索引解释和为一个限定摹状语提供指称性解释时，它才是这样被给予的：正是这种语境中，与卡普兰式特征（character）相关联的卡普兰式内容进入了语义组合。自我-意识的基本组成部分至多会被归为一种不同的内容［如在佩里（Perry，2001b，2009）中并不缺少的内容］，由此，即被归为语用学而不是语义学的内容。此外，基于这种语义学，我们对（11b）的三种可能的解读类型（这三种解读类型是由于限定摹状语的行为而产生的）也会被删除：我们没有洞察到纯粹的归属性解读和说话人被错误地指称的解读——在我们的场景中，我确信同意担任教务委员会主席的人是我的同事大卫·威利斯（David Willis）（当然，在这个场景中，类似的困惑一定涉及我误认了那个人的情形）。简而言之，当我们假设卡普兰式语境（我在 4.2.2 中称之为*形而上学语境*）时，特征（character）给予我们一个指称，它进入了可能世界的真值条件评价中；由此，对"我"的索引分析足有解释力。这也足以解释斯托纳克尔（Stalnaker，1978，2011）对二维语义的分析，其中"我"导致出现了一个命题概念，它考虑到了对话者对索引词的不同解决方案，以及他们所在世界的差异。其提议的语境是认知语境：它是一种基于对话者预设的共同背景，即一个语境的集合。但它还没有延伸到我们想要语境发挥作用的范围：给予我们自我的相关概念。对于后者，卡普兰式的特征（character）没有足够的细微度。

总之，丰富的语义内容再次被认为更具解释力，前提是人们愿意放弃基于

[①] 不用说，"半小时内"是一个时间副词，它会引发类似的问题：我在下午 1 点 30 分想到"我在下午 2 点开会"，不必像"我在半小时内开会"那样，在我不知道正确的当前时间的情况下，采取同样的行动。我在许多不同的地方讨论了时间指称［参见如亚希乔特（Jaszczolt，2009a）］。这里不介绍默认语义学的理论表征细节；因此，可以说，索引性的问题也是类似的。

系统的形式化意义理论的圣杯。它必须包括这样一个事实：信仰是索引性的[①]，但也包括上面我们所称作的自我呈现模式。

但是否有必要借助语境论来捕捉自我－意识？似乎有必要放弃指称语义学，但这并不是说我们不能用一种表征自我－意识的方式来识解一个最小主义给出的解释。我现在要说的一点是，正如语法在那里可以被视为自我－意识的载体一样，因此，一般来说，在意图表达并被捕获的自我－指称行为情形下，语法可以被赋予是涉己（de se）意义的载体的角色。我已经表明，尽管第一人称代词的约束变量用法可能不具有指称性，但它们传递了自我－意识。

这可以通过两种不同的方式实现。在最小论中，"我"这个特征（character）可以用来表示它是什么：第一人称指称的标记，仅此而已。让我们设想一个最小论的版本，基于这个版本，特征可以成为"它自己的内容"。(34a) 可由（34b）表征。

(34a) 我开会迟到了。

(34b) 发言人开会迟到。

可以说，这个版本的最小论比巴赫（Bach, 2001）的最小论还要简单。基于后者版本，纯粹的索引词（具有稳定语义角色的索引词）通过语法保证的自动的程序获取指称。这种以示例语符为基础（token-based）的最小论带有一点陈旧的讨论味道（"我"指的是这个示例语符的说话人）。当与真值条件方法和语义理论的信息性要求并列考虑时，它显然会受到损害，但除了这些缺点外，它是可行的。所以，当问题是：语法是自我－意识的载体吗？即使在我们"最小论的最彻底的最小论者"中，答案也是"是的"。这里不需要一个多维度的解释，但另一方面，则需要更多的信息性。

现在转向"语境论中的最彻底语境论者"，这个问题的答案将取决于我们想要如何识解我们的语法。在默认语义学中，它是一种概念结构（Σs）的语法，因此它通过各种伪装以使用语境，因为它使用了默认语义学中标示的信息源（如果有的话，将来会被标示出来）。这样被识解的语法将捕获与自我－指称相关的自我－意识。这种自我－指称以正常、可预测的方式被表达出来，即意图与解码（WS）、推理（CPI）和默认（SCWD, CD）吻合的方式。它将捕获不需要与给定结构关联在一起的解读，但考虑到语境，这些解读（与误解不同）与给定的结构相关。如果我们同意语法应该这样做，那么自我－指称和自

[①] "索引事实可能被视为原始事实。"（Chalmers, 1996: 85）

第 5 章 索引词的消亡：一个案例分析

我-意识确实可以归因于语法的力量。

现在，让我们开始讨论正确的表征。我们从涉己（de se）思想的表达式开始，并逐步发展到讨论涉己的报告句——后者又细分为自我涉己报告句和他者涉己报告句。使用前面用过的例子，我们将重点关注以下的结构，如（35）～（36）所示。

(35) 我 2 点钟有一个会议。
(36) 我相信我 2 点钟有一个会议。
(37) 卡西亚相信她 2 点钟有一个会议。

句子（35）只能表征一种情况。在这种情况下，我自己处于一种心智状态，认为自己在 2 点钟有一个会议。重复一下，由于我们关注的是表征第一人称指称而不是时间指称，所以我们不会讨论说话人不知道当前时间位置的场景——如"2 点钟"和"半小时以内"指的是同一时刻。（35）的并合表征如下面的图 5.1 所示。

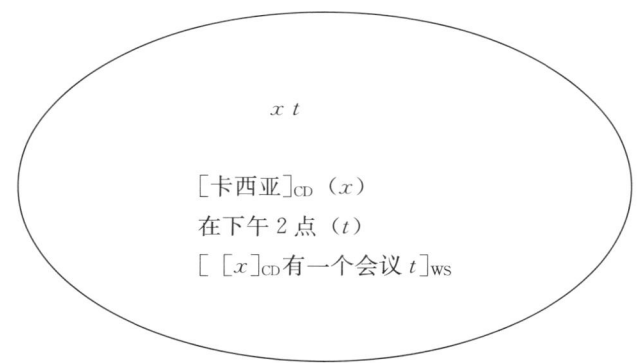

图 5.1 例（35）的信息总和（Σ）："我 2 点钟有个会议。"①

考虑其他的可能性则将把我们带到刘易斯（Lewis，1979a）关于自我-知识与"两个神"的场景的哲学辩论领域中。据称这将证明（35a）中的报告句是合理的，其中"这个人"表示说话人思想中的指称。在对语言互动的语义学的阐述中，这会使我们过于深入有争议的身份识别危机的领域②。

---

① 为了简单起见，此处省略了与当下讨论无直接关联的基于 ACC 算子对时间指称的完全表征。同样也省略了没有关联性的详细结构分析。例如，在图 5.1 中，"有一个会议"被视为一个简单的谓词，且未被完全分析为"会议（y）"和"在 t 时间 x 有 y"。在这种情况下，并合表征属于部分表征。

② 参见卡珀朗和德弗（Cappelen and Dever，2013）——其标题是"议视角和第一人称的无哲学意义"。

(35a) 我 2 点钟有个会议，但前提是这个人真的是我。

在任何情况下，从一个人身份的确定性中分离（detachment）——比如说，由于知觉或已有知识使得个体没有被歧视，或者参照自己的"时间片段"而造成的这种分离现象——都会触发一个带有分离标记的报告句，比如"我认为"或"我相信"，这就是我们的例子（36）。

因此，让我们考虑自我报告句的例子（36），记住表面上无伤大雅的结构也可用指缺乏自我意识的情况，如（38）所示——尽管在某种程度上延展了情境可信度和信仰的自然报告方式。

(38) 看，昨天早上我确实相信，在某种意义上，我 2 点钟有一个会议。教务委员会主席开了一个会议且我被任命为主席——我暂时记不起这个事实了！

我在这里要说的是，虽然涉己（de se）的自我报告原则上是可能的，可以明确地被表达出来，但它们必须被转述，因为自然的涉己的解读是很难避免的。另一方面，由于这种解读是由关于本人（oneself）的涉己和 涉物（de re）之间的一般（可能是普遍的）概念性区别产生的，而不是由句子结构所产生，因此它很容易对其他语言进行概括，正如（38a）中的波兰语意译所示。

(38a)
Wiesz co, właściwie to ja wiedziałam wczoraj
你知道 实际上 *DemPart* 我 知道-过去时 *SgF* 昨天

rano, że będę miała zebranie o
早上, 关系词 that 有-将来时-*1SgF* 会议-宾格 在

drugiej. Dziekan wydziału miał zebranie,
两点 教务主任 有-过去时-*1SgM* 会议-宾格

a to przecież ja jestem
和-*Contr* *DemPart* 事实上 我 系词 be-现在时-*1SgM*

dziekanem— tyle tylko, że chwilowo nie
主任-*Instr* 只 关系词 that 暂时地 否定标记

pamiętałam, że podjęłam
记住-过去时 *1SgF* 关系词 that 承担-过去时 *1SgF*

się tej funkcji.
反身代词 *DemPron-SgF Gen* 角色-*Gen*

184

第 5 章　索引词的消亡：一个案例分析

心智状态的自我指称行为和自我归属变得没有关联，譬如，尽管我可以参考我持久存在的自我意识（EGO），但我把心智状态归属于我在时间上永恒的部分。从并合表征中省略持久性/永恒性区别，就像从概念表征中省略概念内容一样。因此，我们在 5.3.2 中引用了卡普兰（Kaplan, 1989a：491）的一段话，即说出"我"且指向其他的某个人是"无关或疯狂的表现或指其他什么？"。这段话一定是合格的：语义学也许必定可以表征这些不同"类型的（无数的）'我'"，同时，也不会产生一个语境"怪兽"①。

并合表征以如下方式捕获了这类解读。句子（36）含有标准的涉己（de se）的解读，如图 5.2 所示。

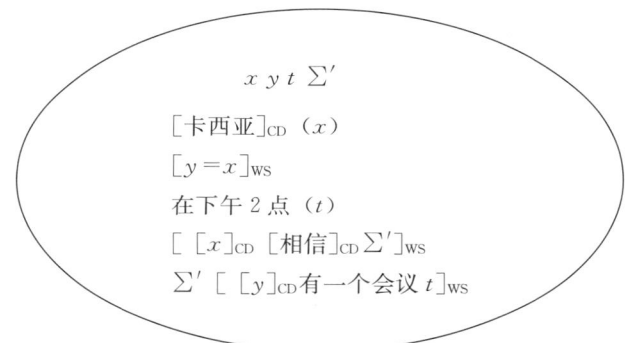

图 5.2　句子（36）的默认涉己自我归因解读的信息总和（Σ）：
"我相信我 2 点钟有一个会议。"

此处的信念算子对应于潜在心智状态的最强烈意向性，因此也对应于认知默认驱动的有关 *res* 的解读。结合 [y＝x]$_{WS}$ 中绑定的信息，这种解读会导致默认的涉己解读。重要的是要注意，我们实现了这一解读，但没有受到迈尔（Maier, 2009）或珀库斯和索尔兰（Percus and Sauerland, 2003）解释方案中提出的一般或非具体的涉物（de re）解读的干扰。概念层面上的共指 [y＝x]$_{WS}$ 为我们提供了涉己信息，然后与态度的类型结合，即 [相信]$_{CD}$Σ′。②

---

① "怪兽"（Monsters）是卡普兰（Kaplan, 1989a）针对假定的算子采用的术语，它转移了索引词的评价语境。基于卡普兰的理论，索引式的指称是通过话语的语境被固定的，因此"怪兽"算子不可能存在。但是，可以说，也有这样的算子：在阿姆哈拉语中，"信念算子"将"我"的指称从说话人转移到主句中的主语，如"约翰相信我迟到了"所示［参见斯托纳克尔（Schlenker, 2003）、普雷德利（Predelli, 2014）］。

② 关于一和不同的但也是基于 DRT 把涉己指称纳入语义表征中的方法，请参见韦克斯勒（Wechsler, 2010）。

接下来,非默认的涉物自我报告句用图 5.3 表示。请记住,这种解读仅发生在非常有限的情况下,因此需要用模糊限制语陈述,如(38),即(39)表征的句子。

(39) 从某种意义上说,昨天早上我确实相信我 2 点钟有一个会议。

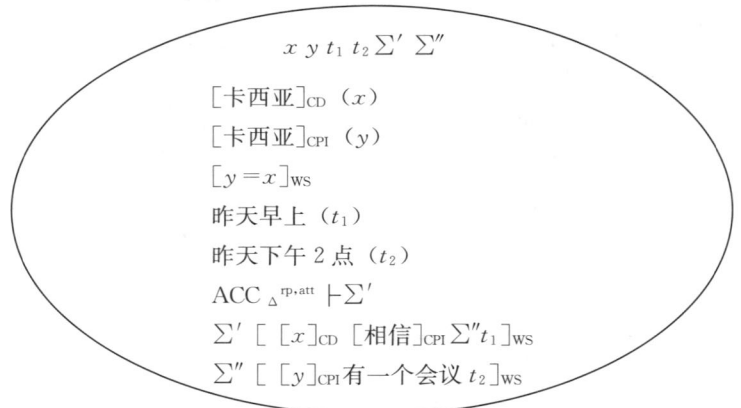

图 5.3　句子(39)的非默认涉物自我归因解读的信息总和(Σ):
"昨天早上我确实相信,在某种意义上,我 2 点钟有一个会议。"

引入概念指称[卡西亚]$_{CPI}$ (y) 即表明缺乏自我归因和自我意识,进而通过 [y=x]$_{WS}$ 保留共指。过去的信仰状态的时间位置由 ACC 中 $\triangle$ 的上标 "rp" 表示,代表正常情形下的"过去"。与之一同出现的是另一个标志着减弱的可接受性的指数,它与基于特定语境的信仰内容的呈现模式有关,此处缩写为 "att",从而产生:$ACC_{\triangle}^{rp,att} \vdash \Sigma'$。① "att" 指数捕捉的是报告句中使用的模糊表达工具"某种意义上"。再者,信念的非默认地位由[相信]$_{CPI}$ 中的 CPI 指数表示。信念算子代表一种心智状态,对应我之前关于命题态度的著作(如 Jaszczolt,1997,1999,2005a)中所说的"分散的"(scattered)意向性:减弱的意向性,因为它不完全"抵达"真实的物体。总之,通过指称的指数组合和表示语境驱动的推理过程的信念指数,我们就能够表示这种不常见的、有标记的解读。

现在转到讨论(37)中的结构。我们必须区分标准的、默认的涉己(de se)解读和关于本人(oneself)的罕见但可能的解读——比如说,在我们之前

---

① 基于模态对时间指称进行解释的详细论述,请参见 2.2.2,尤其是亚希乔特(Jaszczolt, 2009)。

讨论过的场景中，我相信教务主席在 2 点钟有一个会议，但我不记得我同意担任这个角色。有各种方案可以解决因解读而产生的这种歧义，包括类特征转移，即将基于命题的解读（涉物）转变为基于属性的解读［（涉己）；Percus and Sauerland，2003］，或采纳 DR 理论的解决方案，其中 DRSs 最初在解读类型上未被具体化，并且正是把预设作为回指而产生了涉己的解读（Maier, 2009）。当然，我们假设在（37）中，"她"与"卡西亚"是共指的——这是一个相对容易解释的默认解读，例如，采用范德桑特（van der Sandt，1992）提出的最适合局部约束的策略。

此外，我们还必须区分一种解读，即报告句所对应的情境不包括与报告句相关的心智状态的自我归属。我们已经指出，英语中带有第三人称连接词的空代词［PRO］构式不一定带有自我意识和自我归属：莉迪亚的行为方式可能只会让说话者说出（30）。

（30）莉迪亚想［空代词］成为一名科学家。

这一描述似乎延续到了（37）中的模式，尽管仅仅针对仔细划分的场景。基于这些情境，如"相信"或"怀疑"等认识态度类动词的意义扩展到超越自我－归因的情形，但心智状态与态度动词间的默认连接是完整的。在（40）中，想象一下莉迪亚带着她的伞走出房子的情境。

（40）莉迪亚认为要下雨了。

即使莉迪亚习惯性地带着伞，而没有意识到天气预报，这个报告句也是完全可以接受的。我们可以把这个延伸到（41）。

（41）莉迪亚认为她可能会被淋湿。

然而，重复一下，这些报告句只有当我们扩展态度动词的意义时才起作用——正如我们可以扩展"说"（say）来表示（42）中的隐含内容或扩展"认为"（think）以报告（43）中的宠物狗的行为一样。宠物狗的思维过程对我们来说是未知的，通常是不可洞察的。

（42）苏珊拒绝参加我的聚会，基本上表明她不喜欢我。
（43）瞧，菲菲（狗）认为没人能看到她偷了烤肉。

现在，重复一下，在语义学中，经常有人提议通过涉物（de re）来表征涉己（de se）解读。然而，这一解决方案违反了理解的心理合理性。正如我们所看到的，关于本人（oneself）的涉物是一个非常不寻常的解释，仅限于相当人为拟构的场景。因此，我们将通过有标记的、有限制的解读来获得自然的、默认的解读。幸运的是，在默认语义学中不需要这种复杂的语义分析。我们不需要对句子的逻辑形式进行修饰；我们不需要通过在逻辑形式中添加概念成分来表征我们先前所称的自我呈现模式。相反，与所有其他的语言构式一样，我们用负责组构部分的信息来源过程来注释概念的结构。这些过程标明了理解的类型。例如，CD 对应于默认的涉己解读，而 CPI 对应于异常和高度语境驱动的关于本人的涉物解读。没有自我－意识的涉己将依赖于说话人以 CPI 方式构建的被报告的可能发生的事情。

这些案例的并合表征如图 5.4~5.6 所示。图 5.4 对应（37）中涉己的他者－归因的默认场景。

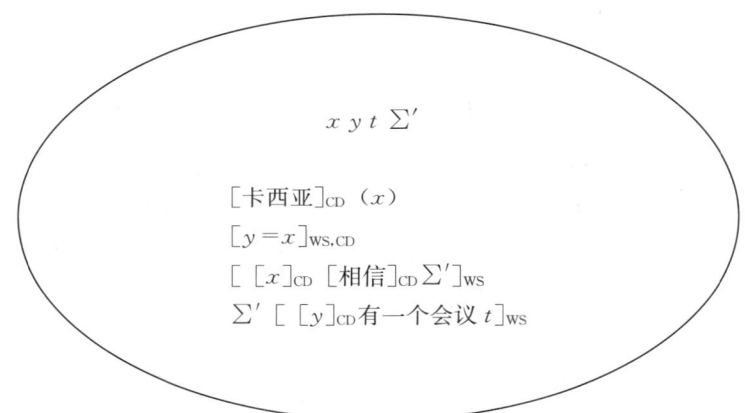

图 5.4： 句子（37）的默认"涉己"解读的信息总和（Σ）："卡西亚相信她 2 点钟有一个会议。"

最强的回指解读保证了 x 和 y 之间的共指，因此这个共指被标记为通过 WS 进行处理。接下来，在类似于（36）的默认涉己的自我归因情形中，信念算子捕获了对应于潜在心智状态的最强意向性报告句的解读，指的是关于个体 *res* 而不是涉名（de dicto）的解读。一般的 *res*，加上来自 $[y=x]_{WS}$ 的信息，产生了默认的涉己解读——重述一下，这是在迈尔（Maier，2009）或珀库斯与索尔兰（Percus and Sauerland，2003）所提方案中建议的、不经过调整涉物解读步骤的情况下实现的。

默认的涉己他者报告句的表征与上面图 5.2 中的默认涉己自我报告句几乎相同。唯一的区别是在条件 $[y=x]_{WS,CD}$ 中添加 CD 指数，以表明非共指的解读也是可能的，但将与衰减的意向性对应，因此有较小程度的信息性：它必须

第 5 章 索引词的消亡：一个案例分析

依赖通过跨句（语篇）的约束（binding）或适配（accommodation）实现的先行词，这是基于范德桑特（van der Sandt，1992）的被视为 DRT 中回指的预设（以及，以回指作为预设）而实现的先行词。这两个并合表征的虚拟同一性表明，这些概念表征并不区分自我意识（EGO）概念和代表个体的普通的话语指称 x 或 y。在语义上"接受本人"是很重要的情况下，这种第一人称属性将由一个单独的话语条件来表征——例如，用自我意识（EGO）$_{公共的}$（x）表征自我（self）的公共特征。我在结尾部分会回头讨论第一人称代词有问题的索引性特征。

接下来，图 5.5 表征了与他者-报告句的本人解读相关的涉物信息。重复一下，这种解读不太可能出现在（37）中，因为这种解读受到严重限制，它通常会伴随一个注解。当它确实出现时，它获得了这个表征。

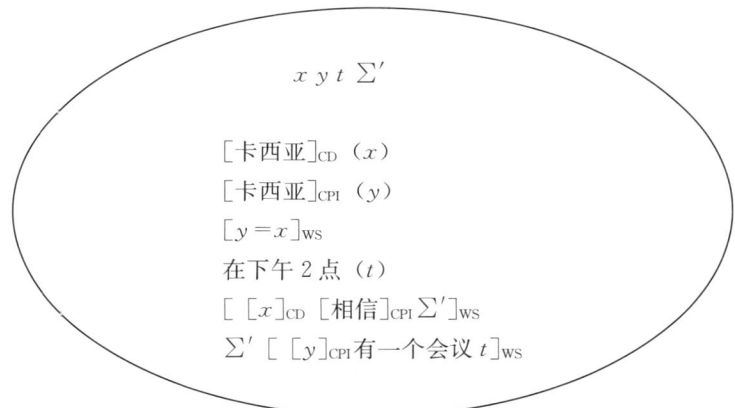

图 5.5　与句子（37）中本人解读相关的涉物信息的总和（Σ）："卡西亚相信她 2 点钟有一个会议。"

嵌入从句的指称是不透明的：尽管有以 $[y=x]_{WS}$ 标记的共指，但与回指联系在一起的概念在其信息内容上与 [卡西亚]$_{CD}$（x）不一致，因此它被标记为 [卡西亚]$_{CPI}$(y)。同样，信念算子代表了与图 5.3 所述类似的"分散的"、减弱的意向性相对应的心智状态。因此，我们有一个语境驱动的关于"相信"的解读，其指数标记为 CPI。然而，在自然对话中更可能是，与他者报告句中本人（oneself）解读相关的涉物（de re）信息可以出现在提及人称的"时间片段"情形中，相当于我们先前的（39）中的第三人称情形，如（44）所示：

（44）从某种意义上说，卡西亚昨天上午确实相信两点钟她有一个会议。

其并合表征则类似于前面的图 5.3，允许 ACC$\Delta^{\text{rp,att}} \vdash \Sigma'$。

最后，图 5.6 表征了没有自我归因或自我意识的涉己解读，如例（41）所示。

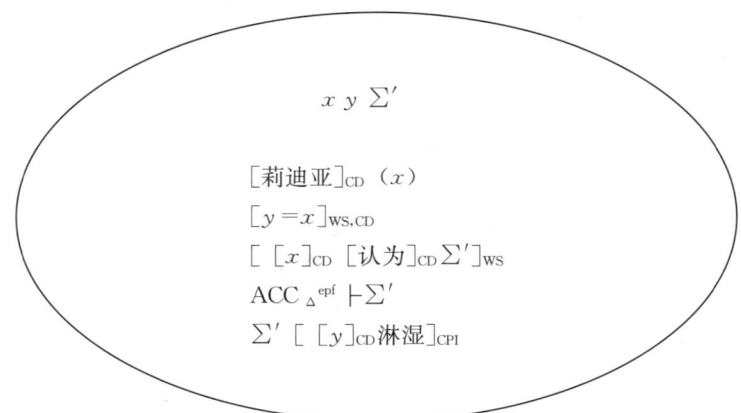

图 5.6　句子（41）的非默认涉己解读的信息总和（Σ）：
"莉迪亚认为她可能会被淋湿。"

"认为"与潜在心智状态的强烈意向性相对应，共指也在强有力的、由 WS 驱动的过程中产生，但这个思想的内容是由说话者从情境中推断出来的——因此表征为 $[[y]_{\text{CD}} 淋湿]_{\text{CPI}}$。ACC 上的指数 "epf" 代表 "未来的认识可能性"。

在所有这些并合表征中，我们能够捕捉到"自我－指称行为"概念，这个概念允许在心智状态的相关自我－意识和自我－归属方面存在差异。这样的话，我们已经偏离了卡普兰的二维语义学中假定的纯粹的索引性。但我们还没有表征自我概念的差异。正是自我的概念促使我们修订 5.3.1 中讨论的关于索引性的解释。这是因为这些差异在英语交际中通常没有被明确地表达——这一事实导致卡普兰对英语语义学中的第一人称指称进行了如此简要的描写。但是，如果我们希望我们的语义学在不同的自然语言中广泛地解释语言的相互作用，那么对卡普兰和英语语言来说，要做的自然的事情就是开始让它看起来像是一个疏忽。以泰语为例，如（45）所示。

（45）　d$_1$iaw$_3$ ^{IV}　　n$_2$u:　　'$_1$aw　　　ch$_3$a:　　m$_3$a:　　h$_2$ay$_3$ ^{II}
　　　　很快　　　　我　　　带（端）　　　茶　　　来　　　给

第 5 章　索引词的消亡：一个案例分析

"我给你端茶来。"①

在默认语义学中，并合表征必须反映"$n_2u:$"形式所传达的社会地位，如图 5.7 所示。条件"$[n_2u:(x)]_{WS}$"表示用于自我-指称的词汇形式作为首要意义的一部分进行处理。"$n_2u:$"一词在用作普通名词时表示"老鼠（mouse）"，在泰语中也用作第一人称代词。作为一个代词，它是一个完全语法化的社会地位称谓语，大多数女性在与任何性别的对话者交谈时使用，但通常体现了对话者更优越的权力层级。②

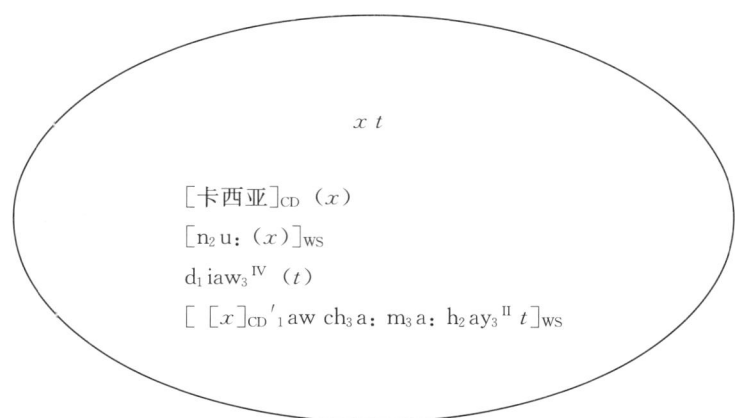

图 5.7　例（45）的信息总和（Σ）："我给你端茶来。"

在日语中，第一人称指称的大约 51 种形式以及英语中基于各种概括程度的自我指称的变体，也要用类似的方法来表征。

5.5　声明、结论和进一步展望

本章展示的针对激进语境主义的测试案例是一个有相当说服力的案例，它

---

① 源自与吉兰塔拉·斯里奥塔伊（Jiranthara Srioutai）的个人交流。我使用的是迪勒（Diller，1996）创立的音译系统。元音因素通过音译标为（高等级）i，u'，u，（中等级）e，oe，o，和（低等级）ae，a，o'。有三个双元音被音译为 ia，u'a 和 ua。冒号表示一个长元音。另外，下标 1，2 和 3 表示每一个音节的起始辅音的音调类型。上标 I 和 II 是音调标记。可参见斯里奥塔伊（Srioutai，2006）广泛使用关于这个系统的例子。

② 有时，男性也可以在类似的情况下使用它：与某一性别的对话者交谈，后者在权力等级上处于优势地位，如作为家庭成员或教师。相反，当听话人的权力等级较低时，$n_2u:$ 可以用作第二人称代词。我感谢吉兰塔拉·斯里奥塔伊（Jiranthara Srioutai）在我讨论这个现象，以及这个例子时所提供的信息。

不同于以前的各种应用，这些应用涉及语义歧义中被广泛讨论过的领域，如限定摹状语的指称与归属性解读、句法连接词的逻辑与语用解读、信仰报告句的涉物（de re）与涉己（de se）解读，或时间/时态之间的误配。这里我们有直接指称的最后一个堡垒：第一人称代词，其功能被标准地视为提供一个槽位，我们在此处"插入"一个"仿真品"，即"指称物"自身。它的功能在此处开始作用，也在此处结束。然而，这涉及更多的关于自我－指称的内容。此外，致力于提供概念表征的语义学需要捕获更多的东西。在这个案例分析中，我仅仅抓住了现象的表面，指出了①自我－指称行为的跨语言差异；②单独在英语中自我指称行为的差异；③这些差异的可能的普遍基础；以及④如何在默认语义学的并合表征中解释所有这些差异。很明显，要这样做就需要引入自我－指称的概念范畴——在"自我－意识程度"的维度，捕捉作为默认的涉己思想、涉己报告、涉物报告，以及在这些量的差异中，捕捉性质不同的自我意识（EGO）。正如无论是在英语中还是在其他讨论过的语言中，都没有单一的索引词可负责指称本人（oneself），所以在这个角色中，没有一种单一的解读可一劳永逸地把表达式"固定"下来。相反，我们有不同的形式和用法多样性——一个情境明确要求对话语意义的构成进行互动识解。其中，不同的信息过程解释不同的输出结果，如本章展示的并合表征。

现在，虽然一方面形式语义学的解释将第一人称的索引性减少到只是"正式的"（official）内容，但许多人还是强调第一人称视角的不可简化性，和自我意识（EGO）的*视角概念*，这些可在不同的内容层级上被捕捉到（Perry，2001b）[①]。在某种程度上，这是一个常识性的图景：正如我在这里所做的初步建议，索引的视角是由语法给出的，尽管概念结构的语法必须以这样一种方式解释，即它允许与语境中的结构有关的不同解读。但这并不意味着思想的可索引性总是在语义表征中被呈现出来：在没有对整体意义做出贡献的情况下，它没有被呈现；在对整体意义做出贡献的情况下，它被呈现出来。这样一来，默认语义学理论的解释就遵循了我之前对命题态度报告所采用的同样的原则[②]：只有当这对解读确实产生影响时，呈现模型才会出现。因此，信念谓词的配价因呈现模式的语义重要性（或缺乏）而有差异。虽然我们在这里不讨论逻辑形式（WS）层次上的表征，但原理是相同的：信息总和（Σ）的贡献因素根据其捕获的意图表达的且被复原的意义而发生变化。

---

① 另见查默斯（Chalmers，1996，2006）对"索引事实"可简化性的论述。
② 在亚希乔特（Jaszczolt，2007b）中。

第5章 索引词的消亡:一个案例分析

默认语义学并不是唯一一个提出一种新颖的、基于认知表征解释索引性的理论。在认知语言学中,格登福斯(Gärdenfors,2014b)为普通名词和代词之间没有质的区分的观点进行了辩护;相反,有些词"慢慢地"改变它们自己的意义,而有些词则"迅速地"地改变自身的意义:

> 例如,尽管科学上有了很大的进步,但马的意义自石器时代以来大概没有改变多少。另一方面,语言中有几个构成成分,如代词,只在快速发展的用法过程中才获得其意义。例如,"这"的意义几乎每次使用时都会改变。因此,我没有在语义和语用学之间划出任何清晰的界限。
>
> 格登福斯(Gärdenfors,2014b:5)

格登福斯的论点不同于这里提出的论点,因为它是基于交际层面的思想建构起来的。如果互动中没有使用有意图的交际,则不能解释人类一步一步往前发展到更高层面的互动:通过言语行为发出指令,增加共识层面的信息,最后,进行意义协商。① 后面的这三个层次渗透到所有类别的词的使用中,不管是名词、动词、形容词或代词。层次之间的区别与语法类别的区别没有关联,并以一个信息更充分的区别替代语法区别,因为所有词汇类别都出现在这些层级中,只是它们具有不同程度的延展性,即通过语境中的一个词缓慢或快速地获得意义。

从某种意义上说,默认语义学进一步消除了语法上的差异,因为它在话语互动里的语词功能层面考察语词的类别。尽管格登福斯公开表示致力于互动观下的研究,但他的语法范畴是静态的;正是不同的层级赋予它们互动的意义。相反,在默认语义学中,索引词和名词本身被认为是动态范畴。根据本节的分析,静态系统中的一个名词(如"母亲""仆人")可以作为(静态)的索引术语("我"),这为用一个新的动态系统取代传统的静态系统提供了充分理由。根据这个新的动态系统,如果存在索引词,它们就不会产生卡普兰所提出的清单,而是与词汇项所采用的功能有关——这是基于语言互动的语义学的真正的指导思想。

总而言之,视角思维是一个事实,索引性也是一个事实。但是,第一人称索引却是哲学家虚构出来的——它在分析索引性的相应概念结构时起到了一定的理论目的,但也遗漏了许多重要的具体语言的特征,以及有关自我-指称的普遍事实。只有把索引性理解为一种现象,这种现象适用于各种词类的功能,并且把特征(character)看作是动态的"流变的"概念,我们才能正确地理解它。

---

① 参见本书98页脚注①的解释。

结论：消除语义的神话

语言互动的语义学消除了语言中意义的一些神话。造成"意义的误析"的一种做法是认为在语言系统的约束下意义是可分析的。即使你试图只分析意义的语境自由的方面，你也会回到某种形式的最小限度的依赖语境的方案，我们称之为认知最小论。意义不是静态的，也不是静态语词及其它们的静态构成规则的产物；它是在语篇中被（说话人）共同建构的，它源于表达和协商一个人的观点和态度的意图。意义的动态基础必须在语义表征中得到充分的体现，最好的方法是使意义的单位有动态性，如以本书提出的流变特征、推理的灵活基础和默认理解的灵活基础等形式存在的动态性。

另一种造成"意义的误析"的做法是坚持认为语法和词库为语义表征提供基础。这就是我们所说的句法约束：说话人意图传达的、听话人捕获的首要信息必须符合句子逻辑形式的模型，用肯特·巴赫（Kent Bach）的话来说，就是只允许一些有限的"填充"和"具体化"。我们拒绝采用句法约束，并提出论点以支持我们在"基于突显的语境主义"框架下，为话语中意图表达的并被捕获的首要意义建构模型。我们也为这种首要意义提供了表征，主张把这种首要言语行为的视角与真值条件方法进行融合。

造成"意义的误析"的第三个做法是坚持以句子为基础的意义的组合性。相反，在语言互动的语义学中，组合性是概念结构的一种属性。这些概念结构通过交际中不同的语言方面的与非语言方面的策略把传递的信息组合起来。正如"可以有一种独立于（具体）语言的语义学"（Hurford，2007：49），也可以有一种语义学赋予语言作为意义的诸多载体之一的角色。

另一种造成"意义的误析"的做法是通过分析错误传递的信息和对话中断的实例来分析意义。当我们把目标设定为提供一个具有预测力的规范性理论时，我们有必要减少心理主义倾向，并聚焦一个典型说话人和一个典型听话人，以及意义建构的过程，如在默认语义学的激进语境主义理论中所识别的那些过程，因为它们之间的相互作用形成了可复制的、可被形式化表征的解释。

最后,"意义的误析"也会影响研究的方法。语言互动的语义学的基础必须是概念分析,必要时借助现有语料库或基于特定目的构建的数据库而获得语言互动的数据。"方法错误"是将概念分析方法误认为是"直觉",或甚至更糟的是"内省"。理论层面的论证使用推理和实验方法,这与基于直觉的分析截然不同。在这一背景下,默认语义学首先通过概念分析来捍卫一种激进的语境主义立场,然后继续提出一种意义建构模型,并基于各种语言构式进行检验。语言构式的类型提供了实证研究的基础。只有当概念分析表明有必要时,才有理由在数据库中使用具体的示例——如句法连接词的用法不一致的时候。如果首先没有对我们视为"类型"的对象进行概念分析(如我们对第一人称指称的案例分析)以完善我们的思考,而跳到具体示例的层面进行分析,这在研究方法上恰是错误的。

此外,第一人称指称的案例研究得出了一个鲜明的结论,即,即使标准地被认为是规则的、纯粹的索引性的最后捍卫者,结果也是严重不规则的,甚至是语境驱动的:语言使用各种方式来表达对本人(oneself)的指称。而另一方面,这些方式传递的不仅仅是直接的指称。再者,用于体现自我-指称行为的表达式也有其他用途。哲学家对第一人称索引词的建构,其内容是固定的,但特征是自由的,被证明是哲学家虚构出来的,不受获得任何自然语言实现方式的支持:甚至英语中的"我"也如此。此外,跨语言中普通名词的自我-指称行为得到了很好的检验,这使得我们选择了功能性区分,而不是语法范畴的区分。

这样,在语义和元语义研究的层面上,本书采纳了最近的论文中越来越多表达的敏锐视角,即"语义研究的范围应该扩展到比语言学和哲学中通常遇到的领域更广的领域"(Gärdenfor,2014b:19),并把这样的视角作为一个跳板,为建构概念结构提供一种新的方法。

参考文献

Allan, K. 2011. 'Graded salience: Probabilistic meaning in the lexicon'. In: K. M. Jaszczolt and K. Allan (eds). *Salience and Defaults in Utterance Processing*. Berlin: De Gruyter Mouton. 165—87.

Allan, K. 2013. 'Referring to "what counts as a referent": A view from linguistics'. In: A. Capone, F. Lo Piparo and M. Carapezza (eds). *Perspectives on Linguistic Pragmatics*. Dordrecht: Springer. 263—84.

Allan, K. and K. M. Jaszczolt. 2011. 'Introduction' to K. M. Jaszczolt and K. Allan (eds). *Salience and Defaults in Utterance Processing*. Berlin: De Gruyter Mouton. 1—10.

Ariel, M. 2010. *Defining Pragmatics*. Cambridge: Cambridge University Press.

Asher, N. 2011. *Lexical Meaning in Context: A Web of Words*. Cambridge: Cambridge University Press.

Asher, N. and A. Lascarides. 1995. 'Lexical disambiguation in a discourse context'. *Journal of Semantics* 12. 69—108.

Asher, N. and A. Lascarides. 2003. *Logics of Conversation*. Cambridge: Cambridge University Press.

Asher, N. and A. Lascarides. 2013. 'Strategic conversation'. *Semantics and Philosophy* 6. 1—62.

Atlas, J. D. 1977. 'Negation, ambiguity, and presupposition'. *Linguistics and Philosophy* 1. 321—36.

Atlas, J. D. 2011. 'Whatever happened to meaning? Remarks on contextualisms and propositionalisms'. In: K. Turner (ed.) *Making Semantics Pragmatic*. London: Emerald. 19—47.

Austin, J. L. 1962a. *Sense and Sensibilia*. Oxford: Oxford University Press.

Austin, J. L. 1962b. *How to Do Things with Words*. Oxford: Clarendon Press.

Bach, K. 1984. 'Default reasoning: Jumping to conclusions and knowing when to think twice'. *Pacific Philosophical Quarterly* 65. 37—58.

Bach, K. 1994. 'Semantic slack: What is said and more'. In: S. L. Tsohatzidis (ed.). *Foundations of Speech Act Theory: Philosophical and Linguistic Perspectives*. London: Routledge. 267—91.

Bach, K. 2001. 'You don't say?' *Synthese* 128. 15—44.

Bach, K. 2004. 'Minding the gap'. In: C. Bianchi (ed.). *The Semantics/Pragmatics Distinction*. Stanford: CSLI Publications, 27—43.

Bach, K. 2005. 'Context*ex Machina*'. In: Z. G. Szabó (ed.). *Semantics versus Pragmatics*. Oxford: Clarendon Press. 15—44.

Bach, K. 2006. 'The excluded middle: Semantic minimalism without minimal propositions'. *Philosophy and Phenomenological Research* 73. 435—42.

Baker, G. P. and P. M. S. Hacker. 2003. 'Functions in *Begriffsschrift*'. *Synthese* 135. 273—97.

Barker, C. 2012. 'Quantificational binding does not require c-command'. *Linguistic Inquiry* 43. 614—33.

Benferhat, S., J. F. Bonnefon and R. da Silva Neves. 2005. 'An overview of possibilistic handling of default reasoning, with experimental studies'. *Synthese* 146. 53—70.

Berlin, B. and P. Kay. 1969. *Basic Color Terms: Their Universality and Evolution*. Berkeley: University of California Press.

Blome-Tillmann, M. 2008. 'Conversational implicature and the cancellability test.' *Analysis* 68. 156—60.

Blome-Tillmann, M. 2013. 'Knowledge and implicatures'. *Synthese* 190. 4293—319.

Blutner, R. 2000. 'Some aspects of optimality in natural language interpretation'. *Journal of Semantics* 17. 189—216.

Blutner, R. and H. Zeevat. 2004. 'Editors' introduction: Pragmatics in Optimality Theory'. In: R. Blutner and H. Zeevat (eds). *Optimality Theory and Pragmatics*. Basingstoke: Palgrave Macmillan. 1—24.

Boole, G. 1847. *The Mathematical Analysis of Logic: Being an Essay towards a Calculus of Deductive Reasoning*. Cambridge: Macmillan, Barclay, and Macmillan. Reprinted in 1998 by Bristol: Thoemmes Press.

Borg, E. 2004. *Minimal Semantics*. Oxford: Clarendon Press.

Borg, E. 2007. 'Minimalism versus contextualism in semantics'. In: G. Preyer and G. Peter (eds). *Context-Sensitivity and Semantic Minimalism: New Essays on Semantics and Pragmatics*. Oxford: Oxford University Press. 339—59.

Borg, E. 2010. 'Minimalism and the content of the lexicon'. In: L. Baptista and E. Rast (eds). *Meaning and Context*. Bern: Peter Lang. 51—77.

Borg, E. 2012. *Pursuing Meaning*. Oxford: Oxford University Press.

Brogaard, B. 2012. 'Context and content: Pragmatics in two-dimensional semantics'. In: K. Allan and K. M. Jaszczolt (eds). *The Cambridge Handbook of Pragmatics*. Cambridge: Cambridge University Press. 113—33.

Burton-Roberts, N. 2006. 'Cancellation and intention'. *Newcastle Working Papers in Linguistics* 12—13, 1—12.

Byatt, A. S. 1991. *Possession*. London: Vintage.

Capone, A. 2009. 'Are explicatures cancellable? Towards a theory of the speaker's intentionality'. *Intercultural Pragmatics* 6. 55—84.

Capone, A. 2011. 'Default Semantics and the architecture of the mind'. *Journal of Pragmatics* 43. 1741—54.

Cappelen, H. 2012. *Philosophy without Intuitions*. Oxford: Oxford University Press.

Cappelen, H. and J. Dever. 2013. *The Inessential Indexical: On the Philosophical Insignificance of Perspective and the First Person*. Oxford: Oxford University Press.

Cappelen, H. and J. Hawthorne. 2009. *Relativism and Monadic Truth*. Oxford: Oxford University Press.

Cappelen, H. and E. Lepore. 2005a. *Insensitive Semantics: A Defense of Semantic Minimalism and Speech Act Pluralism*. Oxford: Blackwell.

Cappelen, H. and E. Lepore. 2005b. 'A tall tale: In defense of semantic minimalism and speech act pluralism'. In: G. Preyer and G. Peter (eds). *Contextualism in Philosophy: Knowledge, Meaning, and Truth*. Oxford: Clarendon Press. 197—219.

Carey, P. 2010. *Parrot and Olivier in America*. London: Faber and Faber.

Carnap, R. 1952. 'Meaning postulates'. *Philosophical Studies* 3. 65—73. Reprinted in: R. Carnap. 1956. *Meaning and Necessity*. 2nd edition. Chicago: Chicago University Press. 222—9.

Carruthers, P. 1996. *Language, Thought and Consciousness: An Essay in Philosophical Psychology*. Cambridge: Cambridge University Press.

Carruthers, P. 2006. *The Architecture of the Mind: Massive Modularity and the Flexibility of Thought*. Oxford: Clarendon Press.

Carruthers, P. 2011. *Opacity of Mind: An Integrative Theory of Self-Knowledge*. Oxford: Oxford University Press.

Carston, R. 1988. 'Implicature, explicature, and truth-theoretic semantics'. In: R. M. Kempson (ed.). *Mental Representations: The Interface Between Language and Reality*. Cambridge: Cambridge University Press. 155—81.

Carston, R. 1998. 'Postscript (1995)' to Carston 1988. In: A. Kasher (ed.). *Pragmatics: Critical Concepts*. Vol. 4. London: Routledge. 464—79.

Carston, R. 2002. *Thoughts and Utterances: The Pragmatics of Explicit Communication*.

Oxford: Blackwell.

Carston, R. 2007. 'How many pragmatic systems are there?' In: M. J. Frápolli (ed.). *Saying, Meaning and Referring: Essays on François Recanati's Philosophy of Language*. Basingstoke: Palgrave Macmillan. 18—48.

Carston, R. 2012. 'Metaphor and the literal/non-literal distinction'. In: K. Allan and K. M. Jaszczolt (eds). *The Cambridge Handbook of Pragmatics*. Cambridge: Cambridge University Press. 469—92.

Cassam, Q. 2011. 'The embodied self'. In: S. Gallagher (ed.). *The Oxford Handbook of the Self*. Oxford: Oxford University Press. 139—56.

Castañeda, H. -N. 1967. 'Indicators and quasi-indicators'. *American Philosophical Quarterly* 4. 85—100.

Chalmers, D. J. 1996. *The Conscious Mind: In Search of a Fundamental Theory*. New York: Oxford University Press.

Chalmers, D. J. 2006. 'The foundations of two-dimensional semantics'. In: M. García-Carpintero and J. Macià (eds). *Two-Dimensional Semantics*. Oxford: Clarendon Press. 55—140.

Chalmers, D. J. 2010. *The Character of Consciousness*. Oxford: Oxford University Press.

Chierchia, G. 1989. 'Anaphora and attitudes *de se*'. In: R. Bartsch, J. van Benthem, and B. van Emde Boas (eds). *Semantics and Contextual Expression*. Dordrecht: Foris. 1—31.

Chierchia, G. 2004. 'Scalar implicatures, polarity phenomena, and the syntax/pragmatics interface'. In: A. Belletti (ed.). *Structures and Beyond: The Cartography of Syntactic Structures*, vol. Oxford: Oxford University Press. 39—103.

Chierchia, G. 2006. 'Broaden your views: Implicatures of domain widening and the "logicality" of language'. *Linguistic Inquiry* 37. 535—90.

Chierchia, G. 2013. *Logic in Grammar: Polarity, Free Choice, and Intervention*. Oxford: Oxford University Press.

Chierchia, G. *et al*. 2004. 'Semantic and pragmatic competence in children's and adults' comprehension of *or*'. In: I. A. Noveck and D. Sperber (eds). *Experimental Pragmatics*. Houndmills: Palgrave Macmillan. 283—300.

Christofaki, R. 待出版. *Expressing the Self in Japanese*. PhD dissertation, University of Cambridge.

Clapp, L. 2012. 'Three challenges for indexicalism'. *Mind and Language* 27. 435—65.

Clark, B. 2013. *Relevance Theory*. Cambridge: Cambridge University Press.

Clark, H. H. 1996. *Using Language*. Cambridge: Cambridge University Press.

Collins, C. and P. M. Postal. 2012. *Imposters: A Study of Pronominal Agreement*. Cambridge, MA: MIT Press.

Corazza, E. 2004. *Reflecting the Mind: Indexicality and Quasi-Indexicality*. Oxford: Clarendon Press.

Corazza, E. 2011. 'Unenriched subsentential illocutions'. *Philosophy and Phenomenological Research* 83. 560–82.

Corazza, E. 2012. 'Same-saying, pluri-propositionalism, and implicatures'. *Mind and Language* 27. 546–69.

Corazza, E. 待出版. 'She and herself'. In: A. Capone and F. Lo Piparo (eds). *The Pragmatics of Indirect Reports*. Dordrecht: Springer.

Crimmins, M. and J. Perry. 1989. 'The prince and the phone booth: Reporting puzzling beliefs'. *Journal of Philosophy* 86. 685–711.

Croft, W. 2001. *Radical Construction Grammar: Syntactic Theory in Typological Perspective*. Oxford: Oxford University Press.

Culicover, P. W. and R. Jackendoff. 2005. *Simpler Syntax*. Oxford: Oxford University Press.

Da Milano, F. 2014. 'Referential ambiguity of personal pronouns in Japanese (and other East Asian languages)'. 未发表的论文.

Davidson, D. 1984. *Inquiries into Truth and Interpretation*. Oxford: Clarendon Press.

Davis, W. A. 1998. *Implicature: Intention, Convention, and Principle in the Failure of Gricean Theory*. Cambridge: Cambridge University Press.

Davis, W. A. 2007. 'How normative is implicature?' *Journal of Pragmatics* 39. 1655–72.

Davis, W. A. 2013. 'Dyadic contextualism and content relativism'. *Intercultural Pragmatics* 10. 1–39.

DeRose, K. 1992. 'Contextualism and knowledge attributions'. *Philosophy and Phenomenological Research* 52. 913–29.

DeRose, K. 2009. *The Case for Contextualism: Knowledge, Skepticism, and Context*, Vol. 1. Oxford: Clarendon Press.

Devitt, M. 2006. *Ignorance of Language*. Oxford: Clarendon Press.

Devitt, M. 2010. 'What "intuitions" are linguistic evidence?'. *Erkenntnis* 73. 251–64.

Diller, A. 1996. 'Thai and Lao writing'. In: P. T. Daniels and W. Bright (eds). *The World's Writing Systems*. New York: Oxford University Press. 457–66.

Donnellan, K. 1966. 'Reference and definite descriptions'. *Philosophical Review* 66. 281–304. Reprinted in: P. Ludlow (ed.). 1997. *Readings in the Philosophy of Language*. Cambridge, MA: MIT Press. 361–81.

Doran, R., G. Ward, M. Larson, Y. McNabb, and R. E. Baker. 2012. 'A novel experimental paradigm for distinguishing between what is said and what is implicated'.

Language 88. 124—54.

Dummett, M. 1973. *Frege: Philosophy of Language*. London: Duckworth.

Dummett, M. 1981. *The Interpretation of Frege's Philosophy*. Cambridge, MA: Harvard University Press.

van Eijck, J. and H. Kamp. 1997. 'Representing discourse in context'. In: J. van Benthem and ter Meulen (eds). 1997. *Handbook of Logic and Language*. Amsterdam: Elsevier Science. 179—237.

Elbourne, P. D. 2005. *Situations and Individuals*. Cambridge, MA: MIT Press.

Elbourne, P. 2011. *Meaning: A Slim Guide to Semantics*. Oxford: Oxford University Press.

Elder, C. -H. 2014. *On the Forms of Conditionals and the Functions of 'If'*. PhD dissertation, University of Cambridge.

Elder, C. -H. and K. M. Jaszczolt. 2013. 'Conditional utterances and conditional thoughts: Towards a pragmatic category of conditionals'. 未发表的论文.

Evans, N. and S. C. Levinson. 2009. 'The myth of language universals: Language diversity and its importance for cognitive science'. *Behavioral and Brain Sciences* 32. 429—92.

Everett, D. 2012. 'The social instinct'. *New Scientist*, 10 March 2012. 32—5.

Feit, N. 2008. *Belief about the Self: A Defense of the Property Theory of Content*. Oxford: Oxford University Press.

Feit, N. and A. Capone (eds). 2013. *Attitudes De Se: Linguistics, Epistemology, Metaphysics*. Stanford, CA: CSLI Publications.

Feldman, J. 2010. 'Embodied language, best-fit analysis, and formal compositionality'. *Physics of Life Reviews* 7. 385—410.

von Fintel, K. and L. Matthewson. 2008. 'Universals in semantics'. *The Linguistic Review* 25. 139—201.

Fleck, D. W. 2007. 'Evidentiality and double tense in Matses'. *Language* 83. 589—614.

Fodor, J. A. 1975. *Language of Thought*. New York: Thomas Y. Crowell. Reprinted in 1976 by Hassocks: Harvester Press.

Fodor, J. A. 1998. *Concepts: Where Cognitive Science Went Wrong*. Oxford: Clarendon Press.

Fodor, J. A. 2008. *LOT 2: The Language of Thought Revisited*. Oxford: Clarendon Press.

Folescu, M. and J. Higginbotham. 2012. 'Two takes on the *de se*'. In: S. Prosser and F. Recanati (eds). *Immunity to Error through Misidentification: New Essays*. Cambridge: Cambridge University Press. 46—61.

Frege, G. 1879a. 'Begriffsschrift, eine der arithmetischen nachgebildete Formelsprache des reinen Denkens'. Halle: L. Nebert. Transl. as 'Conceptual notation: A formula language of pure thought modelled upon the formula language of arithmetic' by T. W. Bynum in: *Conceptual Notation and Related Articles*. 1972. Oxford: Oxford University Press. 101-203.

Frege, G. 1879b. 'Begriffsschrift, eine der arithmetischen nachgebildete Formelsprache des reinen Denkens'. Halle: L. Nebert. Part 1, §§1-12 Transl. as '*Begriffsschrift*: a formula language of pure thought modelled on that of arithmetic' by M. Beaney in: M. Beaney (ed.). 1997. *The Frege Reader*. Oxford: Blackwell. 47-78.

Frege, G. 1884a. *Die Grundlagen der Arithmetik, eine logisch mathematische Untersuchung über den Begriff der Zahl*. Breslau: W. Koebner. Transl. as The Foundations of Arithmetic: A Logico-Mathematical Enquiry into the Concept of Number by J. L. Austin. 1953. Oxford: Blackwell. 2nd edi.

Frege, G. 1884b. *Die Grundlagen der Arithmetik, eine logisch mathematische Untersuchung über den Begriff der Zahl*. Introduction. Breslau: W. Koebner. Transl. by M. Beaney in: M. Beaney (ed.). 1997. *The Frege Reader*. Oxford: Blackwell. 84-91.

Frege, G. 1892. 'Über Sinn und Bedeutung'. *Zeitschrift für. Philosophie und Philosophische Kritik* 100. 25-50. Transl. as 'On sense and reference' in P. T. Geach and M. Black (eds). 1952. *Translations from the Philosophical Writings of Gottlob Frege*. Oxford: B. Blackwell. Reprinted in 1960. 2nd ed. 56-78.

Frege, G. 1893. *Grundgesetze der Arithmetik*. Vol. 1. Preface. Jena: H. Pohle. Transl. by M. Beaney in: M. Beaney (ed.). 1997. *The Frege Reader*. Oxford: Blackwell. 194-208.

Frege, G. 1894. Review of E. G. Husserl, *Philosophie der Arithmetik I (Philosophy of Arithmetic I)*. Zeitschrift für Philosophie und philosophische Kritik 103. Transl. by H. Kaal in: *G. Frege*. 1984. *Collected Papers on Mathematics, Logic, and Philosophy* ed. by B. McGuinness. *Oxford: Blackwell*. 195-209.

Frege, G. 1897/1969. *Logic*. In: 1969. *Nachgelassene Schriften*. Hamburg: Felix. Meiner. Transl. by P. Long and R. White in: 1979. *Posthumous Writings*. Oxford: Blackwell. Sections 1 ('Introduction') and 2 ('Separating a thought from its trappings') reprinted in: M. Beaney (ed.). 1997. *The Frege Reader*. Oxford: Blackwell. 227-50.

Frege, G. 1918-19. 'Der Gedanke'. *Beiträge zur Philosophie des deutschen Idealismus* I. Transl. as 'Thoughts' (Part I of *Logical Investigations*) by P. Geach and R. H. Stoothoff in: G. Frege. 1984. *Collected Papers on Mathematics, Logic, and Philosophy* ed. by B. McGuinness. Oxford: Blackwell. Reprinted in: M. Beaney (ed.). 1997. *The Frege Reader*. Oxford: Blackwell. 325-45.

Gallagher, S. (ed.). 2011. *The Oxford Handbook of the Self*. Oxford: Oxford University

Press.

Gärdenfors, P. 2014a. *Geometry of Meaning: Semantics Based on Conceptual Spaces*. Cambridge, MA: MIT Press.

Gärdenfors, P. 2014b. 'Levels of communication and lexical semantics', *Synthese* online publication, 12 June 2014, DOI 10.1007/s11229-014-0493-3.

Gauker, C. 2011. *Words and Images: An Essay on the Origin of Ideas*. Oxford: Oxford University Press.

Geurts, B. 1999. *Presuppositions and Pronouns*. Oxford: Elsevier.

Geurts, B. 2009. 'Scalar implicature and local pragmatics'. *Mind and Language* 24. 51–79.

Geurts, B. 2010. *Quantity Implicatures*. Cambridge: Cambridge University Press.

Geurts, B. and E. Maier. 2003. 'Layered DRT'. Unpublished paper, University of Nijmegen.

Gibbs, Jr. R. W. and G. C. van Orden. 2010. 'Adaptive cognition without massive modularity'. *Language and Cognition* 2. 149–76.

Gigerenzer, G. 2000. *Adaptive Thinking: Rationality in the Real World*. Oxford: Oxford University Press.

Gigerenzer, G. 2008. *Rationality for Mortals: How People Cope with Uncertainty*. Oxford: Oxford University Press.

Gigerenzer, G., P. M. Todd, and the ABC Research Group. 1999. *Simple Heuristics That Make Us Smart*. New York: Oxford University Press.

Ginzburg, J. 2012. *The Interactive Stance: Meaning for Conversation*. Oxford: Oxford University Press.

Giora, R. 2003. *On Our Mind: Salience, Context, and Figurative Language*. Oxford: Oxford University Press.

Giora, R. 2012. 'The psychology of utterance processing: Context vs salience'. In: K. Allan and K. M. Jaszczolt (eds). *The Cambridge Handbook of Pragmatics*. Cambridge: Cambridge University Press. 151–67.

Green, K. 2006. 'A pinch of salt for Frege'. *Synthese* 150. 209–28.

Grice, H. P. 1957. 'Meaning'. *Philosophical Review*. Reprinted in: H. P. Grice. 1989. *Studies in the Way of Words*. Cambridge, MA: Harvard University Press. 213–23.

Grice, H. P. 1975. 'Logic and conversation'. In: P. Cole and J. L. Morgan (eds). *Syntax and Semantics*. Vol. 3. New York: Academic Press. Reprinted in: H. P. Grice. 1989. *Studies in the Way of Words*. Cambridge, MA: Harvard University Press. 22–40.

Grice, H. P. 1978. 'Further notes on logic and conversation'. In: P. Cole (ed.). *Syntax and Semantics*. Vol. 9. New York: Academic Press. Reprinted in: H. P. Grice. 1989.

Studies in the Way of Words. Cambridge, MA: Harvard University Press. 41—57.

Grice, H. P. 1989. *Studies in the Way of Words*. Cambridge, MA: Harvard University Press. Groenendijk, J. and M. Stokhof. 1991. 'Dynamic Predicate Logic'. *Linguistics and Philosophy* 14. 39—100.

Groenendijk, J. and M. Stokhof. 2000. 'Meaning in motion'. In: K. von Heusinger and U. Egli (eds). *Reference and Anaphoric Relations*. Dordrecht: Kluwer. 47—76.

Hansen, N. and E. Chemla. 2013. 'Experimenting on contextualism'. *Mind and Language* 28. 286—321.

Harnish, R. M. 2009. 'The problem of fragments'. *Pragmatics and Cognition* 17. 251—82.

Haugh, M. 2008. 'The place of intention in the interactional achievement of implicature'. In: I. Kecskes and J. Mey (eds). *Intention, Common Ground and the Egocentric Speaker-Hearer*. Berlin: De Gruyter Mouton. 45—85.

Haugh, M. 2010. 'Co-constructing what is said in interaction'. In: T. E. Németh and K. Bibok (eds). *The Role of Data at the Semantics/Pragmatics Interface*. Berlin: De Gruyter Mouton. 349—80.

Haugh, M. 2011. 'Practices and defaults in interpreting disjunction'. In: K. M. Jaszczolt and K. Allan (eds). *Salience and Defaults in Utterance Processing*. Berlin: De Gruyter Mouton. 189—225.

Haugh, M. and K. M. Jaszczolt. 2012. 'Speaker intentions and intentionality'. In: K. Allan and K. M. Jaszczolt (eds). *The Cambridge Handbook of Pragmatics*. Cambridge: Cambridge University Press. 87—112.

Hawthorne, J. and D. Manley. 2012. *The Reference Book*. Oxford: Oxford University Press.

Heine, B. and K. -A. Song. 2011. 'On the grammaticalisation of personal pronouns'. *Journal of Linguistics* 47. 587—630.

Higginbotham, J. 1988. 'Contexts, models, and meanings: A note on the data of semantics'. In: R. M. Kempson (ed.). *Mental Representations: The Interface between Language and Reality*. Cambridge: Cambridge University Press. 29—48.

Higginbotham, J. 2003. 'Remembering, imagining, and the first person'. In: A. Barber (ed.). *Epistemology of Language*. Oxford: Oxford University Press. 496—533.

Hinzen, W. and M. Sheehan. 2013. *The Philosophy of Universal Grammar*. Oxford: Oxford University Press.

Hirose, Y. 2014. 'The conceptual basis for reflexive constructions in Japanese'. *Journal of Pragmatics* 68. 99—116.

Horn, L. R. 1984. 'Toward a new taxonomy for pragmatic inference: Q-based and R-based implicature'. In: *Georgetown University Round Table on Languages and Linguistics 1984*. Ed. by D. Schffrin. Washington, D. C.: Georgetown University Press. 11—42.

Horn, L. R. 1988. 'Pragmatic theory'. In: F. J. Newmeyer (ed.). *Linguistics: The Cambridge Survey*. Vol. 1. Cambridge: Cambridge University Press. 113—45.

Horn, L. R. 2004. 'Implicature'. In: L. R. Horn and G. Ward (eds.). *The Handbook of Pragmatics*. Oxford: Blackwell. 3—28.

Horn, L. R. 2006. 'The border wars: A neo-Gricean perspective'. In: K. von Heusinger and K. Turner (eds). *Where Semantics Meets Pragmatics*. Amsterdam: Elsevier. 21—48.

Horn, L. R. 2012. 'Implying and inferring'. In: K. Allan and K. M. Jaszczolt (eds). *The Cambridge Handbook of Pragmatics*. Cambridge: Cambridge University Press. 69—86.

Hurford, J. R. 2007. *The Origins of Meaning*. Oxford: Oxford University Press.

Husserl, E. 1900 — 1901. *Logische Untersuchungen*. Vol. 2. Halle: Max Niemeyer. Reprinted in 1984 after the second edition (1913—21). The Hague: Martinus Nijhoff. *Husserliana* 19/1. Transl. by J. N. Findlay as *Logical Investigations*. 1970. London: Routledge and Kegan Paul.

Jackendoff, R. 1983. *Semantics and Cognition*. Cambridge, MA: MIT Press.

Jackendoff, R. 2002. *Foundations of Language: Brain, Meaning, Grammar, Evolution*. Oxford: Oxford University Press.

Jackendoff, R. 2011. 'What is the human language faculty? Two views'. *Language* 87. 586—624.

Jackendoff, R. 2012. *A User's Guide to Thought and Meaning*. Oxford: Oxford University Press.

Janssen, T. M. V. 1997. 'Compositionality'. In: J. van Benthem and A. ter Meulen (eds). *Handbook of Logic and Language*. Amsterdam: Elsevier. 417—73.

Jaszczolt, K. M. 1992. *Belief Sentences and the Semantics of Propositional Attitudes*. D. Phil. thesis, University of Oxford.

Jaszczolt, K. M. 1997. 'The Default *De Re* Principle for the interpretation of belief utterances'. *Journal of Pragmatics* 28. 315—36.

Jaszczolt, K. M. 1999. *Discourse, Beliefs, and Intentions: Semantic Defaults and Propositional Attitude Ascription*. Oxford: Elsevier Science.

Jaszczolt, K. M. 2002a. *Semantics and Pragmatics: Meaning in Language and Discourse*. London: Longman.

Jaszczolt, K. M. 2002b. 'Against ambiguity and underspecification: Evidence from presupposition as anaphora'. *Journal of Pragmatics* 34. 829—849.

Jaszczolt, K. M. 2005a. *Default Semantics: Foundations of a Compositional Theory of Acts of Communication*. Oxford: Oxford University Press.

Jaszczolt, K. M. 2005b. Review of E. Borg, *Minimal Semantics*. *Journal of Linguistics* 41. 637—42.

Jaszczolt, K. M. 2006a. 'Defaults in semantics and pragmatics'. In: E. N. Zalta (ed.). *Stanford Encyclopedia of Philosophy*. http://plato.stanford.edu/contents.html. Revised edition 2010.

Jaszczolt, K. M. 2006b. 'Meaning merger: Pragmatic inference, defaults, and compositionality'. *Intercultural Pragmatics* 3. 195—212.

Jaszczolt, K. M. 2007a. 'Variadic function and pragmatics-rich representations of belief reports'. *Journal of Pragmatics* 39. 934—59.

Jaszczolt, K. M. 2007b. 'On being post-Gricean'. In: R. A. Nilsen, N. A. A. Amfo, and K. Borthen (eds). *Interpreting Utterances: Pragmatics and Its Interfaces. Essays in Honour of Thorstein Fretheim*. Oslo: Novus. 21—38.

Jaszczolt, K. M. 2008. 'Psychological explanations in Gricean pragmatics: An argument from cultural *common ground*'. In: I. Kecskes and J. Mey (eds). *Intentions, Common Ground, and Egocentric Speaker-Hearer*. Berlin: Mouton de Gruyter. 9—44.

Jaszczolt, K. M. 2009a. *Representing Time: An Essay on Temporality as Modality*. Oxford: Oxford University Press.

Jaszczolt, K. M. 2009b. 'Cancellability and the primary/secondary meaning distinction'. *Inter-cultural Pragmatics* 6. 259—89.

Jaszczolt, K. M. 2009c. 'Defaults in utterance interpretation'. In: L. Cummings (ed.). *The Routledge Pragmatics Encyclopedia*. London: Routledge. 123—4.

Jaszczolt, K. M. 2010. 'Default Semantics'. In: B. Heine and H. Narrog (eds.) *The Oxford Handbook of Linguistic Analysis*. Oxford: Oxford University Press. 215—46.

Jaszczolt, K. M. 2011. 'Default meanings, salient meanings, and automatic processing'. In: K. M. Jaszczolt and K. Allan (eds). *Salience and Defaults in Utterance Processing*. Berlin: De Gruyter Mouton. 11—33.

Jaszczolt, K. M. 2012a. 'Cross-linguistic differences in expressing time and universal principles of utterance interpretation'. In: L. Filipović and K. M. Jaszczolt (eds). *Space and Time in Languages and Cultures: Linguistic Diversity*. Amsterdam: J. Benjamins. 95—121.

Jaszczolt, K. M. 2012b. 'Context: Gricean intentions vs. two-dimensional semantics'. In: R. Finkbeiner, J. Meibauer, and P. Schumacher (eds). *What is Context? Linguistic Approaches and Challenges*. Amsterdam: John Benjamins. 81—103.

Jaszczolt, K. M. 2012c. ' "Pragmaticising" Kaplan: Flexible inferential bases and fluid characters'. *Australian Journal of Linguistics* 32. 209—37.

Jaszczolt, K. M. 2012d. 'Delimitation of pragmatics: Paradigms, myths and fashions. A response to Bara'. *Intercultural Pragmatics* 9. 103−12.

Jaszczolt, K. M. 2012e. 'Semantics/pragmatics boundary disputes'. In: C. Maienborn, K. von Heusinger, and P. Portner (eds). *Semantics: An International Handbook of Natural Language Meaning*. Vol. 3. Berlin: Mouton de Gruyter. 2333−60.

Jaszczolt, K. M. 2012f. 'Propositional attitude reports: Pragmatic aspects'. In: K. Allan and K. M. Jaszczolt (eds). *The Cambridge Handbook of Pragmatics*. Cambridge: Cambridge University Press. 305−27.

Jaszczolt, K. M. 2013a. 'Temporality and epistemic commitment: An unresolved question'. In: K. Jaszczolt and L. de Saussure (eds). *Time: Language, Cognition, and Reality*. Oxford: Oxford University Press. 193−209.

Jaszczolt, K. M. 2013b. 'First-person reference in discourse: Aims and strategies'. *Journal of Pragmatics* 48. 57−70.

Jaszczolt, K. M. 2013c. 'Contextualism and minimalism on *de se* belief ascription'. In: N. Feit and A. Capone (eds). *Attitudes De Se: Linguistics, Epistemology, Metaphysics*. Stanford: CSLI Publications. 69−103.

Jaszczolt, K. M. and K. Allan (eds). 2011. *Salience and Defaults in Utterance Processing*. Berlin: De Gruyter Mouton.

Jaszczolt, K. M., E. Savva, and M. Haugh. 2016. 'The individual and the social path of interpretation: The case of incomplete disjunctive questions'. In: A. Capone and J. L. Mey (eds). *Interdisciplinary Studies in Pragmatics, Culture and Society*. Dordrecht: Springer. 254−83.

Jaszczolt, K. M. and J. Srioutai. 2011. 'Communicating about the past through modality in English and Thai'. In: A. Patard and F. Brisard (eds). *Cognitive Approaches to Tense, Aspect and Epistemic Modality*. Amsterdam: J. Benjamins. 249−78.

Johnson, M. 1987. *The Body and the Mind: The Bodily Basis of Meaning, Imagination, and Reason*. Chicago, IL: University of Chicago Press.

Kamp, H. 1981. 'A theory of truth and semantic representation'. In: J. Groenendijk, T. M. V. Janssen, and M. Stokhof (eds). *Formal Methods in the Study of Language*, Mathematical Centre Tract 135, Amsterdam, 277-322. Reprinted in: J. Groenendijk, T. M. V. Janssen, and M. Stokhof (eds). *Truth, Interpretation and Information. Selected Papers from the Third Amsterdam Colloquium*. Dordrecht: FORIS. 1−41.

Kamp, H. and B. Partee. 1995 'Prototype theory and compositionality'. *Cognition* 57. 129−91.

Kamp, H. and U. Reyle. 1993. *From Discourse to Logic: Introduction to Modeltheoretic Semantics of Natural Language, Formal Logic and Discourse Representation Theory*. Dordrecht: Kluwer.

Kaplan, D. 1978. 'Dthat'. In: P. Cole (ed.). *Syntax and Semantics* vol. 9. *Pragmatics*. New York: Academic Press. Reprinted in: P. Ludlow (ed.). 1997. *Readings in the Philosophy of Language*. Cambridge, MA: MIT Press. 669−92.

Kaplan, D. 1989a. 'Demonstratives: An essay on the semantics, logic, metaphysics, and epistemology of demonstratives and other indexicals'. In J. Almog, J. Perry, and H. Wettstein (eds). *Themes from Kaplan*. New York: Oxford University Press. 481−563.

Kaplan, D. 1989b. 'Afterthoughts'. In: J. Almog, J. Perry, and H. Wettstein (eds). *Themes from Kaplan*. New York: Oxford University Press. 565−614.

Kaplan, D. 2008. 'The meaning of *ouch* and *oops*'. Howison Lecture in Philosophy, University of California at Berkeley, 25 April 2008. http://www.uctv.tv/shows/The-Meaning-of-Ouch-and-Oops-with-David-Kaplan-8593.

Kapogianni, E. 2013. *Irony and the Literal versus Nonliteral Distinction: A Typological Approach with Focus on Ironic Implicature Strength*. PhD dissertation, University of Cambridge.

Kauppinen, A. 2010. 'The pragmatics of transparent belief reports'. *Analysis* 70. 438−46.

Kempson, R., W. Meyer-Viol, and D. Gabbay. 2001. *Dynamic Syntax: The Flow of Language Understanding*. Oxford: Blackwell.

Kissine, M. 2013. *From Utterances to Speech Acts*. Cambridge: Cambridge University Press.

Korta, K. and J. Perry. 2007. 'Radical minimalism, moderate contextualism'. In: G. Preyer and G. Peter (eds). *Context-Sensitivity and Semantic Minimalism: New Essays on Semantics and Pragmatics*. Oxford: Oxford University Press. 94−111.

Korta, K. and J. Perry. 2011. *Critical Pragmatics: An Inquiry into Reference and Communication*. Cambridge: Cambridge University Press.

Kratzer, A. 2009. 'Making a pronoun: Fake indexicals and windows into the properties of pronouns'. *Linguistic Inquiry* 40. 187−237.

Lakoff, G. and M. Johnson. 1980. *Metaphors We Live By*. Chicago: University of Chicago Press.

Lakoff, G. and M. Johnson. 1999. *Philosophy in the Flesh: The Embodied Mind and Its Challenge to Western Thought*. New York: Basic Books.

Larson, M. *et al*. 2009. 'Distinguishing the *said* from the *implicated* using a novel experimental paradigm'. In: U. Sauerland and K. Yatsushiro (eds). *Semantics and Pragmatics: From Experiment to Theory*. Houndmills: Palgrave Macmillan. 74−93.

Larson, R. K. and P. Ludlow. 1993. 'Interpreted Logical Forms'. *Synthese* 95. 305−55.

Lascarides, A. and A. Copestake. 1998. 'Pragmatics and word meaning'. *Journal of Linguistics* 34. 387−414.

Lasersohn, P. 2012. 'Contextualism and compositionality'. *Linguistics and Philosophy* 35. 171—89.

Lee, H. -K. 2002. *The Semantics and Pragmatics of Connectives with Reference to English and Korean*. PhD dissertation, University of Cambridge.

Lepore, E. 1983. 'What model-theoretic semantics cannot do'. *Synthese* 54. 167—87. Reprinted in: E. Lepore and B. Loewer. *Meaning, Mind, and Matter: Philosophical Essays*. Oxford: Oxford University Press. 31—46.

Leslau, W. 1995. *Reference Grammar of Amharic*. Wiesbaden: Harrassowitz.

Levinson, S. C. 1987. 'Minimization and conversational inference'. In: J. Verschueren and M. Bertuccelli-Papi (eds). *The Pragmatic Perspective. Selected Papers from the* 1985 *Inter national Pragmatics Conference*. Amsterdam: J. Benjamins. 61—129.

Levinson, S. C. 1995. 'Three levels of meaning'. In: F. R. Palmer (ed.). *Grammar and Meaning. Essays in Honour of Sir John Lyons*. Cambridge: Cambridge University Press. 90—115.

Levinson, S. C. 2000. *Presumptive Meanings: The Theory of Generalized Conversational Implicature*. Cambridge, MA: MIT Press.

Levinson, S. C. 2003. *Space in Language and Cognition: Explorations in Cognitive Diversity*. Cambridge: Cambridge University Press.

Lewis, D. 1979a. 'Attitudes *de dicto* and *de se*'. *Philosophical Review* 88. 513—43.

Lewis, D. 1979b. 'Scorekeeping in a language game'. *Journal of Philosophical Logic* 8. 339—59.

Locke, J. 1694. *Essay Concerning Human Understanding*. Second edition. Section of chapter 27 reprinted as 'Of identity and diversity'. In: J. Perry (ed.). 2008. *Personal Identity*. Second edition. Berkeley: University of California Press. 33—52.

Ludlow, P. 2011. *The Philosophy of Generative Linguistics*. Oxford: Oxford University Press.

Ludlow, P. 2014. *Living Words: Meaning Underdetermination and the Dynamic Lexicon*. Oxford: Oxford University Press.

Lutz, M. 2014. 'The pragmatics of pragmatic encroachment'. *Synthese* 191. 1717—40.

McEwan, I. 2013. *Sweet Tooth*. London: Vintage.

MacFarlane, J. 2005. 'Making sense of relative truth'. *Proceedings of the Aristotelian Society* 105. 321—39.

MacFarlane, J. 2011. 'Relativism and knowledge attributions'. In: S. Bernecker and D. Pritchard (eds). *Routledge Companion to Epistemology*. London: Routledge. 536—44.

MacFarlane, J. 2014. *Assessment Sensitivity: Relative Truth and Its Applications*. Oxford: Oxford University Press.

Maier, E. 2009. 'Presupposing acquaintance: A unified semantics for *de dicto*, *de re* and *de se* belief reports'. *Linguistics and Philosophy* 32. 429–74.

Manning, E. 2013. 'Guess who they got to write this blog post? Muggins!' http://www.macmillandictionaryblog.com/muggins.

Manson, N. C. 2012. 'First-person authority: An epistemic-pragmatic account'. *Mind and Language* 27. 181–99.

Matthews, P. H. 2014. *The Concise Oxford Dictionary of Linguistics*. Oxford: Oxford University Press. Third edition.

Mauri, C. and J. van der Auwera. 2012. 'Connectives'. In: K. Allan and K. M. Jaszczolt (eds). *The Cambridge Handbook of Pragmatics*. Cambridge: Cambridge University Press. 377–401.

Merchant, J. 2004. 'Fragments and ellipsis'. *Linguistics and Philosophy* 27. 661–738.

Mey, J. L. 2001. *Pragmatics: An Introduction*. Oxford: Blackwell. Second edition.

Mey, J. L. 2007. 'Developing pragmatics interculturally'. In: I. Kecskes and L. R. Horn (eds). *Explorations in Pragmatics*. Berlin: Mouton de Gruyter. 165–89.

Moltmann, F. 2010. 'Generalizing detached self-reference and the semantics of generic *one*'. *Mind and Language* 25. 440–73.

Moltmann, F. 2013. *Abstract Objects and the Semantics of Natural Language*. Oxford: Oxford University Press.

Montague, R. 1973. 'The proper treatment of quantification in ordinary English'. In: J. Hintikka, J. M. E. Moravcsik, and P. Suppes (eds). *Approaches to Natural Language. Proceedings of the 1970 Stanford Workshop on Grammar and Semantics*. Dordrecht: D. Reidel. 221–42.

Montague, R. 1974. *Formal Philosophy: Selected Papers of Richard Montague*. Ed. By R. H. Thomason. New Haven: Yale University Press.

Montminy, M. 2010. 'Two contextualist fallacies'. *Synthese* 173. 317–33.

Nicolle, S. and B. Clark. 1999. 'Experimental pragmatics and what is said: A response to Gibbs and Moise'. *Cognition* 69. 337–54.

Noveck, I. A. 2001. 'When children are more logical than adults: Experimental investigations of scalar implicature'. *Cognition* 78. 165–88.

Noveck, I. A. 2004. 'Pragmatic inferences related to logical terms'. In: I. A. Noveck and D. Sperber (eds). *Experimental Pragmatics*. Houndmills: Palgrave Macmillan. 301–21.

Noveck, I. A. and D. Sperber (eds). 2004. *Experimental Pragmatics*. Houndmills: Palgrave Macmillan.

Papafragou, A. and J. Musolino. 2003. 'Scalar implicatures: Experiments at the semantics-pragmatics interface'. *Cognition* 86. 253–82.

Partee, B. H. 2004. *Compositionality in Formal Semantics: Selected Papers by Barbara H. Partee*. Oxford: Blackwell.

Pearson, H. 2013. 'A judge-free semantics for predicates of personal taste'. *Journal of Semantics* 30. 103—54.

Peleg, O. and R. Giora. 2011. 'Salient meanings: The whens and wheres'. In: K. M. Jaszczolt and K. Allan (eds). *Salience and Defaults in Utterance Processing*. Berlin: De Gruyter Mouton. 35—51.

Percus, O. and U. Sauerland. 2003. 'On the LFs of attitude reports'. In: M. Weisgerber (ed.). *Proceedings of Sinn und Bedeutung 7*. Konstanz: Universität Konstanz. 228—42.

Perry, J. 1979. 'The problem of the essential indexical'. *Noûs* 13. 3—21.

Perry, J. 1986. 'Thought without representation'. *Proceedings of the Aristotelian Society Supplementary Volumes* 60. 137—51.

Perry, J. 2001a. *Knowledge, Possibility, and Consciousness. The 1999 Jean Nicod Lectures*. Cambridge, MA: MIT Press.

Perry, J. 2001b. *Reference and Reflexivity*. Stanford: CSLI Publications.

Perry, J. 2002. 'The self, self-knowledge, and self-notions'. In: J. Perry. *Identity, Personal Identity, and the Self*. Indianapolis: Hackett. 189—213.

Perry, J. 2009. 'Directing intentions'. In: J. Almog and P. Leonardi (eds). *The Philosophy of David Kaplan*. Oxford: Oxford University Press. 187—201.

Perry, J. 2011. 'On knowing one's self'. In: S. Gallagher (ed.). *The Oxford Handbook of the Self*. Oxford: Oxford University Press. 372—93.

Perry, J. 2012. 'Thinking about the self'. In: J. Liu and J. Perry (eds). *Consciousness and the Self: New Essays*. Cambridge: Cambridge University Press. 76—100.

Pitts, A. 2005. 'Assessing the evidence for intuitions about *what is said*'. Ms, University of Cambridge.

Portner, P. and B. H. Partee (eds). 2002. *Formal Semantics: The Essential Readings*. Oxford: Blackwell.

Predelli, S. 2005a. *Contexts: Meaning, Truth, and the Use of Language*. Oxford: Clarendon Press.

Predelli, S. 2005b. 'Painted leaves, context, and semantic analysis'. *Linguistics and Philosophy* 28. 351—74.

Predelli, S. 2011a. 'Sub-sentential speech and the traditional view'. *Linguistics and Philosophy* 34. 571—88

Predelli, S. 2011b. I am still not here now. *Erkenntnis* 74. 289—303.

Predelli, S. 2013. *Meaning without Truth*. Oxford: Oxford University Press.

Predelli, S. 2014. 'Kaplan's three monsters'. *Analysis* 74. 389—93.

Prosser, S. and F. Recanati (eds). 2012. *Immunity to Error through Misidentification: New Essays*. Cambridge: Cambridge University Press.

Pulvermüller, F. 2010. 'Brain-language research: Where is the progress?' *Biolinguistics* 4. 255–88.

Pulvermüller, F. 2012. 'Meaning and the brain: The neurosemantics of referential, interactive, and combinatorial knowledge'. *Journal of Neurolinguistics* 25. 423–59.

Pustejovsky, J. 1995. *The Generative Lexicon*. Cambridge, MA: MIT Press.

Recanati, F. 1989. 'The pragmatics of what is said'. *Mind and Language*. Reprinted in: S. Davis (ed.). 1991. *Pragmatics: A Reader*. Oxford: Oxford University Press. 97–120.

Recanati, F. 2002. 'Unarticulated constituents'. *Linguistics and Philosophy* 25. 299–345.

Recanati, F. 2004. *Literal Meaning*. Cambridge: Cambridge University Press.

Recanati, F. 2005. 'Literalism and contextualism: Some varieties'. In: G. Preyer and G. Peter (eds). *Contextualism in Philosophy: Knowledge, Meaning, and Truth*. Oxford: Clarendon Press. 171–96.

Recanati, F. 2007. *Perspectival Thought: A Plea for (Moderate) Relativism*. Oxford: Oxford University Press.

Recanati, F. 2010. *Truth-Conditional Pragmatics*. Oxford: Clarendon Press.

Recanati, F. 2012a. 'Contextualism: Some varieties'. In: K. Allan and K. M. Jaszczolt (eds). *The Cambridge Handbook of Pragmatics*. Cambridge: Cambridge University Press. 135–49.

Recanati, F. 2012b. 'Compositionality, flexibility, and context dependence'. In: M. Werning, W. Hinzen and E. Machery (eds). *The Oxford Handbook of Compositionality*. Oxford: Oxford University Press. 175–91.

Recanati, F. 2012c. 'Pragmatic enrichment'. In: G. Russell and D. Graff Fara (eds). *The Routledge Companion to Philosophy of Language*. New York: Routledge. 67–78.

Recanati, F. 2012d. 'Immunity to error through misidentification: What it is and where it comes from'. In: S. Prosser and F. Recanati (eds). *Immunity to Error through Misidentification: New Essays*. Cambridge: Cambridge University Press. 180–201.

Recanati, F. 2012e. *Mental Files*. Oxford: Oxford University Press.

Recanati, F. 2013. 'Perceptual concepts: In defence of the indexical model'. *Synthese* 190. 1841–55.

Reese, B. and N. Asher. 2010. 'Biased questions, intonation, and discourse'. In: M. Zimmermann and C. Féry (eds). *Information Structure: Theoretical, Typological, and Experimental Perspectives*. Oxford: Oxford University Press. 139–73.

Reiter, R. 1980. 'A logic for default reasoning'. *Artificial Intelligence* 13. 81—132.

Richard, M. 2011. 'Kripke's puzzle about belief'. In: A. Berger (ed.). *Saul Kripke*. Cambridge: Cambridge University Press. 211-34. Reprinted as 'Kripke's puzzle.' In: M. Richard. *Context and the Attitudes: Meaning in Context*. Vol. 1. Oxford: Oxford University Press. 263—85.

Roberts, C. 2014. 'Indexicality: *de se* semantics and pragmatics'. Ms, Ohio State University. Draft of April 2015.

Roth, P. 1998. *American Pastoral*. London: Vintage. First published in 1997 by Jonathan Cape. Sauerland, U. 2004. 'Scalar implicatures in complex sentences'. *Linguistics and Philosophy* 27. 367—91.

Saul, J. M. 2002. 'What is said and psychological reality: Grice's project and relevance theorists' criticisms'. *Linguistics and Philosophy* 25. 347—72.

Saul, J. M. 2012. *Lying, Misleading, and What is Said: An Exploration in Philosophy of Language and in Ethics*. Oxford: Oxford University Press.

Savva, E. 待出版. *Subsentential Speech from a Contextualist Perspective*. PhD dissertation, University of Cambridge.

Sbordone, L. 待出版. *Vagueness, Scalarity, Imprecision: A Study of Semantic Absoluteness and Language Use*. PhD dissertation, University of Cambridge.

Schiffer, S. 1977. 'Naming and knowing'. *Midwest Studies in Philosophy* 2. Reprinted in: P. A. French, T. E. Uehling, and H. K. Wettstein (eds). 1979. *Contemporary Perspectives in the Philosophy of Language*. Minneapolis: University of Minnesota Press. 61—74.

Schiffer, S. 1992. 'Belief ascription'. *Journal of Philosophy* 89. 499—521.

Schlenker, P. 2003. 'A plea for monsters'. *Linguistics and Philosophy* 26. 29—120.

Schlenker, P. 2011. 'Indexicality and *de se* reports'. In: K. von Heusinger, C. Maienborn, and P. Portner (eds). *Semantics: An International Handbook of Natural Language Meaning*. Vol. 2. Berlin: Mouton de Gruyter. 1561—604.

Schneider, A. 2009. *Understanding Primary Meaning: A Study with Reference to Requests in Russian and British English*. PhD dissertation, University of Cambridge.

Schroeder, M. 2008. *Being For: Evaluating the Semantic Program for Expressivism*. Oxford: Clarendon Press.

Searle, J. R. 1969. *Speech Acts*. Cambridge: Cambridge University Press.

Searle, J. R. and D. Vanderveken. 1985. *Foundations of Illocutionary Logic*. Cambridge: Cambridge University Press.

Sennet, A. 2011. 'Unarticulated constituents and propositional structure'. *Mind and Language* 26. 412—35.

Shoemaker, S. 1968. 'Self-reference and self-awareness'. *Journal of Philosophy* 65. 555–67.

Shoemaker, S. 1970. 'Persons and their pasts'. *American Philosophical Quarterly* 7. 269–85. Reprinted in: J. Perry (ed.). 2008. *Personal Identity*. Second edition. Berkeley: University of California Press. 249–82.

Siewierska, A. 2004. *Person*. Cambridge: Cambridge University Press.

Sileo, R. 待出版. *A Radical Contextualist Approach to Racial and Ethnic Slurs*. PhD Dissertation, University of Cambridge.

Simon, H. A. 1982. *Models of Bounded Rationality. Vol. 1: Economic Analysis and Public Policy*. Cambridge, MA: MIT Press.

Slobin, D. 1996. 'From "thought and language" to "thinking for speaking"'. In: J. J. Gumperz and S. C. Levinson (eds). *Rethinking Linguistic Relativity*. Cambridge: Cambridge University Press. 97–114.

Soames, S. 2014. 'Cognitive propositions'. In: J. C. King, S. Soames, and J. Speaks. *New Thinking about Propositions*. Oxford: Oxford University Press. 91–124.

Sperber, D. and D. Wilson. 1995. *Relevance: Communication and Cognition*. Oxford: Blackwell. Second edition.

Sperber, D. and D. Wilson. 2002. 'Pragmatics, modularity and mindreading'. *Mind and Language* 17. 3–23.

Sperber, D. and D. Wilson (eds). 2012. *Meaning and Relevance*. Cambridge: Cambridge University Press.

Srioutai, J. 2000. 'An application of semantic primes to dictionary definitions: SOMEONE and SOMETHING in Thai'. *Thoughts* 2000. 84–103. Bangkok: Chulalongkorn University publication.

Srioutai, J. 2004. 'The Thai $c_1 a$: A marker of tense or modality?' In: E. Daskalaki *et al.* (eds). *Second CamLing Proceedings*. University of Cambridge. 273–80.

Srioutai, J. 2006. *Time Conceptualization in Thai with Special to $d_1 ay_1{}^{II}$, $kh_3 oe:y$, $k_1 aml_3 ang$, $y_3 u:^I$ and $c_1 a$*. PhD dissertation, University of Cambridge.

Stainton, R. 2006. *Words and Thoughts: Subsentences, Ellipsis, and the Philosophy of Language*. Oxford: Clarendon Press.

Stalmaszczyk, P. 2006. 'Fregean predication: Between logic and linguistics'. *Research in Language* 4. 77–90

Stalnaker, R. C. 1978. 'Assertion'. *Syntax and Semantics* 9. New York: Academic Press. Reprinted in R. C. Stalnaker, 1999, *Context and Content: Essays on Intentionality in Speech and Thought*. Oxford: Oxford University Press. 78–95.

Stalnaker, R. C. 2008. *Our Knowledge of the Internal World*. Oxford: Clarendon Press.

Stalnaker, R. C. 2011. 'The essential contextual'. In: J. Brown and H. Cappelen (eds). *Assertion: New Philosophical Essays*. Oxford: Oxford University Press. 137—50.

Stalnaker, R. 2014. *Context*. Oxford: Oxford University Press.

Stanley, J. 2000. 'Context and logical form'. *Linguistics and Philosophy* 23. 391—434.

Stanley, J. 2002. 'Making it articulated'. *Mind and Language* 17. 149—68.

Stanley, J. 2005. *Knowledge and Practical Interests*. Oxford: Oxford University Press.

Stanley, J. 2007. *Language in Context: Selected Essays*. Oxford: Clarendon Press.

Stanley, J. 2011. *Know How*. Oxford: Oxford University Press.

Stanley, J. and Z. G. Szabó. 2000. 'On quantifier domain restriction'. *Mind and Language* 15. 219—61.

Stern, J. 2000. *Metaphor in Context*. Cambridge, MA: MIT Press.

Strawson, P. F. 1959. *Individuals: An Essay in Descriptive Metaphysics*. London: Methuen.

Tanaka, H. 2012. 'Scalar implicature in Japanese: Contrastive *wa* and intersubjectivity'. Paper presented at the First International Conference of the American Pragmatics Association (AMPRA 1), Charlotte, North Carolina.

Thomason, R. H. 1997. 'Nonmonotonicity in linguistics'. In: J. van Benthem and A. ter Meulen (eds). *Handbook of Logic and Language*. Oxford: Elsevier Science. 777—831.

Tomasello, M. 2008. *Origins of Human Communication*. Cambridge, MA: MIT Press.

Tomasello, M. 2009. *Why We Cooperate*. Cambridge, MA: MIT Press.

Travis, C. 1997. 'Pragmatics'. In: B. Hale and C. Wright (eds). *A Companion to the Philosophy of Language*. Oxford: B. Blackwell, 87—107. Reprinted in: C. Travis, 2008, *Occasion Sensitivity: Selected Essays*. Oxford: Oxford University Press, 109—29.

Travis, C. 2006a. 'Insensitive semantics: Critical notice of H. Cappelen and E. Lepore, *Insensitive Semantics*' (Oxford: Basil Blackwell), 2005. *Mind and Language* 21. 39—49. Reprinted in: C. Travis, 2008, I. Oxford: Oxford University Press. 150—60.

Travis, C. 2006b. 'Psychologism'. In: E. Lepore and B. C. Smith (eds). *The Oxford Handbook of Philosophy of Language*. Oxford: Clarendon Press. 103—26.

Travis, C. 2008. *Occasion-Sensitivity: Selected Essays*. Oxford: Oxford University Press.

Ungerer, F. and H. -J. Schmid. 1996. *An Introduction to Cognitive Linguistics*. London: Longman.

van der Sandt, R. 1992. 'Presupposition projection as anaphora resolution'. *Journal of Semantics* 9. 333—77.

van der Sandt, R. 2012. 'Presupposition and accommodation in discourse'. In: K. Allan and K. M. Jaszczolt (eds). *The Cambridge Handbook of Pragmatics*. Cambridge: Cambridge University Press. 329—50.

Veltman, F. 1996. 'Defaults in update semantics'. *Journal of Philosophical Logic* 25. 221−61.

Vicente, A. 2012. 'On Travis cases'. *Linguistics and Philosophy* 35. 3−19.

Vicente, B. and M. Groefsema. 2013. 'Something out of nothing? Rethinking unarticulated constituents'. *Journal of Pragmatics* 47. 108−27.

Wechsler, S. 2010. 'What "you" and "I" mean to each other: Person indexicals, self-ascription, and theory of mind'. *Language* 86. 332−65.

Weiner, M. 2006. 'Are all conversational implicatures cancellable?'. *Analysis* 66. 127−30.

Wierzbicka, A. 1996. *Semantics: Primes and Universals*. Oxford: Oxford University Press.

Wilson, D. 2005. 'New directions for research on pragmatics and modularity'. *Lingua* 115. 1129−46.

Wilson, D. and R. Carston. 2007. 'A unitary approach to lexical pragmatics: Relevance, inference and ad hoc concepts'. In: N. Burton-Roberts (ed.). *Pragmatics*. Houndmills: Palgrave Macmillan. 230−59.

Wittgenstein, L. 1953. *Philosophische Untersuchungen/Philosophical Investigations*. Oxford: Blackwell. Reprinted in 1958. Second Edition.

Wright, C. 2012. 'Reflections on François Recanati's "Immunity to error through misidentification: What it is and where it comes from"'. In: S. Prosser and F. Recanati (eds). *Immunity to Error through Misidentification: New Essays*. Cambridge: Cambridge University Press. 247−80.

Zeevat, H. 2012. 'Pragmatics in update semantics'. In: K. Allan and K. M. Jaszczolt (eds). *The Cambridge Handbook of Pragmatics*. Cambridge: Cambridge University Press. 191−208.

注：

如果指定了两个版本（如，Grice, 1975/1989），则文本中的页面引用将指向后一个版本。例如，Grice（1975: 39）指的是1989年版的第39页。

索　引

Allan，K. 艾伦　105，151
ambiguity 歧义　153，192
Amharic language 阿姆哈拉语　167
　　first-person indexicals 第一人称索引词　170
applications 应用　181
argument structure 论元结构　127
Asher，N. 亚瑟　131，148
assertives，truth conditions 断言，真值条件　148，157
assessment-sensitivity 评价敏感性　68，104
Austin，J. L. 奥斯丁　33，56，123
Austinian proposition 奥斯丁命题　29，37
automatic meaning 自动获取的意义　14

Bach，K. 巴赫　22，125
Barker，C. 巴克　70
beliefs 信仰　39，70，106，114
biased questions 带偏见的问题　114
binding，quantificational 约束，定量的　122，21
Blome-Tillmann，M. 布勒姆－蒂尔曼　68，111
Borg，E. 博格　8，20，128
Byatt，A. S. 拜亚特　7

cancellability 可撤消性　5，109
Capone，A. 卡彭　90，109，160
Cappelen，H. and J. Dever 卡珀朗和德弗　176
Cappelen，H. and J. Hawthorne 卡珀朗和霍索恩　9，21
Cappelen，H. and E. Lepore 卡珀朗和莱波雷　20，58
Carey，P. 凯里　101，149
Carnap，R. 卡尔纳普　76，131
Carruthers，P. 卡鲁瑟斯　52
Carston，R. 卡尔斯登　25，130
CD see cognitive defaults CD 参见认知默认
Chalmers，D. J. 查默斯　139
character vs. content 特征 vs. 内容　139
　　flxed 固定的　139
　　fluid 流变的　143
character－bias 特征－偏见　164
Chierchia，G. 基耶尔基亚　70，141
Chomsky，N. 乔姆斯基　13，60，166
Christofaki，R. 克里斯塔法基　160
circularity 循环　36，75
Clark，H. H. 克拉克　50，134
coercion 压制　102，130
cognitive defaults (CD) 认知默认　81
cognitive infrastructure 认知基础结构　87
Cognitive Minimalism 认知最小论　2，57

219

cognitive propositions 认知命题　150
cognitive reality 认知现实性　8，41，66
cognitive semantics 认知语义学　26，48
conversational errors 会话错误　51
compositional representations see also
　merger representations 组合表征　75
　也参见并合表征
compositionality 组合性　59，64
comprehension modules 理解模块　90
conceptual binding 概念绑定　171
conceptual representations 概念表征　185
　vs. linguistic representations 语言表征　37
　merger representations as 作为……的并合表征　133
　natural language 自然语言　138
Conceptual Semantics 概念语义学　5，148
conscious pragmatic inference (CPI) 有意识的语用推理　81
constituents，unarticulated 成分，未言的　1
constraint，syntactic 限制，句法的　2
content vs. character 内容 vs. 特征　137
　fixed 固定的　38
context 语境　4，148
　semantic vs. pragmatic 语义 vs. 语用　147
　sliding scale of emphasis in different theories of meaning 不同的意义理论中侧重点的滑动尺度　6-9
context-dependence 语境依赖的　38
context-free truth conditions 语境自由的真值条件　57
context-sensitivity 语境敏感性　104
Contextual Cancellability 语境的可撤消性　109

contextual salience vs. context-free salience 语境突显 vs. 语境自由的突显　106，101
contextual variation 语境变异　75
contextualist approach 语境主义方案　180
　character vs. content 特征 vs. 内容
　convergence with minimalist approach 与最小论范式的融合　35-39
　Default Semantics (DS) 默认语义学　1，3，11
　first-person indexicals 第一人称索引词　157
　literal meaning 字面意义　25，40
　psychologism 心理主义　50
　radical 激进的　52
　salience-based 基于突显的　54
　systematicity 系统性　75
conversation-oriented semantics (KoS) 以会话为导向的语义学　71
Cooperative Principle (Grice) 合作原则（格莱斯）　77
Corazza, E. 科拉扎　68
CPI 参见有意识的语用推理

Da Milano, F. 达·米兰　162
Davidson, D. 戴维森　18，121
Davis, W. A. 戴维斯　69
de re reading 涉物解读　149
de se reading 涉己解读　185-191
de se reports 涉己报告句　180-191
de se thoughts 涉己思想　180-191
default readings 默认解读　108
Default Semantics (DS) 默认语义学　109
　comprehension 理解　111
　default processing 默认处理　90
　discourse referents 话语指称　148
　dynamicity 动态性　174

  first-person indexicals 第一人称索引词　178

  formal metalanguage 形式化的元语言　58

  grammar 语法　63，73

  logical form 逻辑形式　74，122

  production vs. interpretation 产出 vs. 理解　50

  prototypes 原型　106

  psychologism 心理主义　119

  salience 突显　119，121

  temporality 时间性　84，93

  universals 普遍性　93

defaultism 默认主义　141

defaultist localism 默认局部主义　141

delimitation of lexicon 词汇的界定　127—153

Descartes，R. 笛卡尔　158

Devitt，M. 德维特　118（脚注）

diagonal propositions 对角命题　39

direct reference 直接指称　155

Disourse Representation Structures (DRSs) 话语表征结构　52

  Discourse Representation Theory (DRT) 话语表征理论　1，10

  Layered 分层的　71

  Segmented (SDRT) 分段的　10

  self-presentation 自我呈现　179

domain specificity 特定领域　122

Donnellan，K. 唐纳兰　76

Doran，R. et al. 多兰 等　117

double tense 双重时态　94

doxastic centers 信念中心　173

DRS see Discourse Representation Structures DRS 参见话语表征结构

DRT see Discourse Representation Theory DRT 参见话语表征理论

DS see Default Semantics DS 参见默认语义学

Dynamic Predicate Logic (DPL) 动态谓词逻辑　10，22

dynamicity of meaning 意义的动态性　56

Elbourne，P. 埃尔伯恩　63

Elder，C. -H. 埃尔德（n）　65（脚注）

Elder，C. -H. and K. M. Jaszczolt 埃尔德和亚希乔特　138（脚注）

eliminativism see meaning eliminativism 消除论 参见意义消除论

English 英语　19，31

  first-person indexicals 第一人称索引词　155

  speech acts of request 请求言语行为　31

  tense 时态　93

enrichment 充实　97

  bottom-up and obligatory 自下而上和强制性　72

entrainment 夹带　133

Evans，N. and S. C. Levinson 埃文斯和列文森　55，88，97

Everett，D. 埃弗雷特　60，89

exclusive readings 唯一性解读　143

explicature vs. implicature 明示 vs. 隐含　3

Explicit Cancellability 显性可撤消性　111

expressivist semantics 表达派语义学　67

external anchors 外部定位　178

fake indexicals 假索引词　171，180

von Fintel，K. and L. Matthewson 冯·芬特尔和马修森　11（脚注），94，97

  first-person indexicals 第一人称索引词　155

fixed characters 固定的特征　45，137
fixed content 固定的内容　139
fixers approaches 修补论方案　1
　　cancellability 可撤消性　109—126
　　logical form 逻辑形式　188
Fixity Thesis 固定论点　167
Fleck，D. W. 弗雷克　94
fluid characters 流变的特征　129
Fodor，J. A. 福多　52，87
Frege，G. 弗雷格　7，119—126

Gärdenfors，P. 格登福斯　193
Gauker，C. 高克　88
Generalized Conversational Implicatures (GCIs) 一般会话含义　70，82，102
generalizing detached self-reference 对分离的自我指称的概括　172
Geurts，B. 格鲁兹　139
Gigerenzer，G. 吉仁泽　90
Ginzburg，J. 金斯伯格　71
Giora，R. 乔拉　42
globalism vs. localism 整体主义与局部主义　83
grammar 语法　86
grammar-driven composition 语法驱动的组合　73
Grice，H. P. 格莱斯　74
　　cancellability 可撤消性　109
　　context 语境　109
Guugu Yimithirr 古古·伊米蒂尔　93

Haugh，M. 豪格　50，107
Hawthorne，J. and D. Manley 霍索恩和曼利　150
hearer vs. speaker 听话人 vs. 说话人　1，10，50

Heine，B. and K.－A. Song 海涅和宋　163
Higginbotham，J. 希金波坦　176
Hirose，Y. 希罗斯　166（脚注）
holistic guesswork 整体猜测　27，47
homomorphic interpretation 同态解释　75
Horn，L. 霍恩　78
Horn scale 霍恩层级　103
Husserl，E. 胡塞尔　123
I-heuristic I-启示式规则　104
I_{body}/I_{mind} distinction 我身体/我心智 区分　166
identity, first-person 身份，第一人称　167
idiomatic expression 惯用表达式　113
immunity to error through misidenti-fication (IEM) 通过错误识别产生抗错性　176
impicature 隐含　176，179
　　cancellability 可撤消性　5，109
　　vs. explicature 明示意义　3，5
　　as global phenomenon 作为整体现象　139—141
　　production vs. interpretation 产出 vs. 理解　50
impliciture 隐含意义　3，16，32
incomplete sentences 不完整的句子　65
indexical expressions 索引表达式　72
　　characters 特征　72，73
　　truth conditions 真值条件　73
indexicalist approach 索引论范式　8
　　logical form 逻辑形式　8
indexicality 索引性　9
　　degrees of 程度　12
indexicals 索引词　19
　　first-person 第一人称　19
　　fluid characters 流变的特征　129
　　natural language 自然语言　21
　　vs. non-indexicals 非索引词　44

third-person 第三人称　44
　　see also context 也参见语境
inferential system (IS) 推理系统　80，106
information sources 信息来源　127
insensitive semantics 非敏感语义学　20，125
intentional content 意图表达的内容　144
interpretation 理解　101
　　automatic and inferential 自动的和推理的　101
　　vs. production 产出　50
intonation/prosody 语调/韵律　140，144
irony 反讽　57，172（脚注）

Jackendoff, R. 杰肯道夫　84，88
Japanese, first-person indexicals 日语，第一人称索引词　161
Jaszczolt, K. M. 亚希乔特　2（脚注），11（脚注）

Kaplan, D. 卡普兰　21，38，133
Katz, J. 卡茨　97
Korta, K. and J. Perry 科尔塔和佩里　30，147
Kratzer, A. 克拉特泽　171

Lakoff, G. and M. Johnson 莱考夫和约翰逊　27
　　language vs. thought 语言 vs. 思想　53－56
language faculty 语言官能　60
language systems 语言系统　72
　　difficulty of defining 定义的难度　11－13
languages, diversity 语言，多样性　37，67
Larson, R. K. and P. Ludlow 拉森和卢德洛　8，70

Lasersohn, P. 莱斯索翰　75
Layered DRT 分层的 DRT　71
Lepore, E. 莱波雷　66
Leslau, W. 莱斯劳　169
Levinson, S. C. 列文森　3，55，69
Lewis, D. 刘易斯　174
lexical entrainment 词汇夹带　133
lexical interpretations 词汇的理解　102－104
lexical salience 词汇突显　106
lexicon 词汇　4，48，92
　　delimitation 界定　109
　　power of 解释力　70
lexicon-grammar-pragmatics trade-offs 词汇－语法－语用互补作用　86，129，173
linguistic representations vs. conceptual representations 语言表征 vs. 概念表征　37，185
literal meaning 字面意义　40，59，102
　　indexical expressions 索引表达式　139
　　vs. non-literal meaning 非字面意义　40，59，108
　　vs. salient meaning 突显意义　16，43，58
　　and thought 和思想　40
literalism 字面论　21（脚注）
"literally" in a non-literal sense 非字面意义上的"字面地"理解　40－41
localism vs. globalism 局部主义 vs. 整体主义　83
Locke, J. 洛克　158
logic, psychologism 逻辑的，心理主义　120－126
logical form 逻辑形式　7－9，70－77
　　as semantic representation 作为语义表征　77

223

Ludlow, P. 卢德洛 133－134
lying, definition 说谎, 定义 68

McEwan, I. 麦克尤恩 63
Maier, E. 迈尔 185
Manson, N. C. 曼森 177（脚注）
Maricopa language 马里科帕语 93
Matses language 马特塞斯语 94
maximalist approach 意义最大化研究范式 24
 see also contextualist approach 也参见语境论研究范式
"meal" metaphor（Borg）"膳食"隐喻（博格） 18－19
meaning 意义 6
 context-free 语境自由的 45
 default 默认 49
 delimitation 定界, 范围 15
 vs. function 功能 130
 identifying 识别 14, 15
 implicit and primary 隐性和首要的 79
 language vs. thought 语言 vs. 思维 53－55
 literal vs. non-literal 字面的 vs. 非字面的 40－41
 methods of analysis 分析方法 13－14
 overview of theories 理论综览 1－4
 pluralism 多元论 20
 presumptive 推定的 104
 primary *see* primary meaning (pm) 首要的, 参见首要的意义
 primary vs. secondary 首要的 vs. 次要的 109－110
 production vs. interpretation 产出 vs. 理解 50－53
 prototypical 原型的 135－136

salient 突显的 43
 theories in isolation 孤立的理论 64
meaning eliminativism 意义消除论 101
meaning shifts 意义转移 129
memory 记忆 158
Mengistu, Y. 蒙伊什图 168
Mentalese 心智语言 129
merger representations（Σ）并合表征 11, 80－82
 as conceptual representations 作为概念表征 129
 de se perspective "涉己"视角 180
 first-person indexicals 第一人称索引词 166
 grammar of ……的语法
 processing units 处理单位
 reference 指称
 temporality 时间性 84, 93
metalanguage, formal 元语言, 形式化的 58
metaphor 隐喻 79
 literalness 字面意义 102
metaphysics 形而上学 147
metapsychologism 元心理学 124
metasemantics 元语义学 126
methodological globalism 方法论层面的整体主义 94
mind-reading 心智解读 90
minimalist approach 最小论范式 131
 Cognitive Minimalism 认知最小论 195
 convergence with contextualist approach 与语境论范式的融合 35－39
 first-person indexicals 第一人称索引词 155
 natural language 自然语言 157
 psychologism 心理主义 195

radical 激进的 196
miscommunication 误传递 50
mistakes, referential 错误, 指称性的 150—153
model theory 模型论 66
modularity 模块性 91
modulated senses 调变过的涵义 72
modulation 调变 72
modules, comprehension 模块, 理解 90
Moltmann, F. 莫特曼 172
monotonic vs. nonmonotonic inferences 单一 vs. 非单一的推理 106, 135
monotonicity 单一性 141
Montague, R. 蒙塔古 10, 22, 27
Montminy, M. 蒙特米尼 56

natural language 自然语言 7, 12
 compositionality 组合性 13
 conceptual representations 概念表征 37
 indexical/non-indexical distinction 索引/非索引区分 38
 indexicals 索引词 38
 relationship with language of thought 与思维语言的关系 53
negative polarity items (NPIs) 否定极 114
neuropragmatics 神经语用学 25, 74
normative perspective 规范的视角 78

occasion-sensitivity 场合敏感性 24
 occasionalist approach *see* meaning eliminativism 偶因论范式, 参见意义消除论
organisational lexical semantics (OLS) 有组织的词汇语义学 131

Percus, O. and U. Sauerland 珀库斯和索尔兰 185
Perry, J. 佩里 4, 35, 68, 147
person, as a concept 人称, 作为一个概念 157—158
perspective, speaker vs. hearer 视角, 说话人 vs. 听话人 50—52
Polish 波兰语 12, 132
 first-person indexicals 第一人称索引词 137
 meanings of 'want' "想要"的意义 131
 post-Gricean approach 后格莱斯范式 3, 26
potential implicatures, cancellability 潜在的隐含意义, 可撤消性 109
pragmatic enrichment *see* modulation 语用充实, 参见调变
pragmatics 语用学 2—5
 methods of inquiry 探究的方法 13
 vs. semantics 语义学 2—5
 truth conditions in 在……中的真值条件 18
precedent in language use 语言用法中的先例 133 (脚注)
Predelli, S. 普雷德利 38, 45, 164
presumptive meaning (Levinson) 推定的意义 (列文森) 3
presupposition, as local phenomenon 预设, 作为局部的现象 139
primary meaning (pm) 首要意义 4, 78, 108
 explicit/implicit distinction 明晰/隐含之分 108
 first-person indexicals 第一人称索引词 137
 vs. secondary meaning 次要意义 144

225

production vs. interpretation 产出 vs. 理解   50
pronouns 代词   27
proper names 专名   44
proposition 命题   8
 Austinian 奥斯丁式的   29，37
 cognitive 认知的   152
 compositionality 组合性   29
 in contextualism 在语境论中   40
 diagonal 对角   39
 indexicals 索引词   39，43
 in minimalism 在最小论中   182
 modulation 调变   47
 Strong Effability Hypothesis 强有效性假设   97
 truth conditions 真值条件   97，117
 lexical 词汇的   74，95，106

propositional concepts 命题概念   39，181
propositionalism see also
 minimalist approach 命题论，也参见最小论范式   9，19
prosody/intonation 韵律/语调   140，144
prototypes 原型   106
psychologism 心理主义   119—126
Pure Semantics 纯粹语义学   76

quantificational binding 量化约束   70
quasi-implicature 准－隐含意义   143
radical contextualism 激进语境论   1，30，77
radical minimalism 激进最小论   9，125
Recanati, F. 雷卡纳帝   20，28－40
Reese, B. and N. Asher 瑞茜和亚瑟   113
reference 指称   125
 in discourse see Discourse Representation Theory 在话语中，参见话语表征理论
referential mistakes 指称性错误   149
referential vs. reflexive content 指称性 vs. 反身的内容   35，152
referring expressions 指称作用的表达式
refined semantic content 精炼的语义内容   35
reflexive vs. referential content 反身 vs. 指称性内容   35，152
relativism 相对主义   68，99
relevance theory 关联理论   3，26－28，90
 comprehension modules 理解模块   90
 focus on interpretation 聚焦理解   50
 literal meaning and thought 字面意义和思想   40－41
retrieval 检索   84
rich semantics 丰富的语义内容   16，181
Richard, M. 理查德   151
Roberts, C. 罗伯茨   173－174
Roth, P. 罗斯   127
Russian, speech acts of request 俄语，请求言语行为   31

Salience 突显   101
 contextual vs. context-free 语境的 vs. 语境自由的   101
 lexical interpretations 词汇表征   101－104
Salience-Based Contextualism 基于突显的语境论   48
Salient meaning 突显意义   58
van der Sandt, R 范德桑特   187
Saul, J. M. 索尔   50，68
Schlenker, P. 施伦克尔   167
Schneider, A. 施奈德   31
Schroeder, M. 施罗德   67

SC *see* society and culture 参见社会和文化
　　SCWD *see* social, cultural, and world-knowledge defaults 参见社会、文化和世界知识的默认理解
SD *see* situation of discourse 参见话语情境
Searle, J. R. 塞尔　37
Searle, J. R. and D. Vanderveken 塞尔和范德维肯　51
Secondary meaning vs. primary meaning 次要意义 vs. 首要意义　3, 31
self-ascription 自我归因　157
self-attribution 自我归属　157, 175
self-awareness 自我意识　157, 163
self-expression 自我表达　156, 165
self-identification 自我识别　172（脚注）
self-presentation 自我呈现　179
self-reference 自我指称　156—158
semantic meaning, overview of theories 语义意义, 理论综览　1—4, 6—10
semantics vs. pragmatics 语义学 vs. 语用学　55—61
Sennet, A. 塞内特　37
sentence fragments 句子片段　64
Shoemaker, S. 舒梅克　158
Siewierska, A. 西维尔斯卡　160
situation of discourse (SD) 话语情境　80
Soames, S. 索米斯　150
social rationality 社会理性　90
　　social, cultural, and world-knowledge defaults (SCWD) 社会、文化和世界知识的默认理解　81
　　　　presumptive meaning 推定意义　103
society and culture (SC) 社会和文化　80
speaker vs. hearer 说话人 vs. 听话人　50—52
speech act pluralism 言语行为多元论　20

speech acts 言语行为　24—29
　　primary 首要的　31
　　requests 请求　10（脚注）, 31
　　truth conditions 真值条件　31
Sperber, D. and D. Wilson 斯珀波和威尔逊　3, 25
Srioutai, J. 斯里奥塔伊　93（脚注）, 166（脚注）
Stainton, R. 斯坦顿　24, 65
Stalnaker, R. C. 斯托纳克尔　38, 174
Stanley, J. 斯坦利　8, 37
Stanley, J. and Z. G. Szabó 斯坦利和萨博　8
Strawson, P. F. 斯特劳森　29, 151
Strong Effability Hypothesis 强有效性假设　97
structure, linguistic and thought 结构、语言和思维　11—12
syntactic constraint 句法约束　122
systematicity 系统性　47

Tanaka, H. 田中　160
temporal shift 时间变化　170
temporality 时间性　84, 93
Thai 泰语　190
　　first-person indexicals 第一人称索引词　160
　　tense 时态　192
　　third-person indexicals 第三人称索引词　177
thought 思维　129
　　language of ……的语言　129
　　vs. language 语言　51—54
　　and literal meaning 和字面意义　40
　　relationship with natural language 与自然语言的关系　11

227

Translatability Thesis 可译论 97
Travis, C. 特拉维斯 23，33
truth conditional pragmatics（TCP）真值条件语用学 28，34
truth conditional semantics（TCS）真值条件语义学 32
Truth conditional theory 真值条件理论 109
metaphors 隐喻 128
    semantics or pragmatics 语义学或语用学 136
Truth conditions 真值条件 2—11
    character-bias 特征—偏见 164
    context-free 语境自由的 45
    and intentional content 和意图表达的内容 40
    misplaced 错置的 65
    necessity in semantic analysis 语义分析中的必要性 22—24
    occasion-sensitive 场合敏感性 24
two-dimensional semantics 二维语义学 38

type composition logic（TCL）类型组合逻辑 130
Tzeltal language 泽尔塔尔语言 93

universals 普遍性 93
    first-person 第一人称 159

Vicente, A. 维森特 134（脚注）
Vicente, B. and M. Groefsema 维森特和格罗夫马 71
Vietnamese, first-person indexicals 越南语，第一人称索引词 161

Wari' language 瓦里语 167
Weiner, M. 韦纳 110
Wierzbicka, A. 威尔兹彼卡 165
Wittgenstein, L. 维特根斯坦 27，40
word meaning and sentence structure（WS）词义和句子结构 80
world knowledge（WK）世界知识 80